감정 훈련

성공하는 사람들의
감정 훈련
FLEX YOUR FEELINGS
⑦ 단계 프로그램
에밀리 안할트 지음 • 이은경 옮김
SIGONGSA

《감정 훈련》이 한국어판으로 출간돼 한국 독자 여러분과 만날 수 있어 무척 기쁘다. 내가 이 책을 쓴 이유는 많은 사람이 감정 지능을 자연스럽게 배우고 익힐 수 있는 롤모델과 함께 성장하지 못한 채 어른이 되었기 때문이다. 그러나 이런 능력을 기르기에 늦은 시점이란 없다.

이를 운동 실력에 비유하면 이해하기 쉽다. 어떤 사람은 타고난 신체 조건 덕분에 운동에 재능을 갖고 태어나고, 또 어떤 사람은 성장 과정에서 좋은 롤모델을 만나 비교적 이른 시기부터 능력을 키운다. 그렇다고 해서 타고난 조건이 없거나, 곁에 좋은 롤모델이 없다는 이유만으로 운동 능력을 기를 수 없는 것은 아니다. 누구든 인생의 어느 시점에서든 자신의 체력과 운동 능력을 키우겠다고 마음먹을 수 있다. 그 결심을 현실로 만들기 위해 필요한 것은 특별한 재능이 아니라, 꾸준함과 적절한 지원이다.

감정 체력도 이와 크게 다르지 않다. 감정 체력이란 정신적·정서적 건강을 강화하기 위한 지속적이고 능동적으로 실천하는 힘을 말한다. 물론 처음에는 직관적으로 느껴지지 않을 수도 있다. 그러나 감정 체력 역시 배울 수 있고, 반복해서 연습할 수 있으며, 충분히 단련할 수 있는 능력이다.

그렇다면 정신 건강을 위한 능동적인 훈련은 구체적으로 어떤 모습일까? 이 질문에 답하기 위해 나는 해석 현상학적 분석이라는 종합적인 연구를 진행했다. 약 1년에 걸쳐 심리 치료사와 기업가 100명을 인터뷰했고, 그들이 생각하는 '정서적으로 건강한 사람'은 어떤 모습이며, 그 상태를 어떻게 경험하고 있는지 묻는 일련의 질문을 던졌다. 이렇게 수집한 데이터를 분석한 결과, 정서적으로 건강한 사람들이 공통적으로 지닌 7가지 특성이 드러났다. 나는 이를 '감정 건강의 7가지 특성'이라고 이름 붙였고, 이 개념은 이 책의 토대가 됐다.

- 마음챙김: 불편한 감정을 인식하고 머무는 감각.
- 호기심: 방어 대신 질문을 선택하는 태도.
- 자기인식: 감정과 생각, 행동 패턴을 읽는 통찰.
- 회복탄력성: 어려움 속에서도 다시 일어서는 힘.
- 공감: 타인의 감정에 곁을 내어 주는 자세.
- 의사소통: 관계를 지키며 감정을 표현하는 기술.
- 장난기: 완벽을 내려놓고 자유롭게 시도하는 여유.

감정 근육을 기르는 일에는 신체 근육을 키우는 과정과 마찬가지로 연습과 훈련이 필요하다. 나는 이를 '감정 팔굽혀펴기'라고 부른다. 팔굽혀펴기가 몸에 큰 무리를 주지 않는 반복 동작을 통해 근력을 쌓아가듯, 감정 팔굽혀펴기란 자신을 조금 불편한 지점으로 이끄는 작은 정서적 시도를 뜻한다. 이 불편함을 피하지 않고 통과할 때, 우리는 조금씩 성장한다.

이 책에서는 각 특성마다 일상에서 실천할 수 있는 감정 팔굽혀펴기를 함께 살펴볼 것이다. 예를 들면 다음과 같다.

- 부탁을 거절하지 못해서 늘 과부하와 분노를 느끼는 사람이라면 오늘 단 하나의 작은 일에 대해 친절하지만 단호하게 '아니요'라고 말하기.
- 늘 자기 자신에게만 집중하는 편이라면 누군가의 사소한 일을 도와주겠다고 먼저 제안하기.
- 자신의 실수에 대해 변명 없이 사과하기.
- 직속 부하에게 솔직한 피드백 요청하기.
- 아침에 5분 동안 조용히 명상하기.

기억하자. 어느 자리에서의 당신은 곧 모든 자리에서의 당신이다. 우리는 원하든 원하지 않든 감정을 삶의 모든 영역으로 가져간다. 일터에서도, 우정에서도, 인간관계에서도 마찬가지다. 특히 직장에서는 이 사실이 점점 더 분명해진다. 건강한 직원이 곧 건강한 성과로 이어진다. 비즈니스가 결국 관계의 연속이라면, 자신과 맺는 관계와 타인과 맺는 관계야말로 일터에서 가장 중요한 자산이라고 할 수 있다. 《감정 훈련》은 당신의 감정 상태가 세상에 어떤 모습으로 나타나는지, 그리고 그 모습이 당신의 일과 어떤 방식으로 맞물려 있는지를 이해하도록 도와줄 것이다.

즐거운 독서가 되기를 바라며, 이 책을 통해 함께 더 단단해지고 스스로의 감정을 다루는 힘을 조금씩 키울 수 있기를 바란다.

심리 치료사와 내담자의 관계는 유일무이하고 비밀이 보장되는 관계다. 심리 치료 과정에서 내담자가 밝힌 모든 정보는 기밀 사항이고 엄격한 윤리 규범과 법률에 따라 보호받는다. 이 책에 등장하는 내담자 사례는 일화를 책에 실어도 좋다는 명시적 허락을 받았다. 또는 정신 건강 전문가로서 임상 경험을 바탕으로 내담자를 익명화할 수 있도록 가공하거나 여러 사례를 조합한 일화다. 따라서 등장인물과 실제 인물 간에 공통점이나 유사성이 있더라도 이는 단순한 우연일 뿐이다.

이 책에서 제공한 정보는 정신 건강 질환을 진단, 치료, 치유하려는 목적이 아니며 의료 및 정신 건강을 대체하려는 수단도 아니다. 정신 건강과 관련해서는 주치의나 자격증이 있는 정신 건강 전문가에게 상담받기를 바란다. 정신 건강 위기, 신변 안전이 걱정스러운 경우라면 주저하지 말고 가까운 병원을 방문하거나 자살 예방 상담 전화 109번(원문의 번호를 한국 기준으로 바꿈.—옮긴이)으로 연락하기를 바란다.

차례

FLEX YOUR
FEELINGS

1장

감정 훈련은
선택이 아닌 필수

FLEX YOUR FEELINGS

유능한 사람들이
번아웃에 시달리는 이유

2024년이 시작된 지 한 달이 지났을 무렵 '세서미 스트리트Sesame Street'(미국의 어린이 TV 프로그램.—옮긴이)의 인기 캐릭터 엘모Elmo가 소셜 미디어 사이트 X에 가볍게 안부를 묻는 글을 올렸다.

"엘모 방금 접속! 다들 어떻게 지내?"

이 트윗에 뜨거운 반응이 쏟아졌다. '좋아요'가 2억 개 이상, 답글이 2만 건이나 달리면서 온라인 세계가 목소리를 냈다. 어떤 유저는 이렇게 고백했다.

"엘모, 솔직히 말해서 이제 한계야."

"거짓말은 안 할래……. 나 진짜 지쳤어. 요즘 너무 많은 일이 벌어졌어, 엘모야."

연이어 올라오는 메시지는 온라인에 대규모로 쏟아진 트라우마를 드러냈고, 이는 우리 사회가 감췄던 사실을 건드렸다. 바로 우리 모두에게는 각자의 문제가 있다는 점이다.

우리는 살아가면서 감정이 흔들리는 순간을 피할 수 없다. 하지만 정신 건강에 대한 인식이 높아진 지금도 정신 건강을 우선시하면 편견 어린 시선을 받곤 한다. 사회는 종종 우리를 '정신적으로 건강'하거나 '정신적으로 병든' 사람 중 하나로 분류한다. 이런 구분은 인구 대다수를 무시하는 잘못된 이분법이다. 정신 건강이란 우리가 모두 속한 스펙트럼이며, 대부분은 한 번에 여러 정신 상태를 동시에 경험한다. 직장 내 인간관계가 평탄할 때도 연애 관계는 순조롭지 않을 수 있다. 생활에 대체로 만족하지만, 한편으로는 삶의 목적을 찾지 못할 수도 있다. 결국 모두에게 해야 할 과제가 남았다는 뜻이다.

우리는 대개 시간이 지나면 나아질 것이라고 기대하면서 그냥 참는다. 괴로워도 아닌 척하거나 감정을 억누른다. 누군가가 이상한 점을 눈치채더라도 우리는 발뺌하거나 별일 아니니 괜찮다고 말한다. 하지만 마음속 깊은 곳에서는 심각한 문제라는 사실을 안다. 든든한 관계, 성공적인 경력이나 사업, 건강한 몸과 마음은 감정을 다루는 힘 위에서 만들어진다. 하지만 우리는 왜 이토록 중요한 정신 건강에 좀처럼 주의를 기울이지 않을까?

나는 실리콘밸리에서 일하는 임상심리학자이자 심리 치료사다. 세계에서 가장 영향력 있고 활기 넘치고 성공한 사람들과 일한다. 이들은 문제를 발견하고 전략을 세우고 결과를 낼 수 있는 사람들이다. 성공하기 위해 열심히 노력한다. 하지만 그렇다고 해서 그들이 각자 삶에 만족한다는 뜻은 아니다. 그들이 힘겨워하지 않는다는 뜻도 아니다.

사실 삶이란 불편하기 마련이고, 큰 뜻을 품었다면 더욱더 그렇다. 안타깝게도 불편할 때 우리가 본능적으로 보이는 반응은 보통 외면이다. 하지만 그런 충동에 줄곧 굴복하다 보면 현실과 목표 사이의 틈이 계속해서 벌어진다. 그리고 사람들은 대개 그 틈새가 너무 커져서 구멍에 빠질 위기라고 깨달을 무렵이 돼서야 내 진료실로 찾아온다. 여기에는 딜레마가 있다. 우리는 불안이나 분노 같은 감정이 반복해서 흔들리기 시작한 뒤에야 정신 건강에 신경 쓴다. 그사이 머릿속에서 일어나는 일에 주의를 기울이지 않으면 그동안 쌓인 스트레스와 분노, 낮은 자존감이 인간관계와 업무는 물론 삶의 전반적 만족도까지 망가트린다.

안타깝게도 많은 사람은 바꾸기에는 이미 늦었다고 느낄 때가 돼서야 이 사실을 깨닫는다. 정신 건강에 관한 이런 사고방식은 정말 뒤떨어진 생각이다. 마치 심장 질환 초기 증상으로 진단받을 때까지 기다렸다가 심장 강화 운동을 시작하는 것과 같다. 그래서 나는 내담자에게 정신 건강도 신체 건강을 대하듯 사전에 대비하도록 권한다. 인생에서 감정이 흔들릴 때를 대비하려면 감정을 미리 다루는 연습이 필요하다. 그래야 피할 수 없는 장애물을 맞닥트렸을 때 압박감에 걸려 넘어지는 대신 강인함과 유연함, 자신감으로 이겨낼 수 있다. 신체 단련으로 몸이 건강해지듯이 정신도 건강해질 수 있을까? 대답은 '그렇다'이다.

똑똑함만으로는
성공할 수 없다

대학원에서 임상심리학을 공부하던 시절, 나는 내가 배운 지식이 대학 캠퍼스와 교과서 안에만 머물러 있다는 사실을 깨달았다. 당시에는 고등학교나 대학교에 '감정 지능emotional intelligence' 수업이 없었다. 소셜 미디어에 모여서 '건강한 의사소통'이나 '경계 설정', '성장 마인드셋'을 이야기하는 사람도 없었다. 명상은 아직 비주류였다. 정신 건강을 우선시해야 한다는 생각은 전혀 일반적이지 않았다.

요즘은 이런 개념이 흔하지만, 당시에는 심리학 학위를 취득하려는 사람이 아니면 심리적 관점에서 인간관계를 헤쳐 나가는 방법에 관한 정보를 좀처럼 얻을 수 없었다. 사람이라면 누구나 감정을 잘 다뤄야 한다고 여겼지만, 실제로 감정 때문에 도움을 구하거나 어려움을 겪는다고 말하는 일은 오랫동안 금기였다. 이런 경향은 업무 환경에서 특히 두드러졌고, 나는 당시 룸메이트였던 모니카Monica에게서 이를 직접 목격했다.

모니카가 근무하던 스타트업이 대기업에 인수되면서 그녀는 거대 기업 조직에 휩쓸려 들어갔다. 겉으로 보기에 회사는 잘 굴러갔고 수익성도 높았다. 경쟁심이 강하고 똑똑하며 의욕이 넘치고 성실한 일류 인재가 모여들었다. 직원들은 보통 성공하는 데 중요하다고 여기는 '적절한' 특성을 지녔다. 다시 말해 성공에 필요한 하드 스킬hard skill(직무 수행에 필요한 기술 능력을 뜻하는 용어. 소프트 스킬soft skill은 대인 관계와 의사소통 등 성격 및 태도와 관련된 능력을 뜻하는 용어.—옮긴이)을 모두 갖췄다. 하지만 매일 밤 퇴근해서 집으로 돌아온 그녀는 회사가 그야말로 악몽 같다고 한탄했다. 나는 그녀가 감당하기 힘든 압박감과 번아웃에 시달리는 중임을 느낄 수 있었다.

우리는 오랫동안 많은 이야기를 나누면서 이 회사가 몇 가지 실수를 반복했다는 사실을 파악했다. 부서 간의 의사소통이 원활하지 않았고, 경영진은 불안과 분노 같은 감정을 통제하지 못한 채 여기저기 흘리고 다녔으며, 업무 안팎에서 직원에 대한 공감이 심각하게 부족했다. 결국 모든 문제는 소프트 스킬(이런 능력이 얼마나 중요하고 어려운지를 지나치게 경시하는 용어)을 간과하거나 과소평가한 데서 비롯됐다.

모두가 매출과 수익을 늘리는 사업 수완과 제품 지식을 갖췄지만, 회사를 긍정적이고 협조적인 환경으로 만드는 데 필요한 감정 지능은 갖추지 못했다. 게다가 조직 내 인력이 급격히 감소하고 성장이 정체했는데도, 경영진은 이런 상황에 별다른 관심을 보이지 않았다. 모두가 회사를 탓했지만, 나는 숲을 통해 나무를 봤다. 건강한 조직을 유지하려면 조직을 구성하는 개인이 건강한 자신의 모습으로 일할 수 있도록 지원받아야 한다.

이 회사가 실패한 원인은 조직을 이루는 사람들이 힘들어했기 때문이다. 직원들이 총명하고 창의적이고, 그야말로 '최고 중의 최고'였음에도 소용없었다. 직원들은 똑똑함이나 재능만으로는 성공할 수 없었다.

기업 역시 마찬가지였다. 이는 기술업계뿐만 아니라 모든 업계와 사회 각계각층에도 적용된다. 좋든 싫든 우리는 매일 업무에 감정을 개입한다. 그렇다면 우리 사회는 왜 그토록 대인 관계 지능보다 하드 스킬을 중시할까?

큰 문제 중 하나는 감정 표현과 정신 건강 전반에 대한 편견과 오해였다. 당시 심리요법은 금기어였다. 사람들은 위기 상황에 빠지지 않는 한 정신 건강을 언급하는 것조차 꺼렸다. 그런데 막상 위기에 빠지면 사람들은 또다시 '왜 그런 위기에 빠지냐'며 비난했다.

나는 모니카가 직장에서 겪은 좌절을 헤쳐 나가도록 돕는 과정에서 의문을 품기 시작했다. 사람들이 오랫동안 시달린 내면의 고통스러운 문제를 마주하고 도움을 구하기까지 그렇게 오래 망설이지 않는다면 어떨까? 정신 건강 관리를 사전에 실천할 수 있을까? 모든 것이 무너져 내릴 때까지 기다리지 않고, 감정을 미리 살피고 돌본다면 어떨까?

이 질문들은 자연스럽게 다음 물음으로 이어졌다. 만약 감정을 신체 건강과 똑같이 대한다면 어떨까? 정신 건강 관리를 '병원에 가는 일'보다 '체육관에 가는 일'처럼 여기도록 사고방식을 전환할 수 있을까? 이러한 사고방식 전환을 직장(인생의 3분의 1을 보내는 장소)에 어떤 식으로 적용할 수 있을까?

문제를 해결하는
즉효 약은 없다

신체 단련은 고대에도 중요했지만 비교적 최근에야 중요성이 두드러졌다. 우리 조상들은 식량을 얻기 위해 사냥하고, 식량이 부족하던 때에는 음식을 찾아 수백 킬로미터를 이동해야 했던 탓에 생활 속에 신체 운동이 녹아 있었다. 1950년대까지만 해도 대부분의 일에는 신체 운동과 노동이 뒤따랐다. 일상생활을 하려면 일정 수준 이상으로 몸을 움직여야 했고 이런 기초 운동량이 전반적 건강에 기여했다. 문제는 신체 부상으로 영영 일을 못 하게 되면 경제적 상황이 나빠진다는 점이었다.

정보 기반 사회로 이동하면서 이런 기초 운동량이 줄어들었다. 그래서 우리는 어떻게 했을까? 적응했다. 100년 전만 하더라도 달리러 간다는 말을 들으면 '쫓기기라도 하나?'라며 의아하게 생각했을 것이다. 조깅으로 신체 건강을 단련한다는 개념은 비교적 새로운 생각이다. 이제는 병에 걸린 뒤 치료한다는 생각보다는 미리 신체 건강을 관리하는 게 바람직하다는 생각이 상식으로 자리 잡았다.

요즘은 직장에서 몸보다 머리를 쓰는 사람(특히 첨단 기술업계 종사자)이 많다. 나와 정신 건강 스타트업 코아Coa를 공동으로 창업한 알렉사 마이어Alexa Meyer가 말하듯이, 번아웃은 21세기 산업재해다. 건강하지 않은 마음은 건강하지 않은 결과를 낳는다. 직장은 물론 가정, 나아가 인생의 모든 영역에서 감정도 신체 건강을 대하듯 사전에 돌봐야 한다.

우리가 이런 식으로 생각을 바꾸지 않는다면 전 세계가 정신 붕괴 위기를 맞을 것이다.

아프지 않으면 건강하다고 믿고 싶은 사람이 많다. 하지만 신체 건강을 중요하게 생각하는 사람(매일 8시간씩 잠을 자고, 규칙적인 운동을 하고, 건강한 식생활을 하는 사람)이라면, 질병이 없다고 해서 반드시 건강한 것은 아니라는 사실을 안다. 감정도 마찬가지다. 매일 공황 발작에 시달리지 않는다고 해서 감정이 건강하다고 말할 수는 없다. 하지만 초콜릿 복근을 만드는 마법 약이 없듯이, 업무 관련 번아웃이나 결혼 생활 고민을 단번에 해결하는 즉효 약도 없다. 변혁과 개인 성장을 이루려면 명확한 목표를 세우고 지속적으로 노력해야 한다. 보통의 원칙으로는 인간으로서 성장과 잠재력을 온전히 실현할 수 없다. 맞춤형 계획이 필요하다.

철인 3종 경기에 나가려고 훈련하는 사람은 두 달 동안 달리기, 사이클링, 수영 관련 책을 읽는 데 그치지 않는다. 지식을 바탕으로 훈련 목표를 설정하고 증명된 방법으로 꾸준히 훈련하며, 진행 상황을 살피고 계획대로 나아간다. 또한 건강한 식사와 숙면을 하면서 주변 사람들에게 감정적 지지를 받아야 한다. 순간의 충동으로는 철인 3종 경기에 우승하기는커녕 완주도 할 수 없다. 신뢰할 수 있는 시스템과 꾸준한 실행 의지가 필요하다. 좋은 시스템은 정해진 순서대로 실행하면 경기 당일에 기대한 결과를 얻게 된다는 사실을 보여 준다. 감정도 마찬가지다. 과정을 따르고, 변화가 나타난다.

도움을 요청하는 목소리가 점점 커지고 있다. 유명 인사들 역시 자신이 겪은 감정의 어려움을 직접 털어놓는다. 책과 앱, 강좌가 그 빈틈을 메우려 애쓰지만, 감정을 어떻게 훈련할 것인지 명확하게 제시하는 통일된 프로그램은 아직 없다. 전문가들은 감정의 중요성을 이야기할 뿐, 이를 실제로 훈련하는 방법은 제시하지 않는다. 우리는 비싼 운동복을 차려입고 웨이트트레이닝, 필라테스, 스피닝을 하느라 수십, 수백만 원을 쓰면서도 정신 건강을 돌보는 데는 좀처럼 돈을 쓰지 않는다.

나는 이런 경향을 바꾸고 싶다.

정신력도 훈련할 수 있다

내게 처음으로 심리학의 힘을 가르쳐 준 사람은 어머니였다. 요다를 닮은 지혜를 지닌 어머니는 언제나 감정의 소용돌이를 인간 행동에 관한 이해하기 쉽고 받아들일 수 있는 교훈으로 정리하는 놀라운 능력을 보여 줬다.

중학교 시절에 특히 힘든 날이 있었다(사실 중학교는 매일 힘든 날의 연속이지 않았던가?). 많은 또래 여자아이가 경험하듯이 나도 심술궂은 아이들에게 괴롭힘을 당했다. 그날 밤 나는 어머니 곁에 앉아 울면서 전학을 가야 하는 건 아닐지 물었다. 어머니는 도망치고 싶은 마음은 이해하지만 어쩌면 내면을 들여다볼 기회가 온 것이라고 말했다.

"에밀리, 네 곁에는 좋은 친구와 널 사랑하는 가족이 있어. 하지만 불친절하고 화가 많은 사람도 마주치기 마련이지. 그렇지만 기억할 게 있단다. 네가 사실이라고 믿지 않는 말로는 아무도 너를 해칠 수 없다는 거야. 그러니까 자신을 다정한 마음으로 대하면 누가 널 미워하더라도 헤쳐 나갈 수 있어."

어머니의 놀라운 혜안은 언제나 내게 필요한 해답을 내놓았다. 그 덕분에 감정과 생각을 대하는 태도도 크게 바뀌어서 내 삶의 궤적을 결정하기에 이르렀다. 나는 감정에 여유를 두고, 떠오르는 생각을 들여다보며, 경험을 온전히 받아들이는 태도가 삶을 지탱하는 중요한 힘이 될 수 있음을 깨달았다.

고등학생 때 들었던 심리학 수업에서는 심리학을 알면 세상 모든 일에 대해 조금씩은 알게 된다는 사실을 배웠다. 세상은 관계라는 언어로 이야기되고, 심리학은 우리가 자기 자신 및 타인과 맺는 관계를 연구하는 학문이기 때문이다. 나는 관계라는 언어를 배울 수 있다는 점이 좋았고, 이 배움으로 사람들이 어려움을 헤쳐 나가도록 돕고 싶어서 심리치료사의 길로 나아갔다.

실리콘밸리에서 태어나 성장한 나는 기업가의 마인드셋과 사고 과정에 관심을 가졌다. 대학원에 다니던 시절, 과학기술 붐이 일었고 대기업 경영자들이 사회의 많은 부분을 좌우했다. 그들이 감정을 건강하게 다룰수록, 그 결과는 사회 전반에 긍정적으로 나타났다. 나는 이런 문제의식을 바탕으로 대학원을 졸업한 후, 기업 설립자와 유능한 기업가의 감정적 필요를 뒷받침하는 일에 곧장 뛰어들었다.

다들 짐작하겠지만 기업가로 살아가려면 남다른 배짱과 유연성이 필요하다. 하지만 안타깝게도 대부분의 사람은 감정을 버틸 만큼 충분한 힘을 기르지 못한 채 출발한다. 이들은 어려움이 닥쳤을 때 외부의 도움을 구하기보다는 오히려 더 열심히 일한다. 그러니 개인적 문제가 감당할 수 없는 수준으로 커지는 것도 당연하다. 기업가의 정신 붕괴 사례가 언론에 자주 등장하는 데는 그럴 만한 이유가 있다. 창업한 회사는 상장할 때까지 살아남을지 몰라도, 감정을 다룰 준비가 되지 않은 기업가는 그 순간 자리를 지키지 못할 가능성이 높다.

나는 심리 상담소를 운영하면서 수많은 기업가가 감정을 훈련해 어려운 상황을 헤쳐 나가도록 도왔다. 이 과정에서 분명한 사실을 하나 깨달았다. 일상이라는 감정의 체육관에서 충분히 연습을 거듭하면 누구나 장기적 성공에 필요한 인내심과 강인함, 인격, 회복탄력성을 기를 수 있다는 사실이다. 처음에는 이런 능력을 훈련한다는 개념 자체를 어리둥절하게 느끼는 사람이 많다. 기업가를 비롯한 대부분의 사람이 이런 능력은 자연스럽게 갖춰진다고 믿는다. 하지만 내 임상 경험상 이는 사실이 아니다.

나는 기업가와 1:1로 만남을 거듭하면서 기업가 집단의 정신 건강을 사전에 개선하는 대규모 접근법 개발에 점점 더 관심을 뒀다. 그리고 심리학자와 기업가 수백 명을 대상으로 감정을 건강하게 다루는 리더의 특성에 관한 임상 인터뷰를 진행했다. 이렇게 수집한 데이터를 분석한 결과가 바로 이 책의 핵심인 감정 건강emotional fitness의 7가지 특성이다.

나는 이 연구 결과를 바탕으로 구글Google, 아사나Asana, 스포티파이Spotify, 세일즈포스Salesforce, NBC유니버설NBCUniversal, 깃허브GitHub, 나스닥Nasdaq, 유니레버Unilever, 블룸버그Bloomberg 등 세계에서 가장 빠르게 성장하는 첨단 기술 기업들의 컨설팅을 시작했다. 이 조직들은 리더들이 자신의 일을 지속할 수 있도록 감정 건강을 일상화하는 데 내가 도움을 주기를 바랐다. 그리고 2019년, 나는 정신 건강 스타트업 코아를 공동 창업했다. 직접 기업을 세우고 나니 그동안 다른 사람들을 돕기 위해 강조했던 특성들이 전혀 다른 방식으로 내 삶과 성공에도 중요하게 작용하기 시작했다.

기업가를 감정의 울트라마라톤을 달리는 사람이라고 가정하자. 그렇다면 기업가를 위한 감정 훈련은 활력과 인내심, 나아가 기쁨을 가지고 일상과 업무에서 마주하는 어려움에 대비할 수 있도록 준비시킨다. 감정 훈련이 필요한 사람은 기업가뿐만이 아니다. 의사, 교사, 부모, 작가, 박사 과정 학생, CEO에 이르기까지 누구든 감정을 훈련함으로써 노력이 더 효과적으로 증폭되고 방향을 설정할 수 있다. 또한 번아웃과 불필요한 스트레스, 불안을 덜어내고 내면의 만족감과 충족감을 키울 수 있다.

무엇보다 감정을 훈련하면 인간관계를 개선할 수 있다. 심리 치료사이자 인간관계 전문가인 에스터 페렐Esther Perel은 "인간관계의 질이 삶의 질을 결정한다"라고 말한다. 그리고 이 출발점은 자기 자신과 맺는 관계다. 지금 당신이 손에 든 책은 감정 건강을 개선하는 법을 알려 주는 안내서다. 살아가며 마주치는 다양한 어려움에 맞설 감정 훈련의 핵심 역량을 기를 수 있도록 꼭 필요한 내용만을 담았다. 이 책은 지금과 다르게 생각하고 느끼며 삶의 방식을 바꿀 수 있도록 돕는다.

망가질 필요는 없다.

위기에 빠질 필요도 없다.

지금보다 나아질 준비만 하면 된다.

준비를 마쳤는가? 이제 시작해 보자.

성공을 한 단계 끌어올리는 감정 기술

> 눈물이 나올 것 같다면
> 내 기꺼이 나가서 나약함을 닦을 휴지를 사 오겠네.
> _잭 웰치Jack Welch, 전 제너럴 일렉트릭General Electric
> 회장 겸 CEO, '30록30 Rock'에 본인 역으로 출연

데이비드David는 샌프란시스코의 인기 AI 기술 기업에 근무하는 37세 컨설턴트였다. 하지만 그것은 그저 본업에 불과했다. 그가 진짜 열정을 쏟는 일은 울트라마라톤이었다. 그는 프랑스 울트라 트레일 뒤 몽블랑Ultra Trail du Mont Blanc부터 모로코 마라톤 데 사블레Marathon des Sables에 이르기까지 세계 곳곳의 혹독한 지역에서 수많은 경기에 출전했다. 그는 사막의 열기와 폭우 같은 극한 조건과 싸우면서 울트라마라톤을 완주했고 세계 정상급 선수들을 이기기도 했다. 달리기에 관한 한 그는 일류였다.

데이비드는 업무에서 제 기량을 발휘하지 못해 실적 개선 계획 대상자가 되는 바람에 나를 찾아왔다. 업무 성과는 꽤 훌륭했지만, 상사에게 대인 관계 문제가 너무 잦다는 지적을 받았다. 팀원들은 그가 따지기 좋아하고 공감 능력이 부족하며 비협조적이라고 여겼다. 업무 평가에 따르면 그는 '대인 관계 기술이 결여된' 사람이었다. 고객 수를 단시간에 2배로 늘린 그의 기록적인 하드 스킬은 윗사람들 눈에 들었지만 소프트 스킬 부족으로 좀처럼 뛰어난 성과를 달성하지 못했다.

데이비드는 동료들이 자신을 좋아하지 않는다고 느꼈지만, 그 상황을 어떻게 바꿔야 할지 몰랐다. 사실 그는 내 진료실에 처음 발을 들였을 때도 바꾸고 싶은지조차 확신이 없었다. 마음속으로는 그저 자기 할 일을 할 뿐이라고 생각했다. 그는 자신에게 높은 기준을 적용했고, 남들도 자기만큼 성과를 내야 한다고 기대했다. 동료가 이런 기대를 탐탁지 않게 여긴다면 이는 그 사람의 책임이라고 봤다. 팀원들이 그의 의사소통 방식이 상대방을 무시하는 듯하고 불친절하게 느껴진다고 설명했을 때도 그는 무시했다. 첫 번째 상담을 시작한 지 10분 만에 나는 이미 그런 기미를 느꼈다.

"심리 치료를 시작하니까 어떤 느낌인가요?"

"아, 벌써 당신의 감정에 관해서 이야기합시다 같은 시시껄렁한 주제로 넘어가나 봐요?"

"데이비드 씨, 저는 감정에 관한 이야기가 시시껄렁하다고 생각하지 않아요. 그래도 동료들이 당신이 전투적이라고 생각하는 이유는 확실히 알겠네요."

내가 다 알겠다는 듯한 미소를 짓자 데이비드는 움찔하더니 웃었다.

"미안해요. 저도 알아요. 지금 돌아가는 상황이 썩 달갑지 않네요. 제가 뭘 할 수 있을지 잘 모르겠어요. 그냥 저는 이런 인간인가 봐요."

"제 경험상 자신을 가로막는 문제에 관해서 그냥 나는 이런 인간이라고 말하는 사람은 제대로 된 치료를 받아본 적이 없어요. 내가 어떤 인간인지는 항상 변화하는 진실이고, 우리는 함께 그 문제를 바꿔 나갈 수 있어요."

데이비드는 못 믿는 눈치였다.

"하나 물어볼게요. 어떻게 괜찮은 달리기 선수에서 뛰어난 달리기 선수가 됐나요?"

"훈련했습니다. 하루도 빠짐없이 훈련했죠."

"그렇군요. 훌륭한 코치와 동료들도 도와줬겠죠?"

"물론입니다."

"좋아요. 그렇다면 건강해지려면 어떻게 해야 하는지는 웬만큼 아실 겁니다. 여기에서 우리가 해 나갈 일도 똑같아요. 데이비드 씨가 감정을 훈련할 수 있도록 도와줄 거예요."

데이비드는 선뜻 한번 해 보겠다고 했고, 그때부터 시작했다. 우리는 매주 만나서 그의 삶을 이야기했다. 시간이 흐르면서 그는 정말로 마음을 열었다. 그는 자신의 감정과 생각, 지난 연애와 미래에 대한 바람을 이야기했다.

데이비드는 스스로 이루고 싶은 감정의 목표를 세웠고, 이 목표에 다가가기 위해 무엇이 필요한지, 그리고 왜 아직 목표에 이르지 못했는지 이야기했다. 우리는 건강한 인간관계를 향해 조금씩 나아갔다. 그는 자신의 욕구를 좀 더 공감 어린 방식으로 전달하는 연습을 했고, 분노가 곧장 행동으로 이어지지 않도록 여유를 갖는 법을 배웠다. 그는 장난기와 협력적인 태도를 삶에 끌어들이며, 자신이 맡은 역할을 책임지기 시작했다.

그 결과 직장과 가정에서 데이비드의 인간관계는 나아지기 시작했다. 그는 자기 일을 훨씬 더 즐기게 됐다. 그는 목표를 달성했고, 노력의 결실을 누렸다. 그는 이제 감정을 훨씬 안정적으로 다룰 수 있다.

감정을 다룰 줄 아는
사람이 살아남는다

나는 지난 20년간 심리학을 공부하고 심리 치료사로 일하면서 실리콘 밸리에서 일하는 야심가 수백 명이 감정을 더 잘 다루도록 도왔다. 하지만 직장에서 '감정 건강'이라는 말이 언급되기 시작한 지는 그리 오래되지 않았다. 오랫동안 조직의 기본 관리 방식은 감정을 드러낼 여지를 좀처럼 주지 않았다. 성공은 사람이 아니라 숫자가 좌우했고, 탁월한 협상 능력은 언제나 감정을 효과적으로 표현하는 능력보다 우선시됐다.

다시 말해서 하드 스킬이 소프트 스킬보다 중요했다.

2000년대 초부터 "울고 싶으면 밖에서 울어라"라는 직장 문화에 균열이 생기기 시작했다. 그 변화의 한 축에는 감정 지능, 즉 자신의 감정은 물론 타인의 감정까지 인식하고 관리하는 능력이라는 개념이 있었다. 감정 지능은 직장에서 참여도를 높이고 의사소통을 개선했다. 그 이후로 자기계발서와 경영서, 기업의 외부 연수, 그리고 의사소통을 주제로 한 인사팀 세미나(줌Zoom 소회의실을 떠올려 보면 된다) 같은 방식으로 균형 잡힌 내면생활의 중요성을 알리려 애썼다.

하지만 가장 큰 균열은 지금껏 경험한 적 없었던 현상, 즉 직장 안에서 여러 세대가 한데 모이면서 발생했다. 철저하게 냉철한 태도를 고수하도록 길러진 베이비붐세대와 X세대가 있다. 이들은 더 나은 일과 삶의 균형work-life balance을 원하고, 또 정당하게 요구하는 MZ세대와 함께 일한다. 감정과 성공을 바라보는 철학이 완전히 다른 네 세대가 어떻게든 함께 어울리려고 애쓰지만 정작 그 방법을 잘 모르는 채 같은 공간에 있는 셈이다.

사회가 감정이 맡는 역할을 여전히 경시하는 현실도 문제다. 왜 그럴까? 우선 교육 제도는 청소년이 현대사회에서 겪는 감정의 압박과 스트레스에 대비하도록 제대로 돕지 못한다. 소셜 미디어는 불량 행동과 불가능한 생활 방식을 부추기고 정치 이념은 공동체 분열을 부채질한다. 기후 변화는 생존을 위협하고 무자비한 총기 폭력을 일으킨다. 대대적인 언론 보도, 유명 인사의 고백, 가상 치료 앱 보급에도 불구하고 정신 건강 문제를 둘러싼 거대한 낙인이 여전히 남았다. 특히 직장에서는 지금도 감정 문제 때문에 도움이 필요하다고 말하는 일을 금기처럼 여긴다. 내면의 감정에 관한 문제는 혼자서 떠안아야 한다는 생각이 만연하기 때문이다.

이런 상황에서 내가 도움을 줄 수 있다. 나를 찾아오는 내담자는 다양하다. 감정은 집에 두고 다니는 것(마치 인간에게 이런 능력이 있다는 듯)이 최고라고 믿는 전통적인 유형의 사람도 있다. 자기애적 기질이 강한 완벽주의자도 있다. 첨단 기술업계에서 살아남으려면 누구도 보지 못한 무엇인가를 믿어야 하기 때문이다. 직장에서 감정을 어떻게 다뤄야 할지 익숙하지 않은, 동정심만 많은 젊은 야심가도 찾아온다. 또한 이런 사람들과 함께 일하다 보면 자신도 그에 걸맞은 열정과 능력을 보여야 한다는 압박을 느끼는 이들도 있다. 이런 압박은 곧 과로로 이어지고, 스스로를 과소평가받는다고 느끼거나 조직에서 밀려났다고 생각하게 만든다.

감정 문제에
괴로워하는 이유

사람들이 감정 문제를 겪는 데에는 여러 가지 이유가 있다. 그중에는 통제할 수 있는 이유도 있고 그렇지 않은 이유도 있지만, 우리는 무엇보다 자신의 감정 상태에 주의를 기울여야 한다. 감정은 가족과 친구, 직장 동료와 맺는 관계에 직접적인 영향을 미치기 때문이다. 많은 경우가 그렇듯 아는 것이 곧 힘이다. 또한 무엇이 나를 힘들게 만드는지 아는 것은 기분이 나아지는 첫걸음이다. 이 내용은 2장의 자기인식에서 자세히 다룰 예정이다.

인간관계

감정을 잘 다룰수록 인간관계는 건강해지고, 이 관계는 다시 우리의 감정을 단단하게 만든다. 서로를 배려하고 지지하는 관계는 감정을 지탱하는 핵심 요소이며, 우리가 본능적으로 지닌 연결되고 싶은 욕구를 충족시킨다. 반면에 건강하지 못한 해로운 관계는 악순환을 지속한다. 인생에서 처음 맺은 인간관계는 지금의 삶을 지탱하는 청사진이 됐고, 좋든 나쁘든 지금의 나를 만들었다. 상사와 맺는 관계가 어린 시절 부모와 맺었던 관계와 아무 상관이 없다고 생각한다면, 다시 생각해 봐야 한다.

어릴 때는 마음대로 사용할 수 있는 선택지와 도구가 별로 없었다. 어디에 살지, 어떤 학교에 다닐지, 어떤 가족과 함께할지 고를 수 없었다. 그래서 우리는 한정된 도구와 자원 안에서 최선을 다해 살아갈 수밖에 없었다. 이 과정에서 우리는 감정에 벽을 세우고, 위험하게 느껴지는 것들을 회피하는 방식으로 자신을 지켰다. 삶의 요구에 대처하는 능력은 다른 기술과 마찬가지로 배워야 하는 것이다. 어떤 사람들은 안정적이고 돌봄이 있는 가정에서 자라며 기본을 배울 수 있었지만, 그렇지 못한 사람들도 많다.

성장기 경험과 인간관계는 긍정적으로든 부정적으로든 지금의 우리에게 영향을 미친다. 이러한 경험은 전반적인 감정 건강과 타인과 맺는 관계 방식에 중요한 역할을 한다.

유전자

특정 정신 건강 질환에 취약한 유전적 소인을 타고나는 사람이 있으며, 이런 특성이 개인의 정신 건강에 영향을 미칠 수 있다. 유전과 환경 문제를 둘러싼 논쟁은 여전히 활발하지만, 나는 개인의 상황과 조건에 따라 두 요소 모두 정도의 차이만 있을 뿐 영향을 미친다고 본다. 하지만 대체로 나는 유전이 장전하고 환경이 방아쇠를 당긴다고 믿는다. 다시 말해, 우리의 기질적 성향은 특정한 환경이나 상황에 영향을 받는다고 생각한다. 다만 이러한 작동 방식을 제대로 이해한다면 대부분의 문제는 관리하고 완화할 수 있으며, 대개는 변화하고 치유할 수도 있다.

스트레스

사랑하는 사람의 죽음, 이혼, 실직, 트라우마와 같은 중대한 삶의 사건은 심각한 스트레스를 일으키고 나아가 감정 건강에도 영향을 미친다. 그러니 인생에서 일어나는 사소한 상실이나 변화도 결코 가볍게 넘겨서는 안 된다. 이를 방치하면 일상의 감정 상태가 크게 흔들린다.

번아웃 증후군, 가면 증후군imposter syndrome(자기가 거둔 모든 성공이 실력이 아니라 운 덕분이라고 여기는 불안 심리.—옮긴이), 불안, 우울, 그리고 다양한 감정의 고통을 호소하는 사람들이 그 어느 때보다 많아졌다. 하지만 이러한 집단적 불안을 정확하게 반영하는 통계는 좀처럼 찾아보기 힘들다. 매킨지 건강 연구소McKinsey Health Institute가 2022년에 실시한 조사에 따르면, 평균적으로 직장인 4명 중 1명이 번아웃 증후군을 경험한 것으로 나타났다. 이런 현상은 미국뿐만 아니라 전 세계적으로 관찰됐다.[1]

2020년, 미국 국립보건통계센터National Center for Health Statistics는 미국인의 40퍼센트가 불안과 우울 증상에 시달린다고 보고했다.[2] 나는 실제 상황은 두 통계보다 우려스러울 정도로 더 심각하다고 생각한다. 코로나 팬데믹 역시 사태를 악화시키는 데 큰 역할을 했다. 세계적 불확실성에 실업과 건강 문제가 겹쳤고, 사람들은 3년 동안 생존에 급급한 생활을 해야 했다. 여기에 재택근무라는 새로운 근무 환경까지 더해지면서 직장과 가정의 경계도 흐려졌다. 이 모든 상황이 스트레스와 번아웃 증후군을 악화시켰다.[3]

신체 건강

신체 건강과 감정 건강 사이에 강력한 상관관계가 있다는 사실이 널리 알려졌다. 몸과 마음은 실제로 서로 연결돼 있으며, 이 사실을 무시하는 것은 스스로에게 큰 해를 끼치는 일이다.

베셀 반 데어 콜크Bessel van der Kolk 박사는 《몸은 기억한다The Body Keeps the Score》에서 트라우마가 몸과 마음에 어떻게 작용하는지 새롭게 조명했다. 몸과 마음은 양방향으로 작용한다. 감정 문제가 신체에 부정적 영향을 미치듯 만성질환이나 통증 역시 감정 건강을 해친다. 마찬가지로 불균형한 식생활, 운동 부족, 약물 남용, 수면 부족 등의 건강하지 못한 생활 방식은 감정을 심각하게 흔들 수 있다.

문화적·사회적 기대

긍정적 자기상과 건강한 자존감은 감정 건강을 이루는 중요한 요소다. 하지만 소셜 미디어가 등장하면서 우리가 살아가는 현실과 사람들이 온라인에 올리는 화려한 삶이 끊임없이 비교됐다. 그 결과 이 두 요소는 크게 약화됐다.

제도적 인종차별과 부의 불평등 같은 사회 구조적 요인도 여전히 큰 영향을 미친다. 사회경제적 지위, 신경 다양성neurodivergence(뇌 신경 차이로 발생하는 개인의 특성을 생물학적 다양성으로 여기는 관점.—옮긴이), 그리고 성소수자 공동체를 바라보는 오래된 낙인 역시 심각한 문제를 일으킨다. 여기에 뿌리 깊이 왜곡된 의료 제도까지 더해져 비용과 접근성, 낙인 같은 다양한 이유로 치료를 받지 못하는 소외 계층이 점점 늘고 있다.

예를 들어 도움이 필요할 때 정신 건강 서비스를 이용하는 비율은, 백인은 약 40퍼센트인 반면 흑인은 25퍼센트에 그친다.[4] 감정 건강을 놓고 보면 우리는 분명 딜레마에 빠졌다. 더 건강한 사회를 만들려면 그 사회를 구성하는 개개인이 먼저 건강해야 한다. 하지만 건강하지 못한 사회에서 개인이 건강하기란 매우 어렵다. 심리학자이자 작가인 빅토르 프랭클Viktor Frankl은 이렇게 말했다.

"비정상적 상황에 보이는 비정상적 반응은 정상 행동이다."

이 분야에는 해야 할 일이 산더미처럼 쌓였고, 갈 길은 까마득하다. 이런 요인은 생활환경에 따라 각 개인에게 다른 영향을 미치지만, 정신 및 감정 건강에 관한 이야기를 할 때 우리는 모두 비슷한 금기와 맞서게 된다. 무너지기 전에 낙인과 싸워 이런 문제에 대처할 수 있는 분위기를 만들어야 한다. 그렇지 않으면 드러나지 않은 감정 문제가 신체 건강과 삶의 만족도를 해친다.

안타깝게도 스트레스를 표현하는 사람이 1명이라면, 남몰래 괴로워하는 사람은 10명쯤 더 있다. 자기 회의로 움츠러들거나 불안으로 무기력하거나 전반적으로 삶에 만족하지 못하는 사람들이다. 이제 이 상황을 바꿔야 할 때다.

감정이 건강한 사람들의 모습

나는 정신 건강을 신체 운동과 유사한 개념으로 재구성하겠다는 생각을 하면서 '감정 건강'이라는 용어를 사용하기 시작했다. 자신이 대체로 건강하다고 느끼지만, 정신 건강을 한 단계 끌어올리고 싶은 사람들이 이 용어에 공감했다. 그래서 나는 현실에서 감정이 건강한 사람은 어떤 모습인지 알아보기로 했다.

신체 건강과 마찬가지로 감정 건강 역시 단순히 질병이 없는 상태를 뜻하는 데 그치지 않는다. 감정이 건강하다는 것은 가족, 친구, 연인, 동료, 그리고 자기 자신과 의미 있고 만족스러운 관계를 맺고 유지하는 능력으로 드러난다. 또한 삶 전반과 그 삶이 향하는 방향에 느끼는 만족감 역시 감정 건강의 중요한 요소다.

그렇다면 감정을 건강하게 다루는 사람이 되려면 무엇이 필요할까? 그런 삶을 가능하게 하는 자질은 무엇일까? 이 질문에 답하기 위해 나는 해석 현상학적 분석interpretive phenomenological analysis을 바탕으로 한 조사 연구를 진행했다. 구체적으로 심리 치료사와 기업가 100명을 인터뷰한 뒤, 감정이 건강한 사람은 어떤 모습이고 어떻게 느껴지는지 파악했다. 나는 감정 건강을 측정하는 특성에 이름을 붙이고 싶었다.

심리 치료사에게는 내담자의 감정 건강을 어떻게 판단하는지, 감정 건강이 좋아질 때 어떤 변화가 나타나는지, 자신의 감정 건강은 어떻게 점검하는지 물었다. 그리고 기업가에게는 직장에서 어떤 순간에 사람들과 감정을 건강하게 나눈다고 느끼는지, 감정을 잘 다루는 리더는 어떤 모습인지, 그런 리더는 어떤 느낌을 주는지, 함께 일하기 즐거운 동료의 특징은 무엇인지, 반대로 함께 일하고 싶지 않은 동료는 어떤 사람인지 물었다.

약 1년에 걸쳐 데이터를 수집했다. 답변을 자세히 살펴보고 인터뷰를 주제와 유형별로 분류하는 과정에서 핵심 개념이 드러났다. 흐릿한 시야에 초점이 맞춰지듯, 감정을 건강하게 다루는 사람들이 공통으로 갖춘 7가지 특성이 나타났다. 나는 이 특성에 **감정 건강의 7가지 특성**이라는 이름을 붙였다. 다음은 7가지 특성이 밝혀진 과정이다.

1. 내가 인터뷰한 많은 심리 치료사와 기업가는 불편을 견디는 능력을 가장 중요한 특성으로 꼽았다. 감정을 건강하게 다루는 내담자는 불확실성을 어느 정도 견딜 수 있다고 말했다. 불편을 견디는 능력이 없으면 성장이 거의 불가능하기 때문이다. 기업가도 이 특성에 공감했다. 회사를 차리면 실패할 가능성이 아주 높고, 그 과정에서 거절과 불확실성은 피할 수 없다. 따라서 인생과 비즈니스의 실패와 성공을 견디는 능력이 필요하다. 불편에 익숙해지는 단순한(동시에 무척 어려운) 실천이야말로 **마음챙김**mindfulness 그 자체다. 이 특성을 첫 번째로 꼽은 이유는 나머지 특성을 키우려면 불편을 견디는 능력이 바탕이 돼야 하기 때문이다.

2. 심리 치료사와 기업가 모두 방어 대신 성장을 선택하는 태도가 감정 건강의 핵심이라고 말했다. 심리 치료사는 내담자가 '스스로 바뀌고 싶어서'가 아니라 '주변 사람을 바꾸는 방법'을 찾길 기대하는 경우가 많다고 말했다. 내담자는 방어 태세를

유지하고 지금과 똑같이 행동하면서 기분이 나아지기를 바란다. 하지만 감정 건강의 징후는 '아, 내가 바꾸어야 하네. 주변 상황을 바꾸고 싶다면 내 행동을 책임질 각오가 필요하구나'라고 깨닫기 시작할 때 비로소 드러난다.

기업가는 질문을 더 많이 하고, 자신의 일을 더 잘하며, 다른 사람을 더 효과적으로 지원하려는 태도를 가진 사람을 높이 평가했다. 스스로 책임지는 자세가 높은 점수를 얻었다. 방어 대신에 성장을 추구하는 이 행위는 **호기심**curiosity이다. 누구나 가끔은 방어적인 태도를 보이지만 편안함보다 성장을 우선시하려면 호기심을 갖고 질문하는 법을 배워야 한다.

3. 심리 치료사와 기업가 모두 변화의 출발점은 자기 자신을 보기 시작할 때 일어난다고 했다. 하지만 인간은 본능적으로 자기 자신을 '보지 않으려' 애쓴다. 내가 인터뷰한 여러 심리 치료사는 내담자가 좌절을 인정하고 그동안 외면했던 자신에게 눈을 돌리기 시작할 때 진전을 느낀다고 말했다.

기업가는 최악의 리더에게서 공통적으로 나타나는 특징을 이렇게 지적했다. 그들은 자신이 주변 사람들에게 미치는 영향을 전혀 알아차리지 못한다는 것이다. 좋은 리더는 다르다. 자신의 말과 행동이 다른 사람에게 어떤 영향을 주는지 분명히 안다. 이것이 **자기인식**self-awareness이다. 자기인식이란 자신의 성격 특성, 감정을 자극하는 요인, 편향, 강점과 약점, 그리고 반복되는 행동 경향을 이해하는 능력이다.

4. 심리 치료사와 기업가는 좌절을 견디는 인내와 다시 일어나는 근성을 핵심 특성으로 꼽았다. 심리 치료사는 감정을 건강하게 다루는 사람은 좌절과 실패를 딛고 나아갈 수 있지만, 모두가 그렇게 할 수 있는 것은 아니라고 했다. 건강한 내담자는 어려운 일을 겪더라도 그 경험을 학습과 성장을 돕는 방식으로 받아들인다. 단순히 버티는 데서 멈추지 않고, 경험을 존중해 의미를 찾고, 그 결과로 성장하는 사람이다.

기업가는 리더라면 몇 번을 좌절하더라도 포기하지 않고 끝까지 버틸 수 있어야 한다고 말했다. 또한 실패를 겪는 과정에서도 그 압박감에 짓눌리지 않고 다시 중심을 잡는 능력이 중요하다고 했다. 이것이 **회복탄력성**resilience이다. 회복탄력성이란 좌절, 실망, 실패, 어려움을 딛고 나아가 성장하고 배우는 능력이다.

5. 심리 치료사와 기업가 모두 감정을 건강하게 나누고 바람직한 관계를 맺으려면 타인을 배려하고 헤아리는 능력이 중요하다고 입을 모았다. 또한 심리 치료사는 감정을 잘 다루는 내담자일수록 주변 사람들의 감정을 회피하거나 차단하지 않고, 자기 안에서 느껴 보려는 태도를 지녔다고 말했다.

또한 심리 치료사와 기업가 모두 가정이든 직장이든 감정이 오가는 환경을 당당하게 헤쳐 나갈 수 있는 능력이 필요하다고 했다. 상대방이 처한 상황을 이해하고, 그 사람의 감정을 진심으로 헤아리고 배려하는 능력은 인간관계의 핵심이다. 이것이 **공감**empathy이다.

6. 심리 치료사와 기업가 모두 자신의 생각을 다른 사람에게 효과적으로 전달하는 능력이 중요하다고 강조했다. 심리 치료사는 감정을 잘 다루는 내담자는 자신이 무엇을 느끼는지 무엇이 필요한지를 스스로 파악하고, 그 감정과 필요를 상대에게 분명하게 표현할 수 있는 사람이라고 했다. 즉, 상대가 자신의 마음을 알아서 읽어 주기를 기대하지 않는다는 뜻이다.

   기업가 역시 명확한 기대를 전달하고 목표를 설명하는 동시에, 사람들에게 동기를 부여할 수 있어야 한다고 말했다. 또한 피드백을 잘 주고받는 능력도 중요하다고 봤다. 두 집단의 말을 한마디로 정리하면, 원활한 **의사소통**communication이다. 감정을 건강하게 다루려면 자신의 필요와 기대를 말로 표현할 수 있어야 한다.

7. 마지막 특성은 처음에는 다소 뜻밖으로 들리는 이야기에서 출발했다. 심리 치료사는 하나의 생각에 매달리기보다 상황을 유연하게 받아들이고 즐길 줄 아는 사람이 감정을 잘 다룬다고 말했다. 건강한 내담자는 완고하지 않고, 사고가 흑백논리로 치닫지 않는다. 대신 다양한 가능성과 결과를 열어 두고 상황을 살핀다.

기업가 역시 브레인스토밍과 협업에 참여하고, 창의성이 발휘될 여지를 많이 제공하는 사람이 감정적으로 건강하다고 봤다. 처음에는 두 집단의 말이 서로 다르게 들릴 수도 있지만, 사실은 같은 이야기다.

다시 말해 놀이를 즐길 수 있어야 한다는 뜻, **장난기**playfulness다. 감정 건강을 생각할 때 '장난기'라는 단어가 좀처럼 떠오르지 않을 수도 있다. 하지만 많은 치료 과정은 결국 모두에게 다시 놀 수 있는 방법을 가르치는 일이다. 제약을 없애고 더 넓게 생각하도록 돕는 것이다. 다른 사람들과 즐겁게 노는 능력은 유치원에서 배웠어야 했지만, 많은 성인이 어려워하는 일이기도 하다.

나는 감정 건강의 7가지 특성을 정리한 뒤, 이 특성이 시간이 지나도 그리고 실제 삶 속에서도 여전히 유효한지 확인했다. 수년에 걸쳐 수많은 기업과 학회에서 이 특성을 소개했고, 전 세계 사람들로부터 실시간 피드백을 받았다. 동시에 1：1로 만나는 내담자들과의 치료 과정을 통해 어떤 특성이 가장 많은 도움이 필요한지 찾아냈다. 그리고 이 특성을 훈련하도록 돕는 계획을 세웠다. 그렇게 시간을 두고 검증한 끝에, 나는 이 7가지 특성이 유효하다는 결론에 이르렀다.

유산소 지구력, 근력, 유연성 같은 개념을 활용하는 신체 운동과 마찬가지로 7가지 특성은 감정 건강이란 무엇을 의미하는지 보여 주는 기반이다. 또한 운동 계획이 신체 부위별로 프로그램을 짜고 식사와 수면 같은 생활 습관까지 함께 관리하듯, 이 특성들 역시 서로를 보완하며 전반적 감정 건강을 끌어올린다.

감정 건강의 7가지 특성은 서로 맞물려 작용하면서 전반적인 감정 건강을 강화한다. 불편을 견디는 힘이 커질수록(마음챙김), 방어벽을 능숙하게 내려놓고(호기심), 자기 자신을 더 깊이 이해할 수 있게 된다(자기인식). 이 이해는 인생의 어려운 순간을 극복하는 힘을 기르고(회복탄력성), 덕분에 다른 사람을 지지하고(공감), 관계를 구축하는 토대가 된다(의사소통). 이런 방식으로 사람들을 만나면, 우리는 더 크게 생각하고 자유롭게 창의성을 발휘할 수 있다(장난기). 그 결과 다른 모든 특성도 계속해서 함께 강화된다.

감정 훈련이 아닌 것

감정 건강이 무엇인지에 관한 잡음이 일상과 온라인에 넘친다. 그중에는 도움이 되는 내용도 있지만, 솔직히 말해 상당수는 대중 심리학이 만든 헛소리다. 훌륭한 신체 훈련 프로그램을 고를 때와 마찬가지로 먼저 잡음 속에서 신호를 골라내는 작업부터 시작하자. 감정 훈련이 아닌 것의 예시를 몇 가지 소개한다.

감정 훈련은 즉효 약이 아니다

미국 사회는 늘 빠른 해결책을 원한다. 하지만 팔굽혀펴기를 1번 하거나 브로콜리를 1개 먹었다고 해서 몸이 건강해지지는 않는다. 감정 역시 마찬가지다. 감정을 훈련하려면 시간이 필요하다. 앱으로 음식을 주문하듯 감정을 조절할 수 있다면 좋겠지만, 무엇이든 당장 해결돼야 한다는 생각에서 벗어나야 한다. 감정 생활은 본래 복잡하고, 복잡한 문제를 손쉽게 해결하겠다고 생각하는 순간 오히려 길을 잃는다.

감정을 훈련하려면 연습과 노력이 필요하다. 그러나 분명한 것은 그만한 보상이 따른다는 점이다. 사람은 서툰 일을 반복하면 결국 익숙해진다. 그저 시간과 꾸준한 전념이 필요할 뿐이다. 스스로 이런 노력을 기울이면 주변 상황이 조금씩 달라진다. 내가 건강해질수록 내 삶에 건강한 사람들이 나타나기 시작한다.

감정 훈련은 자기 관리가 아니다

많은 사람은 자기 관리를 사소한 습관, 즉 하면 좋고 안 하면 그만인 일쯤으로 여긴다. '자기 관리'라는 말은 시간이 남는 특권 계층에 국한된 모호한 단어처럼 들린다. 하지만 일하는 사람에게 필요한 것은 쉬는 법이 아니라, 원하는 바를 이루기 위해 계속 움직일 수 있는 힘이다.

앞으로 소개할 감정 훈련은 그런 힘을 기르는 일이다. 도전하는 사람 중 이를 사소하다고 여길 사람은 없을 것이다. 이 연습은 하루 휴가를 내거나 온종일 집에서 뒹굴며 넷플릭스를 몰아 보거나 나 자신을 찾아 묵상하는 것과는 다르다. 휴식이 중요하지 않다는 뜻은 아니다. 다만 감정을 훈련하려면 휴식만으로는 부족하다. 오후에 잠깐 시간을 내어 와인 한 잔을 마신다고 해서 감정이 단련되지는 않는다. 감정 훈련은 지독하게 힘들지만, 그만큼 확실하고 현실적인 변화를 가져온다. 말 그대로 '자기 관리'보다는 '자기 정비'에 가깝다.

감정 훈련은 해로운 긍정성이 아니다

누군가에게 힘든 일을 털어놓았을 때 "그게 최선이야", "긍정적으로 생각해", "웃으면서 넘겨"라는 말을 들은 적 있는가? 이런 태도를 해로운 긍정성toxic positivity이라고 한다. 최근에 생겨난 이 용어는 어떤 상황에서도 부정적 감정을 억누른 채 밝은 면만 보고 긍정적으로 생각해야 한다는 믿음을 뜻한다.

"모든 일에는 이유가 있다", "반드시 좋은 면이 있다"라는 말은 진실의 절반만을 말할 뿐이다. 인생에는 언제나 괴로움이 따른다는 사실을 외면하기 때문이다. 고통은 인간에게 자연스러운 경험이다. 그러니 일상의 괴로움을 비정상으로 여기거나 억눌러서는 안 된다.

감정 훈련은 인간이 느끼는 다양한 감정을 있는 그대로 인정하고, 각각의 감정에 나름의 가치가 있음을 받아들이는 일이다. 이제 이런 다양한 감정을 이야기해 보자.

감정 훈련은 지속적 행복이 아니다

감정 훈련은 스트레스와 감정을 효과적으로 다루고, 건강한 인간관계를 유지할 수 있는 지속 가능한 안녕 상태를 말한다. 우리는 행복에 지나치게 집착하는 문화 속에서 살아간다. 매 순간 설레지 않으면 어딘가 잘못된 듯한 기분을 느끼기 쉽다. 하지만 행복은 기분이 좋아진 상태일 뿐 흔들림 없이 지속 가능한 상태가 아니다. 행복은 감정적으로 단단해지는 데 도움이 되는 여러 감정 가운데 하나다. 단지 더 행복해지는 것에만 초점을 맞추기보다 삶에 대한 만족과 진정성을 키우는 방법을 생각해 보자.

여기서 중요한 것은 자신의 삶에 대한 주체성agency이다. 주체성이란 내 삶과 선택을 좌우하는 힘이다. 어려운 상황에서 행동하고 결정에 책임지는 능력, 자기 생각과 행동에 영향을 미치는 역량이다. 이 힘이 생기면 삶이 나를 떠민다고 느끼는 대신 내가 원하는 방향으로 살아갈 수 있다.

감정 훈련은 사후 대책이 아니다

감정 훈련은 문제가 터진 뒤에 하는 처방이 아니라 대비하는 일이다. 분별 있는 사람이라면 자동차 엔진에서 이상한 소음이 들릴 때 그냥 지나치지 않는다. 그런데 우리는 서로에게 늘 더 열심히 일하고 한계를 넘어서라고만 말한다.

자동차를 정기 점검하듯 정신 건강을 보살피는 데도 그만한 관심과 노력이 필요하다. 바쁘게 살아가도 좋지만, 타이어 교체와 윤활유 보충하는 일은 빼먹지 말자. F1 드라이버가 경기 중 여러 차례 피트 스톱pit stop(자동차 경주 중 타이어 교체나 정비를 위해 잠시 멈추는 일.—옮긴이)을 하는 것도 같은 이유다. 일과 사회생활, 가정사를 오가느라 지칠 때마다 무작정 버티기보다는 심각한 문제가 발생하기 전에 재충전하고 감정 건강을 돌보는 피트 스톱을 실행해야 한다.

피로와 두려움, 슬픔을 이겨 내고 싶은 마음은 이해하지만 결국 돌아오는 것은 '버티'라는 말이다. 하지만 그렇게 계속 몰아붙이면 결국 엔진은 망가진다.

이 책의 전개 방향

들기 좋은 말로 포장할 생각은 없다. 신체를 단련하듯 감정을 훈련하는 데도 노력과 전념이 필요하다. 하지만 그 노력은 반드시 보답받는다. 감정 훈련 프로그램은 감정을 강화하고, 꾸준히 연습할 수 있도록 활력과 동기를 부여한다. 또한 감정을 건강하게 다루는 사람이 되기 위해 필요한 핵심 개념을 이해하고 스스로 인식하도록 돕는다. 책을 읽기 시작한 직후부터 일상생활의 질이 어떻게 달라지는지 알아차리게 될 것이다. 이어지는 다음 장에서는 7가지 특성을 하나씩 살펴본다. 각 특성이 전반적 감정 건강에 어떻게 기여하고, 그 특성을 어떻게 실행 가능한 방법으로 강화할 수 있는지 구체적으로 다룬다.

이런 특성을 반복해서 연습하고 다듬으면 변화가 실시간으로 나타난다. 비판에 무너지는 대신 학습할 수 있고, 더 건강한 인간관계를 맺고 유지할 수 있으며, 대인 관계 갈등을 해결하는 능력을 키울 수 있을 것이다. 무엇보다도 마음속 깊이 간직한 야망에 더 가까이 다가갈 수 있다. 물론 하루아침에 일어나지는 않는다. 시간을 들여 연습해야 하고 계속해서 실천해야 한다. 이제 막 달리기를 시작한 사람부터 처음으로 5킬로미터를 완주한 사람, 수십 년 동안 훈련한 마라톤 선수까지 훈련에는 다양한 수준이 있다. 어떤 수준에서 시작하든 계속 나아가면 분명히 발전한다. 작은 걸음이 큰 변화를 만든다.

나는 감정 훈련을 배의 항로 변경에 자주 비유한다. 대형 선박이나 항공모함은 갑자기 방향을 바꿀 수 없다. 이렇게 큰 선박의 방향 전환은 매우 느리고, 그 순간에는 거의 알아차릴 수 없다. 배의 각도를 단 1도만 틀었다면, 처음에는 아무도 그 변화를 눈치채지 못한다. 그러나 시간이 흐른 뒤 배의 위치를 보면 1도의 변화가 완전히 다른 목적지로 이어진다는 사실을 알 수 있다. 감정을 훈련할 때도 마찬가지다. 당장은 상황이 달라지는 것처럼 느껴지지 않을 수 있다. 하지만 꾸준히 실천한다면, 시간이 흐르면서 삶은 분명히 다른 방향으로 움직이기 시작한다.

현재 상태 점검

우리는 변화하는 과정에서 자신의 감정 훈련 상태가 어떻게 달라졌는지 꾸준히 살펴야 한다. 지금 자신의 상태를 파악할 수 있도록 간단한 점검표를 활용해 보자.

다음 7가지 특성에 대해 1점에서 5점까지 점수를 매겨 보자. 1점은 '이 특성이 큰 약점이다', 5점은 '이 특성이 큰 강점이다'를 의미한다. 이제 각 특성을 하나씩 살펴보며, 지금 자신이 감정적으로 얼마나 건강하다고 느끼는지 표시하자.

마음챙김: 나는 불편을 피하기보다는 받아들이고 감당하는 편인가? 마음챙김을 실천하는 사람은 성장하기 위해서라면 불편도 감수한다.

1　　　　**2**　　　　**3**　　　　**4**　　　　**5**

호기심: 나는 배우려는 태도를 지녔는가? 냉정한 피드백을 받아들이고 곤란한 질문을 던질 수 있는가? 호기심 많은 사람은 자신과 타인에 대해 더 깊이 알고자 노력한다.

1　　　　**2**　　　　**3**　　　　**4**　　　　**5**

자기인식: 나는 나의 성격 특성, 감정을 자극하는 요인, 편향을 잘 아는가? 자기인식이 높은 사람은 자신의 강점과 약점, 그리고 반복되는 행동 경향을 분명히 안다.

1　　　　**2**　　　　**3**　　　　**4**　　　　**5**

회복탄력성: 나는 인생의 난관에 맞서 이를 배움과 성장의 기회로 삼는가? 회복탄력성을 갖춘 사람은 좌절에 오래 붙잡혀 있지 않는다.

1   **2**   **3**   **4**   **5**

공감: 나는 내 감정을 느끼는 동시에 다른 사람의 관점을 이해하려고 노력하는가? 공감 능력이 뛰어난 사람은 상대방 입장에서 생각하고 실제로 그렇게 행동한다.

1   **2**   **3**   **4**   **5**

의사소통: 나는 내 욕구와 기대를 명확하게 표현하고, 타인의 욕구와 기대에도 똑같이 귀를 기울이는가? 의사소통 능력이 뛰어난 사람은 아이디어와 생각을 효과적으로 주고받는다.

1   **2**   **3**   **4**   **5**

장난기: 나는 긍정적이고 협조적인 태도로 삶을 대하고, 관계 속에서 안전하게 창의성을 발휘할 여유가 있는가? 장난기가 풍부한 사람은 폭넓게 생각하고 회색 지대에서도 유연하게 살아간다.

1   **2**   **3**   **4**   **5**

이제부터 어디로
나아가야 할까?

각 특성의 점수를 높이려면 반복해서 연습해야 한다. 모든 신체 훈련 프로그램에 체력 강화 운동이 포함되듯, 이 책에도 각 특성을 키우는 연습 이른바 '감정 팔굽혀펴기'가 들어 있다. 감정 팔굽혀펴기란 안전지대에서 살짝 벗어나 성장을 이끌어 내는 작은 감정적 노력을 뜻한다. 실제 팔굽혀펴기와 마찬가지로 감정 팔굽혀펴기도 반복할수록 더 쉽게, 더 많이 할 수 있다. 이는 당장 감정적으로 튼튼해지고 앞으로 맞닥트릴 스트레스와 불확실성에 대비하는 힘이 된다.

실수했을 때 사과하기, 상사나 동료에게 피드백 요청하기, 슬픈 영화 보고 울기 같은 일도 모두 감정 팔굽혀펴기가 될 수 있다. 어떤 사람에게는 작은 시도가 다른 사람에게는 큰 도전이 된다. 이 책은 감정 팔굽혀펴기에 관한 전반적 방향을 제시하지만, 무엇을 어떻게 실천할지는 각자가 강화하고 싶은 감정 근육을 훈련하는 여정에 따라 달라진다. 예를 들어 부탁을 거절하지 못해 늘 후회하는 사람에게 필요한 감정 팔굽혀펴기는 오늘 받은 요청 하나를 단호하지만 정중하게 거절하는 일이 좋은 연습이 될 수 있다. 반대로 자기 필요를 우선시하는 경향이 있는 사람에게는 누군가를 돕는 일이 감정 팔굽혀펴기가 될 수 있다.

로마 철학자이자 황제였던 마르쿠스 아우렐리우스Marcus Aurelius는 "영혼은 생각의 색으로 물든다"라고 했다. 생각을 바꾸면 세상을 바라보는 방식도 달라진다. 나는 사물을 새로운 관점에서 바라보는 데 큰 힘이 있다고 믿는다. 하지만 생각만으로 감정을 해결할 수는 없다. 오히려 그 감정을 느끼면서 통과해야 한다. 사고방식과 감정 상태 모두 감정을 훈련하는 중요한 도구다.

감정 훈련 첫걸음은 자신의 감정을 있는 그대로 받아들이는 일이다. 이 과정에는 어느 정도 불편이 따른다. 이 책을 읽는 동안에도 그런 불편을 많이 경험하게 될 것이다. 중요한 것은 이런 불편을 무시하거나 외면하는 대신 정면으로 바라보는 태도다. 이는 달리기를 시작하기 전에 신발 끈을 묶고 스트레칭하는 과정과 같다. 이제 마음의 준비를 마쳤다면, 러닝화를 신고 첫 번째 특성인 마음챙김에 대해서 이야기해 보자.

2장

감정 훈련 7단계 프로그램

마음챙김:
불편함과 함께 있으라

아, 물론 난 흐름에 따르고 싶어요.
그냥 이 흐름이 언제 시작되는지, 어디로 향하는지,
몇 시에 끝나는지 알고 싶을 뿐이에요.

_인기 틱톡 더빙

어느 화요일 아침, 대형 브랜딩 기획사 영업부에 근무하는 젊고 재능 있는 야심가 메건Meghan은 출근하자마자 익숙한 이메일 알림을 들었다. 상사인 탈리아Talia가 보낸 메일이었다.

'별일이네. 평소에는 퇴근 직전이나 업무 보고 시간이 돼야 연락이 오는데.'

한 손에는 커피를, 다른 한 손에는 마우스를 쥔 메건은 이메일을 열었다. 1시간 후에 영상통화가 가능하겠냐는 내용이었다. 안부 인사나 메일 내용, 맺음말 따위는 없었다. 그녀는 이상하다고 생각했다. 무슨 일이 생겼다고 생각한 그녀는 1시간이나 기다리고 싶지 않았다.

"물론입니다! 용건을 알려 주실 수 있나요?"

메건은 답장을 보냈고, 탈리아는 회신하지 않았다. 그녀는 한 차례 더 이메일을 보냈다.

"어떤 정보라도 공유해 주시면 좋겠습니다. 감사합니다!"

여전히 응답은 없었다. 메건은 업무에 집중하려고 애썼지만, 불안한 마음에 집중하기가 힘들었다. 마침내 1시간 후 그녀가 영상통화를 걸었다. 인사말을 주고받은 후 탈리아가 용건을 이야기했다.

"어제 메건 씨가 걸었던 영업 전화와 관련해서 확인하고 싶은 부분이 있어요. 메건 씨는 언제나 그렇듯이 만반의 준비를 갖췄고 앞날이 기대되는 직원이에요. 하지만 짚고 넘어가야 할 일이 있어요. 처음이었다면 그냥 넘어갔겠지만, 같은 패턴이 몇 차례 보였거든요."

탈리아는 계속해서 말했다.

"통화 끝 무렵에 고객이 팀과 상의할 시간이 필요하다고 했을 때 메건 씨는 고객의 말을 끊고 언제 답변을 들을 수 있는지 재촉했어요. 영업에 끈기가 중요하다는 사실은 알지만, 메건 씨는 좀처럼 기다리지 못하고 고객이 결정하는 데 필요한 시간을 주지 못하는 것 같아요. 메건 씨의 할 수 있다는 태도와 거절을 쉽게 받아들이지 않는 자세는 훌륭하지만 좀 더 인내심을 가졌으면 좋겠어요. 오늘 내가 보낸 이메일만 해도 그래요. 1시간만 있으면 알게 될 텐데도 통화 용건이 무엇인지 2번이나 물어봤잖아요."

메건은 무슨 뜻인지 이해했다. 그녀는 좀처럼 기다리지 못했고, 자신의 태도가 부담스럽게 여겨질 수 있다는 점도 알았다. 하지만 승낙을 받아내려고 압박하는 태도는 영업직에 바람직한 자질이 아닌가? 탈리아가 자신의 끈기와 의욕을 칭찬했어야 마땅하지 않나? 애초에 이런 특성이야말로 자신이 성공할 수 있었던 원인이지 않았을까?

메건은 탈리아의 피드백에 당황했지만 어딘가 문제가 있다는 느낌을 받았고, 결국 나를 찾아왔다. 첫 상담에서 그녀는 곧장 본론으로 들어가 직장에서 느끼는 좌절감을 털어놓았다. 그녀는 팀에 기여하고 싶었지만, 왜 더 이상 자신의 역량을 마음껏 발휘하지 못하게 되었는지 알고 싶었다. 내가 그 이유를 파악하도록 도울 수 있을지, 도울 수 있다면 얼마나 시간이 걸릴지, 그리고 자신이 무엇을 해야 하는지도 궁금해했다. 그리고 치료가 일주일이 걸릴지, 한 달이 걸릴지도 질문했다. 그녀는 이 과정을 낱낱이 알고 싶어 했다.

메건의 상사가 무엇을 지적하려고 했는지는 금세 드러났다. 그리고 나는 사람들이 모든 답을 빨리 알고 싶어 할 때 늘 말했던 것처럼 상담을 시작했다.

"앞으로의 진행 방향에 대해서는 기꺼이 말씀드릴 수 있어요. 다만 이 과정에서 우리가 어디로 나아가야 할지는 실제로 걸어가 보지 않으면 알 수 없어요. 그래도 우리는 함께 길을 찾아갈 거예요. 중간중간 상황을 점검하면서요. 괜찮을까요?"

안타깝게도 메건은 이 대답을 듣고 위안을 얻기보다는 오히려 괴로

위했다. 치료 과정을 몇 차례 더 거치자 그녀의 성격 특성이 확실하게 드러났다. 그녀는 불확실성을 견디지 못했다. 다음에 무슨 일이 벌어질지 모르는 상황을 극도로 싫어했고, 일이 자연스럽게 흘러가도록 가만히 두지 못했다.

메건은 '모르겠어요'라는 말을 견디지 못하는 A유형 성격(경쟁심과 완벽주의 성향이 강하며 스트레스에 민감한 성격 유형.—옮긴이)이었다. 그녀는 일정과 일과에 집착했고, 세부 사항을 낱낱이 파악해 둬야 마음이 놓였다. 이런 성향은 여러 면에서 강점이다. 그녀는 꼼꼼하고 부지런했으며, 업무에서 중요한 내용을 놓치는 법이 거의 없었다. 하지만 바로 이런 성향이 직장과 가정에서의 인간관계에는 걸림돌이 됐다.

메건은 토요일 밤마다 친구들이 "그때 가서 하고 싶은 대로 놀자"라고 말할 때 가장 짜증이 난다고 했다. 그녀는 미리 계획을 세우자고 고집했고, 친구들은 그런 그녀의 태도를 이미 지겨워하는 눈치였다.

"제가 계획을 세우지 않으면 우리는 그냥 빈둥거리면서 시간을 낭비하잖아요."

메건은 친구들에게 '빈둥거리는 시간'이 문제는커녕, 오히려 즐거움의 일부라는 사실을 이해하지 못했다. 그녀는 자신이 초대받는 자리가 줄어들었다는 것도 알아차렸다. 친구들 사이에서 그녀는 단연코 가장 의지할 수 있는 사람이었다. 그리고 동시에 융통성이 없고 즉흥적으로 어울리지 못하는 사람, 다시 말해 재미없는 사람이라는 꼬리표를 달고 있었다.

나 역시 메건과 치료를 진행하면서 어딘가 자연스럽지 않다는 느낌을 받았다. 그녀의 행동에서도 이런 특징이 여러 모습으로 나타났다. 예를 들어 그녀는 침묵을 견디지 못했다. 대화가 잠깐씩 끊어질 때마다 그녀는 잠시도 견디지 못하고 공백을 채우려 했다. 나는 일찍부터 이점을 알아차렸지만, 처음에는 일단 두고 지켜보기로 했다.

그러다 마침내 이야기를 꺼냈다.

"여기에서 조용히 생각하고 느끼는 시간이 불편한가요?"

메건은 긴장한 듯이 털어놓았다.

"사실, 여기서만 그런 게 아니에요. 어디서든 불편해요. 어색한 침묵이 정말 싫어요. 대화가 조금이라도 끊기면 차라리 쓸데없는 소리를 하거나 다른 사람이 막 입을 열려는 순간 말을 끊어 버리기도 해요. 다른 사람을 배려해야 한다는 건 알지만 조용한 순간이 너무 민망해요. 무슨 일이 벌어질지 두고 봐야 하는 게 싫어요. 그냥 제가 나서서 통제하고 싶어요. 그래서 영업 전화할 때도 상대를 다그치는 것 같아요. 계약을 하든지 말든지, 결국 안 될 거면 당장 알고 싶어요."

그때부터 변화가 시작됐다. 이 흐름을 이어 가고 싶었던 나는 메건의 과거에 관해 질문했다.

"공백을 메우고 싶다거나 앞으로 무슨 일이 일어날지 알고 싶은 성향은 예전부터 있었나요? 흐름에 따라가기가 늘 힘들었나요?"

메건은 부모가 자주 싸웠던 어린 시절이 무척 혼란스러웠다고 말했다. 분노로 가득 찬 환경에서 자랐고, 침묵은 늘 폭풍이 휘몰아치기 직전의 고요와 같았다고 했다. 일을 자연스럽게 흘러가도록 두면 매번 무서운 결과로 이어졌기에 무작정 상황에 맡길 수 없었다. 그랬다가는 더 큰 혼란이 닥쳤다.

"평화를 지키는 방향으로 일이 흘러가게끔 만들어야 했어요. 그렇지 않으면 금방 난리가 났거든요."

메건은 방금 자신이 무슨 말을 했는지 깨닫고 눈을 깜빡였다. 그녀는 어린 시절의 경험이 20년 후 지금의 자신에게까지 이어졌다는 사실을 알아차렸다. 조금만 불확실성이 생겨도 나쁜 일이 일어날 것 같은, 바로 이 섬뜩한 예감이 어디에서 비롯됐는지 보이기 시작했다. 그녀는 오랫동안 시달린 불길한 예감 때문에 틈새 시간을 즐길 수 없었다. 계획을 세우거나 공백을 메워서 불안함을 회피하려 했지만, 이런 시도는 오히려 수치심과 무안함을 불러일으켰다. 상황은 점점 더 복잡해졌다.

메건의 이야기는 사람들이 불편함을 어떻게 회피하려 하는지를 잘 보여 준다. 이런 불편함이 꼭 그녀처럼 힘겨운 어린 시절 경험에서 비롯되는 것은 아니다. 익숙하고 안전하고 불안이 없는 상태에 머무르고 싶은 경향은 인간의 본성이다. 우리 인간은 습관의 노예고, 우리 뇌는 변화에 저항하도록 타고났다.

관계를 정리하거나 새로운 일을 시작하거나 어려운 대화를 나눌 때처럼 중요한 순간에는 불편함이 따르기 마련이다. '내가 행복해질까?', '일을 잘할 수 있을까?', '무슨 말을 해야 할까?'처럼 이런 일에는 난처한 상황과 예측할 수 없는 결과가 가득하기 때문이다.

우리는 이런 질문 앞에서 변화로 나아가고자 하는 대신 실패와 실수를 두려워하며 매달린다. 두려움에 얽매여서 성급한 결론을 내릴지도 모른다. 건강하지 못한 관계를 이어 나가거나 일자리 제의를 거절하거나 대화를 피한다. 익숙한 방식만 고수한다. 현재 상태를 유지하려는 대처 방식은 잠시 거짓된 편안함을 줄 수는 있다. 하지만 그 자리에 머무르는 한 결코 성장은 없다.

나는 이런 상황에 깊이 공감한다. 나 역시 한때는 침묵을 견디지 못했다. 특히 심리 치료사로 일을 시작하던 무렵에는 심했다. 초보 치료사 시절에 나는 도움이 될 만한 말을 하거나 질문하고 싶어서 견딜 수 없었다. 배운 지식을 실무에 총동원하고 싶어서 안달이었지만, 정작 가장 단순하면서도 중요한 것은 학교에서 배우지 못했다.

바로 조용히 앉아서 내담자가 생각할 시간을 주는 것이었다. 침묵이 성찰과 성장을 부르는 촉매라는 사실을 깨달은 뒤로, 나는 훨씬 효과적으로 내담자에게 도움을 줄 수 있었다. 그래서 메건이 불편함을 털어놓았을 때, 나는 그녀에게 공감했고 동시에 침묵과 불확실성 속에서 펼쳐지는 멋진 세계를 보여 줄 수 있었다.

우리는 실제로 멋진 세계를 열었다. 메건의 과거 이야기를 나눈 뒤 다시 현재로 돌아왔다. 그리고 우리는 함께 고객의 말을 끊어 버렸던 영업 통화를 하나하나 분석했다. 나는 그때 말을 끊은 뒤 어떤 기분이 들었는지 그녀에게 물었다.

"감정이 이랬다저랬다 했죠. 영업을 잘하려면 끈기가 있어야 해요.

하지만 한편으로는 사람들이 결정을 강요받는 상황을 싫어한다는 것도
알아요. 그런데 기다리는 시간이 너무 괴로워요. 만약 고객이 다음날
다시 연락해서 거절하면 어떡하죠? 차라리 지금 당장 거절당하는 편이
나아요. 그래도 제 성급한 성격 때문에 사람들이 짜증을 낸다고 생각
하면 정말 부끄러워요."

메건이 빠진 딜레마는 분명했다. 피하려고 애쓴 불편함(불확실성)이
오히려 더 곤란하고 불편한 상황, 다시 말해 직장과 가정에서의 혼란을
만들었다. 그녀의 사례에서 볼 수 있듯이, 아이러니하게도 불편함을 회
피하려는 행동은 대개 처음 피하고 싶었던 상황보다 더 불편하고 나쁜
결과를 가져온다.

이런 경우는 다양한 상황에서 나타난다. 예를 들어 직장에서 피곤하
고 할 일도 산더미인 상황에서 동료로부터 업무를 도와 달라는 요청을
받았다고 해 보자. 만약 거절하거나 경계를 세우는 일이 불편한 사람이
라면, 어려운 대화를 피하려고 그 업무를 맡겠다고 말해 버릴 수도 있
다. 그러다 할 일이 너무 많아서 허우적거리다 보면 도움을 요청한 동료
를 원망하게 된다. 이렇게 거절에 따르는 불편을 견디지 못한 당신은 여
러모로 불편한 상황에 빠진다.

흔히 타조가 포식자를 피하려고 모래에 몸을 숨긴다고 생각하지만,
사실은 그렇지 않다. 그런데도 이런 믿음이 비유로 남아 있는 이유는
실제로 사람들이 자주 이런 방식으로 문제를 회피하기 때문이다. 밤에
생각이 많아 잠들지 못할 때 기분 전환 삼아 휴대전화를 들여다보는가?

친구의 행동이 거슬리는데도 갈등을 회피하는가? 혼자가 되고 싶지 않은 마음에 이상적이지 않은 연인과 관계를 지속하는가?

내 친한 친구 1명도 서른 즈음 해로운 관계를 이어 가고 있었다. 친구는 몹시 불행했지만 관계를 끝내려면 많은 불편을 감수해야 했다. 임대차 계약을 파기하고, 가구를 새로 사고, 친구를 새로 사귀어야 했다. 이 모든 일을 다시 시작하려면 너무 힘들 것 같다는 두려움이 컸다. 결국 현실을 직시하고 나아가는 대신, 2년을 더 모래에 머리를 파묻은 채 지냈다. 이제 와서 그 시간을 되돌릴 수는 없다.

불편함은 성장의 신호다

불편함을 좋아하는 사람은 아무도 없다. 하지만 이것만은 분명하다. 직장에서든 일상에서든 당신이 원하는 모든 것에는 불편함이 따른다.

불편함을 견디지 않고 위대한 업적을 이룬 사람은 없다. 인생의 힘든 부분, 즉 힘겨운 감정, 불편한 현실, 어려운 상황을 견디고 재빨리 안락한 세상으로 도망치지 않는 능력, 이것이 바로 마음챙김이다. 마음챙김은 일과 인생에서 강인하고 건강한 모습을 보여 주려면 반드시 단련해야 할 근육이다.

그렇다면 마음챙김 근육을 잘 쓰는 사람은 어떤 모습일까? 그들은 어떤 순간에도 편안한 결정이 아니라 최선의 결정을 내린다. 불편한 생각을 마주하고 불편한 감정을 피하지 않는다. 힘들더라도 해야 하는 일을 한다. 정체가 아니라 성장을 추구한다. 즉, 그들은 불편한 상황에 익숙하다. 기업을 경영하든 마라톤에 도전하든 선거에 출마하든 마찬가지다. 불쾌한 생각과 감정을 억압하거나 회피하거나 마비시키는 대신, 있는 그대로 마주할 수 있어야 한다.

마음챙김은 감정 훈련의 첫 번째 특성이다. 이 책에서 다루는 모든 특성은 결국 마음챙김 근육을 강화하는 데서 출발하기 때문이다. 다시 말해 감정을 건강하게 다루려면 어느 정도의 불편함을 감수해야 한다. 신체 단련과 마찬가지로 불편함을 조금도 견디지 못한다면 발전할 수 없다. 늘 들기 편한 무게만 들고 적당한 거리만 달린다면 지금보다 더 강해질 수 없다.

나이키의 '저스트 두 잇Just Do It' 캠페인이 시작된 지도 40년 가까이 됐다. 그럼에도 이 캠페인은 왜 여전히 강력한 메시지를 지녔을까? 어떤 일을 하고 싶어질 때까지 마냥 기다릴 수 없다는 사실을, 이 문구가 단순하면서도 분명하게 일깨워 주기 때문이다. 이 원리는 신체 건강뿐만 아니라 감정 건강에도 적용된다. 감정이 편안한 상태에 머무르고 싶은 유혹은 강하지만, 매일같이 똑같은 일을 하다 보면 감각이 둔해진다. 현실에 안주해 집중력과 의욕을 잃는다. 새로운 일을 성취하기는커녕 시도조차 하지 않는다. 이는 성장과 정반대다.

단기적인 불편 회피는 장기적으로 정체를 낳고, 심할 경우 퇴행으로 이어진다. 반대로 불편은 선택지와 가능성을 열어 준다. 불편은 성장과 학습, 그리고 적절한 흥분을 뒷받침한다. 그렇게 조금씩 도약해 나가다 보면 불가능하게 보였던 일을 해낼 수 있다. 물론 불편한 정도를 넘어서 공황이나 고통에 시달릴 정도로 자신을 몰아붙여서는 안 된다. 불편은 탐색의 대상이지 견뎌야 할 벌이 아니다. 성장에 꼭 필요한 정도로만 활용해야 한다. 불편을 의식적으로 감당하는 연습에 익숙해지면 불가능하다고 여기던 목표를 달성할 수 있다.

불편을 견디는 일이 감정 건강은 물론 학습과 성공 가능성을 높이는 데 도움이 된다면, 왜 사람들은 전력을 다해 불편을 피하려고 할까? 왜 우리는 불편한 감정이 올라올 때마다 그것과 마주하는 일을 힘들어할까?

안타깝게도 많은 사람은 어린 시절에 곤란하거나 복잡한 감정을 오롯이 느끼는 데 필요한 지지와 허락, 방법을 충분히 배우지 못했다. 그래서 메건처럼 불편을 최대한 외면하는 법을 배운다. 대개는 자신이 불편을 외면한다는 사실조차 깨닫지 못한다. 그들은 케케묵은 대처 방식으로 감정 숨기는 법을 배우지만, 이러한 대처 방식은 숨기려 했던 감정보다 더 큰 문제를 일으킨다. 마음이 울적할 때 과음, 과식, 과소비 같은 활동으로 기분을 전환하려고 한다. 문제는 이런 시도로는 불편한 감정을 해결할 수 없다. 다만 잠시 피할 뿐이고, 결국 상황은 악화된다.

내 경험상 문제는 감정이 아니라 그 감정을 부정하려는 '저항'이다. 유능한 개인으로서 성공하고 야심을 실현하려면 안전지대에서 벗어나 어려운 감정을 정면으로 마주해야 한다. 그렇지 않으면 우리는 감정에 얽매인다. 메건은 불편함에 대처하기 위해 좀 더 현실에 충실하고 유연해지는 법을 배워야 했다. 어떤 사람에게는 거절하는 연습이나 새로운 인간관계 도전이나 힘겨운 대화 시도나 새로운 일자리를 찾는 일이 불편을 다루는 방법이 될 수도 있다.

마음챙김을 훈련하면 불안을 없애려 애쓰기보다 불안과 차분히 마주한 상태에서 최선의 결정을 내릴 수 있다. 또한 앞으로 닥칠 불편함을 대처할 능력도 갖추게 된다. 마음챙김 근육이 단단해질수록 우리는 일과 삶에서 마주치는 어려움에 더욱 든든히 대비할 수 있다.

불편함과 친해지기

불편함을 받아들이기란 쉽지 않다. 받아들이기 쉽다면 애초에 불편하지도 않을 것이다. 하지만 성취를 향해 나아간다는 의식이 있다면 이야기는 달라진다. 승진이든 이직이든 인간관계든 목표를 향해 움직인다는 인식은 불편을 견디는 데 큰 도움이 된다. 근력 운동을 해 본 사람이라면 안다. 절반은 정신력 싸움이다. 자신이 발전하고 모든 노력이 보상받는다고 믿기란 어려울 수도 있다. 하지만 어느 순간 딱 맞아떨어지듯 스스로도 믿기 힘든 일을 해낼 수 있다는 사실을 깨닫는다. 그러려면 마음속에 장애물이 없어야 한다. 늘 들던 무게인데도 갑자기 다르게 느껴지는 순간이 온다. 힘겹던 무게가 들 만하게 느껴진다.

마음챙김도 마찬가지다. 마음챙김을 오랫동안 훈련하다 보면 불편함이 조금씩 감당할 만하고 스스로를 방해하던 마음에서도 서서히 벗어난다. 지금부터 불편함을 바라보는 시각을 바꾸는 데 도움이 될 중요 개념을 몇 가지 소개한다.

마음챙김이 불편을 이긴다

명상과 마음챙김이 똑같다고 보기도 하지만, 이 둘은 같지 않다. 조용한 장소에서 자기 생각과 마주하는 명상은 마음챙김을 훈련하는 훌륭한 도구다. 왜 그럴까? 불편하기 때문이다. 요즘 같은 시대에 누가 굳이 자기 생각과 마주하고 싶은가?

하지만 명상을 반복할수록 불편을 견디는 힘이 길러진다. 체육관에서 운동하면 일상생활에서 몸을 쓰는 데 대비할 수 있듯이, 명상은 삶의 불편을 견디는 데 대비할 수 있다. 나는 내담자에게 명상을 '자기 안에 안전하고 고요한 작은 집을 짓는 일'이라고 이야기한다. 집을 짓는 데는 오랜 시간이 걸리고 짓고 난 후에도 꾸준한 관리가 필요하다. 그러나 일단 집이 완성되면 필요할 때마다 집 안으로 들어가 안전과 고요를 누릴 수 있다.

매일 아침 일과에 명상하는 시간 2~3분을 추가해 보자. 처음에는 힘에 부칠 수도 있지만 꾸준히 하다 보면 시간이 훌쩍 지나간다. 이렇게 익숙해지면 명상 시간을 조금씩 늘려 가자. 명상을 꾸준히 하면 일상에서 불편함이 느껴질 때마다 그동안 쌓아 둔 내면의 공간으로 잠시 숨어 숨을 고를 수 있다.

우리는 생각하는 것 이상으로 견딜 수 있다

많은 사람이 불편함을 외면하는 이유는 자신이 불편함을 견딜 수 있는 정도를 과소평가하는 데서 비롯된다. 나 역시 몸이 불편한 것을 질색한다. 두통이 올 기미만 보여도 불평하고, 서늘한 영화관에서는 스웨터를 여러 벌 껴입는다. 조금만 아파도 영영 낫지 않을까 봐 걱정하는 편이다.

어느 날 나는 왜 내가 이렇게 반응하는지 궁금해졌다. 곰곰이 돌아보니, 어린 시절 자주 아팠던 기억이 떠올랐다. 그때의 나는 자주 몸이 아프거나 불편했고, 그 고통이 영원히 끝나지 않으리라고 생각했다. 당시에 나는 힘든 일은 지나간다는 사실을 알지 못했다. 그래서 어른이 된 후에도 오랫동안 신체적 불편을 피하려고 애썼다. 날씨가 쌀쌀해지면 실내로 들어가고, 힘든 요가 수업은 빼먹었고, 매운 음식도 멀리했다.

하지만 그렇게 지내는 동안 소중하고, 즐겁고, 건강한 경험을 너무 많이 놓쳤다는 사실을 깨달았다. 내가 회피한 불편이 과연 생각만큼 나쁜 일인지 의문이 들었다. 나는 불편을 회피하는 대신 불편에 다가가기로 결심했다. 내가 겪는 불편은 일시적인 현상일 뿐이라고 되뇌었고, 내 인내력이 생각보다 강하다는 사실도 알았다. 무엇보다 불편함을 견딘 뒤에 얻는 경험은 그만한 노력을 들일 만큼 충분히 값졌다.

돌이켜 보면 내 즐거움을 방해하는 요인은 신체 경험 그 자체가 아니라 '불편한 상태가 영원히 이어질지도 모른다는 걱정'이었다. 지금도 매운 음식을 좋아하는 정도는 아니지만, 살사나 빈달루 카레 정도는 때때로 참고 먹거나 심지어 즐길 수 있다.

자신이 생각하는 것 이상으로 불편에 용감히 맞설 수 있다는 깨달음
은 단순하지만 강력한 사고방식의 전환이다. 나는 강연에서 이 사실을
실시간으로 보여 주는 활동을 자주 한다. 거의 누구나 조금은 불편함을
느끼는 이 활동은 바로 눈 맞춤이다. 나는 먼저 사람들에게 두 사람씩
짝을 지어 25초 동안 상대방의 눈을 바라보라고 요청한다. 그리고 눈은
깜빡여도 되지만 되도록 말은 하지 말라고 이야기한다.

"준비, 시작!"

짧지만 낯선 25초 동안 나는 사람들이 저마다 불편함을 피하려고
애쓰는 행동을 차례차례 목격한다. 시선을 돌리거나 갑자기 웃음을 터
트리거나 상대방의 경계를 풀 법한 말을 하기도 한다. 15분처럼 길게 느
껴지는 25초가 마침내 지나가고, 사람들은 안도의 한숨을 내쉬며 미소
짓는다.

나는 불편함을 피하고 싶은 마음은 자연스러운 반응이지만, 이 활
동의 목적은 스스로 생각하는 것보다 훨씬 더 많은 불편함을 견딜 수
있다는 사실을 보여 주는 데 있다고 설명한다. 그리고 다시 한번 눈을
맞추자고 제안한다. 이번에는 모두가 이미 중요한 사실 하나를 알고 시
작한다. 눈 맞춤이 어떤 느낌인지 알고, 이를 극복할 수 있고 이 불편이
영원히 지속되지 않으며 혼자만 견뎌야 하는 일도 아니라는 사실이다.
나는 이번에는 시선을 돌리고 싶거나 웃음이 터지려고 할 때, 심호흡한
뒤 현재에 정신을 집중하라고 말한다. 그리고 자신이 이 상황에 대처할
수 있다는 점을 되새기라고 덧붙인다.

두 번째 시도에서는 눈에 띄는 변화가 나타난다. 강연장은 조용해지고, 웃음소리나 말소리가 사라진다. 사람들은 상대방에게 집중한다. 다시 25초가 흐른 뒤, 모두가 놀란 표정을 짓는다. 해냈기 때문이다. 심지어 고요한 순간을 즐긴 사람도 있다. 두 번째 시도가 첫 번째 시도보다 훨씬 짧게 느껴졌다는 반응도 많다.

나는 이 경험을 기억했다가 불편함을 느낄 때마다 오늘의 교훈을 떠올려 보라고 권한다. 불편한 상황에서도 숨을 고르고 그대로 머무를 수 있다면, 결국 우리는 생각보다 훨씬 더 멋진 일을 해낼 수 있다는 사실을 말이다. 그러니 불편한 감정이 올라와 도망치고 싶을 때는 심호흡하면서 감정을 그대로 느껴 보자. 글레넌 도일Glennon Doyle의 말처럼 힘든 일도 이겨낼 수 있다고 스스로에게 다짐하면서 말이다. 불편함을 느낄 때 도움이 될 몇 가지 유용한 조언을 소개한다.

1. 지금 느끼는 불편함을 구체적으로 파악한다.
   왜 이 순간이 유독 견디기 어렵게 느껴지는가? 이 불편함은 몸의 어느 지점에서 감각으로 나타나는가?
2. 발생할 수 있는 최악의 상황을 떠올린다.
   최악의 시나리오는 무엇인가? 그다음 최선의 시나리오와 가장 가능성이 높은 시나리오도 상상하자. 이 단계가 중요하다.
3. 필요하다면 도움을 요청한다.
   이 상황을 혼자 감당할 필요 없다는 사실에서 위안을 얻자.

4. 이 불편함이 영원히 지속되지 않는다는 점을 기억한다.

   지금의 불편함은 지나가는 과정이며 충분히 극복할 수 있다.

5. 정면으로 맞설 때 더 단단해질 수 있다는 사실을 되새긴다.

   불편은 회피해야 할 장애물이 아니라 성장의 신호다.

불편한 순간에 도망치고 싶다는 충동을 느낄 때마다 이 5가지 조언을 되새기자. 팀원과 어려운 대화를 나눌 때, 연봉 인상을 요구할 때, 많은 사람 앞에서 발표할 때 등 거의 모든 상황에서 도움이 된다. 반복할수록 더 쉽고 직감적으로 할 수 있다.

미숙을 능숙으로 바꿀 수 있다

인생은 복잡하고 매일매일 피할 수 없는 어려움이 닥친다. 2022년, 데이나 카비Dana Carvey와 데이비드 스페이드David Spade가 진행하는 팟캐스트 '플라이 온 더 월Fly on the Wall'에 오랫동안 '새터데이 나이트 라이브Saturday Night Live' 프로듀서로 일한 론 마이클스Lorne Michaels가 출연했다. 그는 새 출연진이 맞닥트리는 어려움에 관해 이야기했다.[1]

마이클스는 '새터데이 나이트 라이브' 고정 코너 '위켄드 업데이트Weekend Update'에서 최장수 앵커로 활동한 콜린 조스트Colin Jost와 마이클 체Michael Che가 처음 합류했을 때를 예시로 들었다. 어느 날 저녁 식사 자리에서 NBC 임원이 그에게 '위켄드 업데이트' 코너가 잘되는지 물었다.

"잘 안 되고 있죠."

"아, 잘 안 된다는 것을 아시는군요?"

"예, 잘되려면 일단 못하는 단계부터 거쳐야 하니까요."

다시 말해 성공으로 나아가려면 서툰 시작과 시행착오를 피할 수 없다는 뜻이다. 대사 실수, 신호 놓치기, 무대 공포 같은 문제를 견디고 받아들이는 과정이 필요하다. 모든 일에는 노력과 인내가 필요하다.

하지만 일단 시작하고 나면 수월해진다. 제임스 클리어James Clear는 《아주 작은 습관의 힘Atomic Habits》에서 불편한 일을 할 때는 몸속에 엔도르핀이 분비될 때까지 최소 10분은 기다리라고 권한다. 기분이 좋아지는 호르몬인 엔도르핀이 분비되면 눈앞의 과제를 좀 더 편안하게 받아들일 수 있다. 달리기나 수영도 마찬가지다. 막상 시작하기 전에는 힘들다고 생각하지만, 일단 운동장이나 수영장에 나가 일정 시간이 지나 엔도르핀이 작동하도록 기다리면 기분이 조금 나아진다(적어도 최악은 면한다).

비교적 사소한 불편도 마찬가지다. 승려이자 작가인 틱낫한Thich Nhat Hanh은 《모든 발걸음마다 평화Peace Is Every Step》에서 설거지를 해야 한다는 생각은 불편하지만, 실제로 하는 과정은 대개 평화롭고 즐겁다고 말한다. 심리학 역시 이 주장을 뒷받침한다. 공포증이나 불안감 같은 불편한 자극을 다룰 때, 심리 치료사는 내담자를 이런 자극에 반복적으로 노출하고 신경계가 안정될 때까지 기다리도록 돕는다. 노출이 반복될수록 신체 반응은 점차 약해지고, 결국 불편한 대상을 견딜 수 있게 된다.

　나 역시 대중 앞에서 말하는 일을 처음 시작했을 때, 무대에 오르자마자 온몸이 감당할 수 없이 떨렸던 기억이 난다. 그때 나는 사람들이 두려워하는 일의 순위에서 대중 연설이 죽음보다 상위를 차지하는 이유를 이해했다. 하지만 몇 번이고 계속해서 이 일을 하다 보니 무대에 서는 일은 더 이상 두렵지 않다. 또한 자신감과 안정감을 느끼기 위해 어떤 준비가 필요한지도 배웠다. 바로 잘 정리한 연설 노트, 충분하되 과하지 않은 연습, 그리고 편안한 신발이었다.

　처음에는 두려움의 대상이었던 일에 반복해서 노출되는 동안 신체의 자동 반사 반응은 점점 둔해졌다. 이제는 수천 명 앞에서 강연하더라도 스트레스에 의한 생리적 반응이 거의 나타나지 않는다. 이렇게 되기까지는 오랜 시간이 걸렸고 하루아침에 가능하지는 않았지만, 결국 나는 이뤘다. 그리고 당신도 할 수 있다.

현실은 스스로 만들 수 있다

불편을 견디려면 불편을 바라보는 시각을 바꿔야 한다. 불안과 흥분이 생리적으로 무척 비슷한 현상이라는 사실을 아는가? 한 연구에 따르면 마음속으로 불안과 흥분을 의식적으로 바꿔 생각하는 것만으로도 관점에 상당한 영향을 미친다고 한다. '초조하다'는 생각을 '두근두근거린다'로 바꾸기만 해도 신체는 위협으로 인식하던 대상을 기회로 받아들인다.[2]

감정을 훈련하는 여정에서 가장 바람직하면서도 동시에 가장 어려운 일 가운데 하나는, 한 번에 여러 감정을 느낄 수 있다는 사실을 인정하고 더불어 살아가는 법을 배우는 것이다. 그러니 지금이야말로 이를 연습하기에 좋은 순간이다. 위험을 느끼는 동시에 기회도 본다면 어떨까? 공포를 느낄 때 흥분도 느낀다면 어떨까? 의심하는 동시에 호기심을 느낀다면 어떨까?

가고 싶은 곳으로 갈 수 있다는 가능성을 믿는다면 당신이 내리는 모든 결정은 그 가능성으로 당신을 이끈다. 이것이 목표 구현의 본질이다. 자신의 의도에 따라 나침반이 목표를 가리키도록 설정하고, 목표에 도달할 수 있다는 확신을 가지면 원하는 바를 실현할 수 있다. 자신이 어려운 상황에 대처할 수 있다는 사실을 안다면, 일상에서 무의식적으로 내리는 사소한 선택이 불편에서 벗어나는 대신 목표로 향하는 길로 이끌어 준다.

LA의 한 일류 홍보 기업에서 임원으로 일하는 로빈Robin은 25년이 넘는 경력을 쌓았다. 그는 안정적인 조직에서 일하는 편안함을 좋아했지만, 동시에 독립하고 싶다는 강한 열망도 느꼈다. 그는 매주 나를 만나 자신의 회사를 차리면 얼마나 신날지 이야기했다. 그러면서도 매번 스스로 마음을 다잡으며 단념했다. 과감하게 도전한다는 생각이 두려웠기 때문이다. 어느 날 그가 나에게 물었다.

"제가 뭘 어떻게 해야 좋을까요? 회사를 떠나는 게 옳은 선택인지 어떻게 알 수 있을까요?"

“글쎄요, 우선은 옳은 선택이 없을지도 몰라요. 그냥 선택이 있을 뿐이죠. 회사에 남든 퇴사해서 창업하든 어떤 선택을 하더라도 얻는 것이 있고 잃는 것이 있어요. 상실은 늘 불편을 동반하니까요. 어느 쪽이든 불편은 마주해야 해요.”

“맞는 말씀이에요. 그럼 어떤 선택을 해야 할지는 어떻게 알 수 있을까요?”

“우선 회사에 남고 싶은 이유를 말씀해 보세요.”

로빈은 회사가 주는 안정적인 급여가 좋고, 퇴사하면 새로운 인간관계를 만들어야 한다는 점이 걱정된다고 말했다.

“타당한 이유네요. 그러면 그만두고 싶은 이유를 말씀해 보세요.”

그 순간 로빈의 얼굴이 밝아졌다. 그는 스스로 결정하며 일할 수 있다면 얼마나 즐거울지 이야기했다. 자신이 업계에 가져올 수 있는 변화에 대해 열정적으로 설명했다. 늘 대담하고 당차게 일하고 싶었다는 말도 덧붙였다. 나는 로빈이 회사에 머무르고 싶은 이유가 무엇보다도 두려움인 듯하다고 말했다. 그리고 두려움을 줄이는 방향이 아니라, 목적의식을 실현하는 방향으로 인생을 설계한다면 어떻게 될 것 같은지 물었다. 그리고 다음 만남까지 남아야 하는 이유와 떠나고 싶은 이유를 정리한 목록을 작성해 보라고 했다.

다음 주, 로빈은 장점 목록이 단점 목록보다 훨씬 길다는 사실에 스스로 놀랐다. 단점이라고 한 항목 대부분이 목적을 향해 나아가기보다는 불편을 회피하려는 이유라는 점도 깨달았다. 목록 작성은 그의 불안을 흥분으로 바꾸는 데 도움이 됐다. 목표를 향해 단계를 만들어 가는 과정에서 처음에는 불가능해 보였던 일이 점차 충분히 해 볼 만한 선택으로 바뀌기 시작했다.

작은 변화가 큰 변화로 이어질 수 있다

사고방식을 바꾼다고 해서 곧바로 효과가 나타나지는 않는다. 첫 단계는 아마도 몹시 고통스러울 것이다. 예를 들어 팔굽혀펴기를 100회 하고 싶다고 해 보자. 첫날부터 100회를 시도할 필요는 없다. 하루에 5번이나 10번으로 시작해 횟수를 조금씩 늘린다. 그렇게 몇 달이 지나면 100회는 거뜬하게 한다.

감정 훈련도 마찬가지다. 일을 위임하는 데 거부감을 느낀다면, 바로 중요한 프로젝트를 맡기기보다는 업무에 대한 집착을 내려놓고 신뢰할 수 있는 동료에게 작은 과제부터 맡겨 보는 것이 좋다. 이 단계는 올바른 방향으로 나아가는 훌륭한 발걸음이지만, 가장 중요한 단계는 아니다. 진짜 핵심은 두 번째 단계, 성찰하는 시간이다. 경험 자체보다 경험을 돌아보는 과정이 변화를 만든다.

곰곰이 생각하자. 작은 과제를 위임했을 때 어떤 기분이 들었는가? 통제권을 잃은 듯한 기분이었는가? 일이 잘못될까 봐 걱정했는가? 내가 제 역할을 못 하는 듯한 기분이 들었는가? 결국 그 일의 결과는 어땠는가? 걱정했던 것만큼 나빴는가? 불편을 감수한 덕분에 어떤 긍정적인 변화가 있었는가? 이런 감정을 차분히 살펴보고 시간이 지난 뒤에도 여전히 중요했는지 살펴보자. 대개는 생각보다 나쁘지 않았다는 사실을 깨닫고, 다음에도 그렇게 기억할 가능성이 높다.

어떤 일을 하지 않아서 불편할 때도 있다. 나는 내담자에게 어떤 일을 왜 해야 하는지 이해하고 싶다면, 그 일을 잠시 멈추고 어떤 감정이 올라오는지 살펴보라고 자주 이야기한다. 예를 들어 자신이 음주, 흡연, 쇼핑, 폭식, 도박을 하는 이유가 궁금하다면, 그 행동을 멈추고 어떤 감정이 생기는지 살펴보자. 대부분은 불편한 감정이나 진실을 회피하는 반응이다.

마찬가지로 불편한 상태에 익숙해지고 싶다면 불편한 기분이 드는 일을 한 다음에 이를 곰곰이 생각하자. 어떤 기분이 드는가? 어떤 걱정거리가 떠오르는가? 무엇을 회피하려는가? 일단 근본적인 문제를 이해해야 문제 해결도 가능하다. 불편과 마주하면서 그 불편이 생긴 이유를 이해하려고 애쓰자. 이렇게 성찰하는 과정에서 배우고 극복하는 힘이 자란다.

제이미Jamie라는 테크니컬 디자이너를 상담한 적이 있다. 그는 직장에서 제대로 평가받지 못하고 하는 일에 비해 급여가 적다고 느꼈다. 그러나 좀처럼 자기 권리를 주장하면서 연봉 인상을 요구하지는 못했다. 그는 대립, 특히 권위에 맞서기를 꺼렸고 상사와 단둘이 대화할 용기가 없었다.

치료 과정에서 제이미가 엄격한 가정환경에서 자랐다는 사실을 알았다. 가족 누구도 감정이나 바람을 소리 내어 말하지 않았고, 문제가 생기면 조용히 무시하거나 은폐했다. 그가 좌절이나 불만을 이야기하면 부모는 스스로 해결하라고 말했다. 그는 마음속 한편에서 이것이 문제에 대처하는 좋은 방법이 아니라는 사실을 알았지만, 다른 방법을 배운 적이 없었다.

이런 행동은 치료 과정에서도 드러났다. 알고 보니 제이미는 몇 달 동안이나 상담 시간을 바꾸고 싶었지만, 한 번도 그 말을 꺼내지 않았다. 그는 시간을 변경하면 나에게 불편을 줄 것이라 생각했다고 말했지만 나는 이런 행동이 대립을 피하려는 뿌리 깊은 습관이라는 점을 알았다. 그래서 나는 조심스럽게 이야기를 시작했다.

"제이미 씨, 이 부분은 짚고 넘어가야겠어요. 다른 부분에서도 같은 모습이 보이거든요. 제이미 씨는 자신의 욕구보다 제가 어떻게 느낄지에 대해 먼저 고민하다 보니 정작 원하는 바를 얻지 못했어요. 제이미 씨가 원하던 상담 시간은 내내 비었는데도 말이에요."

이 일을 계기로 제이미가 욕구를 표현할 때 어떤 불편을 느끼는지 이야기하고, 어떻게 하면 자신의 권리를 주장할 수 있을지 탐색했다. 또한 이런 불편 뒤에 무엇이 자리 잡고 있는지도 함께 찾았다. 그는 직장에서 이런 상황에 더 정면으로 나설 수 있다면 좋겠다고 말했다. 우리는 연봉 인상을 요구했을 때 발생할 최악의 시나리오를 생각했고, 현재 상황보다 딱히 더 나빠질 것이 없다는 사실을 확인했다.

그다음 제이미가 몸의 어느 부분에서 불편을 느끼는지 알아내고, 심호흡하고 단호하게 말하는 연습을 반복했다. 결국 그는 상사와 면담 일정을 잡을 만큼 자신감을 회복했다. 그리고 상사는 그가 말한 액수보다 더 높은 연봉 인상을 제안했다.

직감이 항상 옳지 않을 수 있다

불편에는 나름의 기능이 있고, 마음챙김이 그런 불편을 완전히 무시한다는 뜻은 아니다. 때로 불편은 정당한 이유에서 비롯되며, 신중하게 움직이라는 신호로 작동한다. 한밤중에 어두운 골목을 혼자 걷기가 불안한가? 그런 내면의 경고에는 귀를 기울이는 편이 현명하다. 그렇다면 불편과 마주해야 할 때와 불편을 경고 신호로 활용해야 할 때는 어떻게 구분할 수 있을까?

사람들은 종종 "언제나 직감을 믿어"라고 말한다. 이 격언은 오래전부터 전해 내려왔지만 그리 좋은 조언은 아니다. 직감은 안전을 유지하는 데 필요한 행동을 알려 준다. 직감은 위험을 빠르게 감지하고 즉각적인 판단을 내리는 데는 유용하지만, 진실보다는 트라우마와 편향에 뿌리를 둔 경우가 많다.

예를 들어 어린 시절 개에게 물린 적이 있는 사람은 모든 개를 잠재적 위험으로 느낀다. 또 특정 집단을 게으르다고 여기는 문화 속에서 자랐다면 그런 인식이 무의식적 편견으로 굳어질 수 있다. 과거 경험과 인식을 바탕으로 형성된 이런 선호도는 의사 결정에 영향을 미친다. 입사 면접에서 이런 편견이 작동한다면 회사에 큰 자산이 될 우수한 지원자를 놓칠 수도 있다.

이 문제는 일상생활에서도 나타난다. 내가 상담했던 카밀라Camilla는 성장기 내내 부모로부터 감정적 학대를 받았다. 성인이 된 그녀는 바람직하지 못한 연애를 여러 차례 반복했다. 오랜 치료 끝에 우리는 어린 시절의 경험이 그녀의 마음속에 '나는 사랑과 존중을 받을 자격이 없다'는 믿음을 남겼다는 사실을 발견했다.

많은 노력을 거쳐 카밀라는 공감과 존중을 받는 건강한 연애를 시작했다. 그렇다면 이야기는 여기서 잘 마무리됐을까? 아니다. 연애를 시작한 지 몇 달이 지난 뒤, 그녀는 무척 혼란스럽다고 털어놓았다. 그녀는 이 관계를 지속할지 고민했고, 주변 사람에게 조언을 구했지만 모두 "직감을 믿어"라고 말할 뿐이었다. 문제는 그녀의 직감이 도망치라고 신호를 보냈다는 점이다.

카밀라의 직감은 그녀가 이 관계를 이어 갈 자격이 없고, 새로운 연인이 그녀에게 과분한 사람이며, 상대방이 이 사실을 알아차리기 전에 헤어져야 한다고 말했다. 그녀는 이성적 사고로 직감과 대화할 시간이 필요했다. 이 직감이 자신이 원하는 삶으로 이끄는지, 아니면 스스로를 보호하려다가 결과적으로 성장을 방해하는지 파악해야 했다. 직감을 무시하라는 말이 아니다. 직감은 때로 안전을 지켜 준다. 하지만 동시에 과거와 다른 삶을 사는 데 방해될 수도 있다. 우리는 좀 더 깊이 파고들었다. 나는 그녀에게 어린 시절의 자신과 대화하자고 제안했다.

"사랑과 존중을 받을 자격이 없다고 느끼는 자아는 몇 살인가요?"

"잘 모르겠어요, 8살 정도인 것 같아요."

“그럼 8살의 카밀라에게 물어볼게요. 어린 카밀라 씨, 어른 카밀라가 지금 어떻게 해야 한다고 생각하나요?”

“이 관계를 끝내야 해요. 아무 문제 없지만 저는 그럴 자격이 없으니까요.”

이제 이유가 드러났다.

“이제 좀 더 성숙하고 현명한 자아와 대화를 나눠 볼게요. 어른이 된 카밀라는 8살이었던 카밀라에게 뭐라고 이야기할까요?

“어린 카밀라야, 사랑과 존중이 가장 필요했던 시기에 제대로 인정받지 못했으니 네가 그런 자격이 있다고 생각하기는 어려울 거야. 하지만 넌 사랑받을 자격이 있고, 나는 꼭 네가 사랑받게 할 거야.”

일단 카밀라가 겪는 어려움의 원인을 파악하자 문제를 해결할 실마리가 보였다. 그러니 직감이 언제나 진실을 알려 주는 것은 아니라는 사실을 명심하자. 직감의 목소리에 귀를 기울이되, 의미를 탐색하고 본능과 이성을 모두 사용해 정보를 충분히 분석한 뒤 결정하자.

앞에서 말했듯이 나는 몸이 불편한 것을 질색했다. 시간이 지나며 이런 내 반응이 시대에 뒤떨어진 본능에 가깝고, 의미 있는 경험을 놓치게 만든다는 사실을 깨달았다. 그래서 불편을 느낄 때마다 스스로에게 묻는 연습을 했다. ‘이 느낌이 정말로 견디기 힘든 걸까? 아니면 영영 나아지지 않을까 봐 걱정하는 내 안의 어린아이 때문일까?’ 후자의 경우라면 나는 괜찮다고 이성적으로 판단하고 심호흡한 뒤 불편을 피하기보다 견디는 쪽을 택한다.

새로운 대처 패턴을 익힐 수 있다

대처 패턴 파악은 자동으로 튀어나오는 반응을 바꾸고, 좀 더 바람직한 접근 방식을 선택할 때 중요한 출발점이다. 먼저 여유를 가져 보자. 평소처럼 호흡하면서 그 감정을 마주하면 생각보다 두려워할 일이 많지 않다는 사실을 깨닫는다. 불편을 찬찬히 마주하면 더 크게 성장한다.

팟캐스트 진행자이자 유명한 보디빌더 아널드 슈워제네거Arnold Sch-warzenegger는 '아널즈 펌프 클럽Arnold's Pump Club'에서 운동할 때 음악을 듣지 않는다고 말했다. 그는 운동할 때 몸에 느껴지는 감각을 오롯이 느끼고 산만해지지 않기를 바란다. 마음챙김에 집중할 때도 마찬가지다. 불편한 침묵을 억지로 깨거나 성가신 문제를 당장 해결하거나 어려운 대화를 회피할 필요는 없다. 불편함과 제대로 마주할 때마다 그것을 견뎌 낼 수 있는 능력은 조금씩 자란다. 그리고 결국 언제든지 사용할 수 있는 건강한 대처 패턴으로 자리 잡는다.

메건과 나는 불확실성이 그녀를 불편하게 만든다는 사실을 이해한 뒤, 그 불편함을 피하지 않고 마주하도록 돕는 방법을 함께 고민했다. 예를 들어 상담 중 대화가 잠시 끊기고 침묵이 흐를 때 그녀가 긴장하는 기색을 보이면, 나는 잠시 침묵을 이어 가도 괜찮은지 차분하게 물었다. 그 불편한 감정을 피하지 않더라도 그녀가 충분히 불편을 견딜 수 있다는 사실을 보여 주려는 의도였다.

"지금 기분이 어때요?"

"심장이 두근거리고 위가 조이는 느낌이에요."

이는 투쟁-도피 반응이 나타날 때 보이는 전형적 신호다. 메건의 경우 침묵이라는 자극을 위협으로 인식하고, 이에 대응해서 무엇이든 해야 한다는 충동이 올라왔다. 그녀가 안절부절못하면서 불안해하기 시작하면 나는 천천히 호흡하면서 긴장과 끝까지 마주하라고 했다. 나 역시 같은 속도로 호흡하면서 그 자리에 함께 있음을 보여 줬다.

호흡에 집중하다 보면 심박수는 자연스럽게 느려졌다. 불쾌한 감각을 무사히 넘기고 나면 안도감을 느꼈다. 매번 이 과정을 거칠 때마다 점점 더 수월해졌다. 메건은 대화에 숨통이 트일 만큼 마음챙김을 연습하는 데 노력했다. 그 결과 그녀는 단계별 계획에 더 이상 매달리지 않고, 과정을 신뢰하고 현재를 살아가는 연습을 시작했다.

메건이 새로운 대처 패턴을 배우면서 변화가 시작됐다. 먼저 업무 성과가 좋아졌다. 고객이 결정하기 전에 정보를 파악하고 질문할 시간을 주자 계약 성사율이 눈에 띄게 올랐다. 고객은 결정을 강요하는 영업보다 협조적인 영업에 호의적으로 반응했다. 답변을 압박하지 않을 때 그녀가 느끼는 불안은 새로운 전략의 성과가 월별 판매 보고서에 나타나기 시작하면서 누그러졌다. 상사 역시 변화를 인정했다. 직속 상사 탈리아는 그녀가 예전처럼 닦달하지 않고 협조적인 태도를 보이자, 동료와 고객 모두가 존중받는 기분을 느낀다고 전했다.

직장 밖에서도 변화가 이어졌다. 메건이 친구 모임에서 일일이 간섭하려는 태도를 내려놓자 멀어졌던 우정이 되살아났다. 문자메시지 답장을 기다리거나 친구들이 저녁 약속을 정할 때까지 참는 일 정도는 돈독한 우정을 다지기 위한 작은 대가였다. 치료 과정에서도 변화가 생겼다. 그녀는 상담을 위한 대본을 미리 써 오는 대신(이전에 몇 번이나 그런 적이 있었다!) 생각과 감정이 이끄는 대로 행동했다. 우리는 함께 상상하고 창의성을 발휘할 수 있었다. 한번은 상담이 끝난 뒤 그녀가 이렇게 말했다.

"제가 그런 말을 할 줄은 생각도 못 했어요."

"네, 확고한 계획이 없으면 그런 일이 일어난답니다."

메건이 불확실성을 즐긴다고는 말할 수 없지만 이제는 불확실성을 견딜 수 있나. 그리고 이로 인한 변화가 삶 전반에 미치는 영향을 분명히 느꼈다. 그녀는 이제 사소한 실수를 두려워하지 않고, 회사 안에서는 그녀의 역할과 성과를 인정하는 분위기가 자리 잡았다. 무엇보다 그녀는 인간관계와 삶의 문제에 대처할 수 있다는 자신감을 얻었다. 이 모든 변화는 불편함을 견디는 힘을 기른 덕분이다.

미래의 나는 해결할 수 있다

미지의 세상에 불안을 느끼지 않는 사람은 없다. 심리 치료사인 나도 마찬가지다. 하지만 나는 '미래의 나'가 결국 나를 지켜 준다는 사실을 배웠다. 이 깨달음은 오래전, 어머니가 한 달 가까이 병원에 입원했을 때 얻은 것이다. 처음 몇 주 동안은 상황이 암울했다. 당시에는 어머니가 병을 이겨 내지 못할 것만 같았다. 불안과 예견된 슬픔이 뒤섞여 감정이 요동쳤다.

병원에서 힘겨운 밤을 보내던 어느 날, 우리 가족과 친하게 지내던 빌Bill이 찾아왔다. 종양 전문의였던 그는 힘겨운 결단과 닥쳐올 상실, 깊은 슬픔에 직면한 가족을 수없이 많이 만났다. 낯익은 얼굴을 보니 반가웠다. 우리는 입원실 밖 벤치에 나란히 앉아 이야기를 나눴다. 그는 나에게 어떻게 지내는지 물었다. 나는 솔직한 마음을 털어놓았다.

"솔직히 너무 무서워요. 어머니가 돌아가시면 어떻게 해야 할지 모르겠어요."

당시에 나는 부모를 잃는다는 상상조차 해 본 적 없었다. 말을 잇자 감정이 북받쳤다.

"아무래도 견딜 수 없을 것 같아요. 완전히 무너질 거예요."

그때 빌이 이렇게 말했다.

"에밀리, 만약에 그런 끔찍한 일이 일어난다면 그 일에 대처할 네가 바로 그 순간 이 세상에 태어날 거야. 그때의 너는 지금의 너보다 인생 경험도 풍부하고 정보도 많고 끔찍한 상황을 대처할 능력도 뛰어날 거야. 지금의 네가 어떻게 해야 할지 모르는 건 당연해. 그 일을 겪을 너는 아직 존재하지 않으니까!"

빌이 계속해서 말했다.

"하지만 미래의 너는 방법을 알아낼 거야. 너는 미래의 네가 문제를 해결할 거라고 믿어야 해. 지금도 이미 충분히 힘든 일을 겪고 있잖아. 그런데도 넌 잘 버티고 있어. 과거의 너는 이 순간을 어떻게 극복할지 몰랐겠지만, 현재의 너는 해내고 있어. 그러니 미래의 너 역시 해낼 수 있다고 믿어도 돼."

정말 놀라운 발상이었다. 나는 미래의 자신을 믿어야 한다는 이 생각에 깊이 공감했고, 아직 일어나지도 않은 일에 어떻게 대처할지 미리 고민하느라 짊어졌던 부담에서 벗어났다. 나는 이 조언 덕분에 힘겨운 순간을 이겨냈고, 이후로도 여러 힘든 순간을 견딜 수 있었다.

지금도 일상에서 사소한 불안이 올라올 때면 이 조언을 떠올린다. '만약 내가 아프면 어떡하지?', '프로젝트에 실패하면?', '버스를 놓치면?' 이런 생각이 들 때마다 나는 스스로에게 이렇게 말한다. '미래의 나는 강해. 어떻게든 해낼 거야.' 불안은 아직 오지 않은 고통을 미리 겪는 상태이며 대부분 불필요하다. 그러니 미래의 자신을 믿으면 불필요한 고통을 피할 수 있다. 다행히 어머니는 무사히 퇴원했고, 나는 일어나지 않을 문제를 해결하느라 시간과 에너지를 낭비하지 않았다는 사실에 지금도 감사한다.

미래의 자신을 신뢰하는 법을 배우는 일은 인생의 난관을 마주하는 방식에 토대가 된다. 불편을 회피하는 대신 불편을 향해 나아갈 수 있는 내면의 능력을 기른다면 삶을 스스로 이끌고 있다는 감각이 생긴다. 무엇보다도 이런 근육을 단련하면서 앞으로 마주하게 될 어려운 과제에 대비할 수 있다. 체육관에서 운동할 때처럼 불편을 받아들이고 고된 훈련을 하지 않으면 아무런 변화도 일어나지 않는다.

마음챙김 팔굽혀펴기:
충격 흡수장치

이제 불편함에 익숙해지는 연습을 해 보자. 이 연습은 불편을 견디는 힘을 기르는 과정이다.

- 1단계: 불편을 느끼는 대상을 떠올려 보자. 두려움을 느낄 정도일 필요는 없고 평소 회피하는 경향이 있는 일이면 충분하다. 동료에게 거절 의사나 비평을 전하는 일, 새로 만난 사람에게 자신의 이야기를 털어놓는 일, 요가 수업에서 전사 자세를 취하는 일 등이다.

- 2단계: 불편 뒤에 숨은 걱정을 탐색하자. 거절의 불편 뒤에는 '미움받을지도 모른다'는 걱정이 있을 수도 있다. 연봉 인상을 요구할 때 느끼는 불편 뒤에는 '거절당할지도 모른다'는 두려움이 숨어 있을 것이다. 자신이 정말로 무엇을 회피하려는지 파악하면 직면한 상황에서 좀 더 많은 정보를 바탕으로 선택할 수 있다.

- 3단계: 이 유형의 불편을 회피하기 위해 자신이 어떤 행동을 하는지 떠올려 보자. 거절이 불편한 사람은 원하지 않을 때도 쉽게 승낙한다. 주목받는 상황이 불편한 사람은 대화를 다른 사람에게 넘긴다. 불편과 마주하는 것보다 이런 방식으로 회

피할 때 더 큰 문제를 낳을 가능성도 함께 생각해 보자.

- 4단계: 충격 흡수장치를 마련하자. 충격 흡수장치란 불편을 피하지 않고 견딜 수 있도록 돕는 장치다. 예를 들어 실제로는 거절하고 싶을 때 덜컥 승낙하기보다는 '잠시 생각할 시간을 주세요'라고 말할 수 있다. 이렇게 하면 적절한 거절 방법을 고민할 여유가 생긴다. 사람들 앞에서 말하기가 어렵다면 거울 앞이나 친구들 앞에서 먼저 연습하면서 익숙해질 수 있다. 때로는 행동하기 전에 심호흡을 세 차례 하는 간단한 방법도 훌륭한 충격 흡수장치가 된다.

- 5단계: 불편을 받아들이자! 무리할 필요는 없다. 목표는 통증이나 공황이 아니라 '가벼운 불편'을 넘는 데 있다. 충격 흡수장치의 힘을 빌려서 지금껏 망설였던 어려운 문제를 다룰 수 있다는 사실을 자신에게 보여 주자. 한 번에 아주 작은 걸음이면 충분하다. 대신 꾸준히 실천하자. 이 연습을 꾸준히 반복하면 작은 실천만으로도 이후 장에서 다룰 모든 훈련의 토대가 되는 마음챙김이 자연스럽게 길러질 것이다. 그리고 불편을 견디는 힘이 커질수록 선택지도 함께 늘어난다.

시인 셸 실버스타인Shel Silverstein은 '다이빙 보드Diving Board'에서 다이빙대에서 뛰어내리기를 두려워하는 소년을 그렸다. 다이빙대 끝에 선 소년은 다이빙을 피할 핑계를 떠올린다. 다이빙대의 탄력은 충분한지,

스프링은 튼튼한지, 발가락에 힘은 잘 들어가는지 확인하면서 뛰어내리는 것 빼고는 전부 다했다.

이 시는 미지의 것, 새로운 것, 어색한 것을 마주할 때 느끼는 불편과 그런 불편 때문에 행동을 미루다 자신의 잠재력을 제대로 발휘할 기회를 놓치는 상황을 생생하게 보여 준다. 미지의 상황을 견디는 법을 배우는 일도 중요하지만, 이 과정에서 자신을 깊이 이해하는 일 역시 중요하다. 그러려면 스스로에게 어려운 질문을 던지고 그만큼 어려운 대답을 받아들일 각오를 해야 한다.

뛰어들 준비를 마쳤는가?

그렇다면 이제 호기심의 세계로 뛰어들자.

호기심:
성장을 향해 나아가라

저에게 특별한 재능은 없습니다.
그냥 호기심이 강할 뿐이에요.

__알베르트 아인슈타인Albert Einstein

스티븐Steven이 성공할 수 있었던 이유는 아이러니하게도 호기심의 부재였다. 그는 야심 차게 준비한 스타트업을 시작한 뒤 앞만 보고 일했고, 모든 사람의 피드백을 무시했다. 투자자는 그의 아이디어가 엉뚱하다고 말했고, 친구들은 위험 부담이 크다고 걱정했으며, 온라인에서는 그를 비난하는 목소리가 이어졌다. 그가 소셜 미디어에서 유명해진 덕분에 사업 성장의 발판을 마련했지만, 동시에 공격의 표적이 됐다.

다른 예비 창업자와 달리 스티븐에게는 '비난의 목소리를 무시하라'고 말해 줄 사람이 필요 없었다. 그는 원래부터 남의 평가를 개의치 않는 사람이었다. 좀 더 마음이 열렸고 상처받기 쉬운 사람이라면 좌절할 법도 한 실패와 부정적 피드백에도 그는 흔들리지 않았다. 그 결과 그는 B2B 소프트웨어 회사를 고객 수천 명, 직원 수십 명 규모의 수익성 있는 조직으로 빠르게 키웠다.

그러나 곧 안팎에서 균열이 드러났다. 외부에서는 직원과 고객, 투자자가 타인의 의견을 묵살하는 스티븐의 태도에 불만을 품기 시작했고, 이는 그가 공들여 쌓아 올린 모든 성과를 무너트릴 위험으로 이어졌다. 한편 그의 내면에서는 이유를 알 수 없는 불안과 우울이 생겼다. 성공은 실패와 비교할 수 없을 정도로 그를 더 괴롭혔다. 스타트업을 세운 지 불과 2년 만에 성공을 이뤘기에 오히려 그것을 잃을까 두려워진 그는 나를 찾아와 도움을 구했다.

스티븐과 대화를 나누면서 나는 그가 얼마나 방어적이고 과묵한 성격인지 곧바로 알아차렸다. 그리고 치료 과정이 순탄하지 않겠다고 직감했다. 하지만 도움을 요청하는 그의 모습에서 변화를 일으키는 데 필요한 호기심이 적어도 한 조각은 있다고 느꼈다.

무엇보다 스티븐은 자신이 왜 늘 사람들과 거리를 두려고 하는지 처음으로 의문을 품었다. 머리로는 다른 사람의 말에 귀를 기울이고 적어도 어느 정도 관계를 맺어야 한다는 사실을 알았지만, 마음속 어딘가에서 거부감을 느꼈다. 내 경험상 사람들은 무엇을 해야 할지 몰라서 심리 치료를 받지 않는다. 무엇을 해야 하는지 알지만 왜 하지 못하는지 알고 싶어서 심리 치료를 받는다.

상담 시작부터 나는 스티븐의 자신감에 강한 인상을 받았다. 그는 다른 사람이 자신을 어떻게 생각하는지 개의치 않는 듯했다. 사업 초기부터 그는 타인의 부정에 굴하지 않는 강한 추진력을 발휘했다.

"저는 평생 제 직감을 믿고 살았어요. 남들은 제 성공을 망치고 싶을 뿐이에요. 왜 굳이 그런 사람의 말을 들어야 하죠?"

미국 사회는 스티븐처럼 완고하고 자기 주도적인 인물을 칭송하고 때로는 우상으로 만든다. 그가 속한 기업가 문화와 실리콘밸리처럼 성장을 최우선으로 여기는 환경에서는 이런 경향이 더욱 강하다. 하지만 그를 치료하는 과정에서 나는 이런 완고함이 타고난 성향이 아니라는 사실을 알았다. 그는 타인의 생각이나 의견에 휘둘리지 않기 위해 끊임없이 애썼다.

이런 태도는 치료 과정에서도 반복됐다. 내가 다른 관점을 제안하거나 그의 행동이 타인에게 미치는 영향을 조심스럽게 언급하면, 그는 곧바로 방어했다. 어느 날 그는 오른팔인 존John에게 분노를 드러냈다. 존이 시간이 오래 걸리는 프로젝트를 대신 맡겠다고 했기 때문이다. 그는 그 제안을 비웃으며, 존이 자신의 입지를 약화하려 한다고 단정했다.

"존이 당신을 도와주려 했을 가능성은 생각해 봤나요?"

스티븐은 내 말을 충분히 이해하기도 전에 내 말이 틀린 이유부터 쏟아내기 시작했다.

"선생님은 사람을 지나치게 높이 평가하시네요. 그렇게 생각한다면 저를 어떻게 도울 수 있을지 모르겠네요."

나는 이 말에 즉각 반응하지 않았다. 스티븐이 아직 피드백을 받아들일 준비가 되지 않았다는 사실을 이미 알았기 때문이다. 다만 이 대화를 통해 나는 분명히 느꼈다. 갑옷을 두른 듯한 그의 자아가 스스로를 고립시키고 있으며, 자신의 행동이 자신과 회사에 어떤 문제를 낳는지 보지 못한다는 사실을 말이다.

스티븐은 타인의 욕구와 의견을 습관적으로 묵살했다. 자기 자신 외에는 그 무엇도 그를 방해할 수 없었다. 피드백을 받아들이지 못한 그는 더 나은 인간, 더 나은 리더로 성장할 기회를 놓쳤고, 사업을 다음 단계로 이끌 사람들과도 점점 멀어졌다. 직원, 고객, 투자자는 늘 정답을 아는 존재는 아니지만 때로는 결정적 통찰을 제공한다. 안타깝게도 경계심이 강한 그는 좋은 의견과 나쁜 의견을 구분하기는커녕 그 어떤 의견에도 귀를 기울이지 않았다.

똑똑하고 재능 있는 사람이 타인의 의심을 무시한 채 성공을 경험하면 반항적 태도가 굳어지기 쉽다. 경청하라는 말은 아예 귀에 들어오지 않는다. 스티븐 역시 비방하는 사람뿐 아니라 유능한 직원의 제안, 노련한 투자자의 조언, 고객이 말하는 귀중한 피드백까지 놓쳤다. 자신의 세계관에 반하는 의견은 그 무엇도 받아들이지 않았기에 그는 이 상황을 이해하지 못했다.

"스티븐 씨는 품질보다 수익을 우선시하잖아요. 이 단계의 다른 기업에서 자주 보는 패턴인데 끝이 좋지 않았어요. 속도를 늦춰서 초심으로 돌아가기를 권합니다. 제가 도와드릴까요?"

짐작했겠지만 스티븐은 즉시 거절했다. 그는 이렇게 말했다.

"그 투자자가 그렇게 똑똑했다면 자기 회사를 경영하고 있겠죠."

도움을 거절한 스티븐은 큰 대가를 치렀다. 강점이었던 그의 방어적 태도는 회사가 성장하면서 치명적인 약점으로 바뀌었다. 그는 호기심을 스스로 차단했고, 그만큼 큰 손실을 감수해야 했다. 그 배경은 그의 성장 과정에 있었다.

스티븐은 감정적 지원을 거의 받지 못한 환경에서 자랐다. 아버지는 곁에 있었지만 감정적으로 아무런 도움도 주지 않는, 있으나 마나 한 사람이있다. 이와 반대로 어머니는 공격적이고 알코올의존증에 시달렸으며, 틈만 나면 아들에게 원치 않는 조언을 강요했다. 필요한 지원도, 원하는 지원도 받지 못한 그는 스스로 버팀목이 되는 법을 배웠다. 재능과 의욕이 넘쳤던 그는 청년기부터 모든 것을 혼자 해냈고, 누구의 도움도 필요 없다고 믿었다.

아이비리그 대학을 졸업하고 MBA를 취득해 기술업계에서 성공한 스티븐의 이력은 분명 회복탄력성의 재능을 보여 준다. 물론 상당한 특권이 작용했음도 사실이다. 주변의 도움은 있었지만 그는 이를 지원으로 인식하지 않았다. 그는 의존한다는 두려운 감정을 피하고 모든 성취를 스스로 해냈다고 확신하기 위해 쉬지 않고 머리를 굴렸다. 이 방어적 사고는 그에게 안정감을 줬지만 동시에 불안을 키웠다. 시간이 흐를수록 거짓된 자립심을 지키는 일이 더욱 중요해졌다.

강점은 계속해서 주의를 기울이지 않으면 쉽게 약점으로 바뀐다. 감정 훈련의 다른 요소와 마찬가지로 한때 스티븐을 지켜 주던 특성은 이제 그가 원하는 삶으로 나아가는 길을 가로막았다. 그는 직장에서도 인간관계에서도 가장 귀 기울여야 하는 말을 본능적으로 피했다. 우정은 시들었고, 연애는 진전이 없었다. 그는 누군가를 좋아하는 마음이 생겨 조금이라도 의존한다는 느낌이 들면 즉각 거리를 뒀다. 그는 아버지처럼 감정을 닫았고, 어머니처럼 비판적이고 방어적이었다. 그렇게 완벽한 자립과 고독을 유지하는 데 필요한 기술만을 갈고닦았다.

마음챙김이나 의사소통처럼 호기심 또한 길러질 수 있는 능력이라는 생각은 낯설게 들릴 수 있다. 호기심은 타고나는 특성일까? 설령 호기심이 키울 수 있는 능력이라고 해도, 과연 호기심을 느낄 대상이 남아 있기는 할까? 손가락 하나만 까딱해도 많은 정보를 손에 넣을 수 있는 요즘 우리는 좀처럼 시간을 내서 호기심과 마주하지 않는다. 과학기술과 AI 알고리즘은 우리의 모든 욕구를 예측하며, 질문을 던질 틈조차 주지 않는다. 의문이 들더라도 클릭 몇 번이면 답을 찾을 수 있다.

15분 후에 비가 올까?(구글이 알려 준다.)

누구와 데이트할까?(데이트 앱이 상대 후보를 제시한다.)

오늘 내 기분은 어떨까?(별자리 운세 앱이 오늘 컨디션을 말해 준다.)

호기심을 방해와 혼동하는 사람이 있다. 호기심이 강한 사람은 캐묻고 참견하기 좋아한다고 여긴다. 그러나 이 장에서 훈련할 호기심은 남의 비밀을 캐내는 태도가 아니다. 오히려 상대가 말하고 싶은 이야기에 마음을 여는 자세다.

감정 훈련의 두 번째 특성인 호기심은 방어적 성향을 넘어서서 이해와 성장을 추구하는 태도다. 불편한 질문을 피하지 않고 힘겨운 현실과 마주하며 피드백을 들었을 때 흘려보내지 않고 경청하는 능력이다. 이제 우리는 안락함보다 성장을 택하는 연습을 시작할 것이다. 좋은 평가와 나쁜 평가를 모두 받아들이고 질문하고 배울 수 있는 것은 배우며 그렇지 않은 것은 내려놓는 연습을 말이다.

호기심은 리더의 핵심 역량이다

우리는 타인, 그리고 자신에 관한 불편한 진실이나 감정으로부터 자신을 보호하려고 갖은 노력을 기울인다. 국왕이 침입자를 막기 위해 요새를 쌓듯, 우리도 외부와 내부 위협으로 인식한 대상들로부터 스스로를 지키기 위해 요새를 쌓는다. 인간의 마음은 복잡하고 다면적이며 생각과 감정, 경험이 깊이 얽혔다. 그래서 우리의 본능은 일단 갑옷으로 무장한다. 연애 관계에서 상처받은 뒤 다음 연애에서 같은 일이 반복될까 봐 지나치게 경계하거나 피해망상에 빠진 경험이 있다면 이 말이 무엇을 뜻하는지 이해할 것이다.

하지만 이런 자기 보호 본능은 인식에 빈틈을 만든다. 자동차의 사각지대가 시야를 가리듯이 정신의 사각지대는 우리가 직면하고 바꿔야 할 대상을 보지 못하게 한다. 우리가 세운 요새의 뒤쪽을 들여다보면 고통스러운 감정이 피어오를 수도 있다. 혹은 애써 피하고 싶었던 힘겨운 일을 해야 할 수도 있다. 나는 내담자들이 자신의 일이나 관계, 삶의 선택이 건강하지 않다는 사실을 마주할 준비가 되지 않은 경우를 수없이 봤다. 그런 상태에서는 자신이 얼마나 큰 스트레스를 받고 있는지조차 알아차리기 어렵다.

다시 말해 호기심은 불편을 동반한다. 그래서 우리는 마음챙김 근육을 계속 훈련해야 한다. 우리 몸의 근육이 서로 연결돼 있듯, 감정 건강을 이루는 7가지 기술도 서로 지탱하며 작동한다는 사실을 기억하자.

방어 태세 내려놓기

물리적 충돌에 휘말리면 우리는 본능적으로 손으로 머리를 가려 자신을 보호한다. 마찬가지로 감정적 상황에서도 우리는 말로 자신을 지켜야 한다고 느낀다.

자신이 실패했거나 망할 것이라는 말을 듣고 싶어 하는 사람은 없다. 그렇다면 당신이 실수를 저질렀다는 말을 들으면 어떻게 반응하는가? 지나치게 사과하며 변명을 늘어놓거나(4분기 예측이 늦어져서 정말 죄송합니다! 인터넷이 고장 나더니 컴퓨터가 멈추고, 그다음에는…), 남 탓으로 돌리거나(영업부에서 받은 수치가 틀려서 전부 다시 확인해야 했어요), 아예 문제를 부인할 수도 있다(글쎄요, 저는 어젯밤에 이메일로 보냈어요. 당신이 실수로 이메일을 지운 건 아닐까요?). 이 모든 반응은 방어 태세의 한 모습이다.

방어기제란 갈등이나 불안을 피하기 위해 작동하는 정신적 과정으로 대부분 무의식중에 일어난다. 다시 말해 우리는 스스로 방어하고 있다는 사실조차 알아차리지 못한다. 방어기제는 마치 요새를 쌓는 벽돌과 같다. 안전하다고 느끼도록 돕는 동시에 중요한 진실을 가려 버린다. 우리는 누구나 때때로 방어적으로 행동한다. 그러나 언젠가는 진실이기를 바라는 것과 실제 진실이 다를 수 있음을 인정하는 법을 배워야 한다. 어떻게 해야 이 방법을 배울 수 있을까? 짐작했겠지만 정답은 바로 호기심이다.

호기심 어린 태도는 방어 태세의 정반대다. 불편한 정보를 차단하려고 애쓰는 대신에 적극적으로 받아들이려고 노력하는 일이다. 이를 위해 자신과 타인 모두에게 질문을 많이 하고 이유를 파악하고 앞으로 어떻게 하면 더 잘할 수 있을지 배워야 한다. 예를 들어 '왜 나는 4분기 예측을 기한 내에 제출하지 못했을까?', '나는 무엇을 회피하려 했을까?', '앞으로 접근 방식을 어떻게 바꾸면 좋을까?'처럼 말이다.

호기심은 전략적으로 사고하고 협력 관계를 만들고 신뢰를 쌓는 데 도움이 된다. 또한 방어기제가 나를 보호하는 순간과 오히려 성장을 가로막는 순간을 구분하도록 돕는다. 호기심이 없으면 성장, 개선, 변화가 불가능하다.

이제 우리가 감정을 마주하고 싶지 않을 때 주로 사용하는 방어기제를 살펴보고, 방어기제 대신에 호기심 키우는 방법을 알아보자.

1. 문제는 당신에게 있어: 투사

우리는 타인의 기분이나 행동, 발언의 이유를 안다고 쉽게 가정한다. 사실 이런 가정은 상대방보다 우리 자신을 더 많이 반영한다. 투사는 자신이 직면하고 싶지 않은 감정이나 생각, 동기를 타인에게 떠넘기는 무의식적 반응이다. 예를 들어 바람을 피우고 싶은 자신의 욕망을 인정하지 않으려고 상대방이 부정을 저질렀다고 의심하는 질투 많은 연인을 떠올려 보자. 그 누구도 타인의 감정까지 책임지고 싶은 사람은 없다. 자신의 감정을 받아들이는 법을 배우면 상대방의 동기와 행동을 좀 더 정확하게 판단할 수 있다.

• 이렇게 해 보자

문제는 당신에게 있다고 말하는 대신 자신에게 물어보자.
'나는 이 상황에 어떤 방식으로 영향을 미쳤을까?'

2. 이 회사가 문제야: 기관 전이

기관 전이는 사적인 감정에서 비롯된 문제를 자신이 속한 기관이나 조직에 투영하는 현상이다. 감정을 다른 대상에 잘못 옮긴다는 점에서는 투사와 비슷하지만, 개인이 아니라 외부 대상에 향한다는 점에서 다르다. 예를 들어 당신이 상사에게 충분한 지원을 받지 못하는 상황이라고 가정해 보자. 상사가 당신과 동료의 이익을 대변하지 않는 상황이다. 하지만 새로운 일자리를 구하기 쉽지 않기에 회사에 분노하는 대신 좀 더 만만한 곳에 표출한다. 갑자기 배우자가 전과 같지 않다고 느껴졌고, 사소한 일로 다투며 분노와 절망을 경험한다. 정작 그 감정의 출처가 직장이라는 사실은 인식하지 못한 채 말이다.

- 이렇게 해 보자

불만의 원인을 특정한 사람이나 기관으로 단정하기 전에 자신에게 물어보자.

'이 감정은 내 삶의 다른 어디에서 비롯됐을까?'

3. 문제를 무시하면 사라질 거야: 회피

우리는 빨래나 서류 작업, 운동을 미루는 것처럼 고통스럽거나 불안을 일으키는 감정과 경험도 미룬다. 앞에서 살펴봤듯이 불편한 상황이나 감정적 고통에서 자신을 보호하고 싶은 마음은 정상이다. 문제는 미룬다고 해서 사라지지 않는다는 점이다. 느끼지 않으려 한 감정과 생각하지 않으려 한 사고는 계속해서 부담으로 남는다. 분노나 슬픔을 외면하는가? 감정은 결국 모습을 드러내며, 정면으로 마주하지 않을수록 당신에게 불리한 방향으로 힘을 키운다.

- 이렇게 해 보자

문제가 자연스럽게 사라지기를 바라는 대신 자신에게 물어보자.

'나는 왜 이 감정을 피할까?'

'무엇이 이렇게 불편할까?'

'이 감정을 마주할 시간을 어떻게 마련할 수 있을까?'

　　　　　　　　　

4. 내가 행동으로 보여 주겠어: 행동화

감정을 인정하지 못하면 결국 그 감정은 행동으로 튀어나온다. 일이 너무 많은 상태에서 지루한 회의에 참석해야 하는 상황이 못마땅하다면 일부러 회의에 지각하거나 준비 없이 들어갈 수 있다. 친구에게 화가 났지만 정면으로 부딪치고 싶지 않을 때는 친구 생일에 전화하는 것을 잊어버릴 수도 있다. 우리의 마음은 의식하지 못하는 차원을 포함해 여러 수준에서 작동한다. 자신의 감정을 인식하고 받아들이는 능력을 기르면 후회할 행동이나 가치관에 어긋나는 선택을 줄일 수 있다.

• 이렇게 해 보자

불안을 에둘러 드러내는 대신 자신에게 물어보자. 그다음 무슨 일이 있었는지, 그 일이 어떤 감정을 남겼는지, 그리고 무엇이 달라지기를 바라는지 상대방에게 직접 말하자.

'나는 실제로 이 행동을 어떻게 느꼈을까?'

5. 문제를 이해했으니 느낄 필요는 없어: 주지화

많은 사람이 받아들이기 어려워하지만 생각만으로는 감정을 해결할 수 없다. 주지화는 이성에 집중해 고통스러운 상황과 거리를 두는 전략이다. 특히 감정에 압도되기보다 사고로 문제를 다루는 데 익숙한 사람에게 통제감을 준다. 기술업계의 야심 찬 내담자들 가운데 이런 경향이 자주 나타난다. 그들은 감정의 갈등을 인정하기보다 논리와 분석으로 문제를 처리한다.

주지화는 단기적으로는 도움이 될 수도 있지만, 감정을 계속 회피하면 장기적으로는 번아웃으로 이어진다.

- 이렇게 해 보자

문제를 끊임없이 생각하는 대신 자신에게 물어보자.

'나는 실제로 이 문제를 어떻게 느꼈을까?'

6. 나는 이 문제가 좋아: 반동 형성

싫어하는 사람에게 지나치게 친절한 적이 있는가? 이것이 반동 형성이다. 실제 감정과 정반대로 행동하며 내면의 갈등과 불안을 줄이려는 방식이다. 눈에 띄게 자기애 성향을 풍기는 동료와 일한 적이 있는가? 사실 그는 불안과 자기 회의라는 감정을 숨기느라 바빴을지도 모른다. 이런 방어는 극단으로 치닫기도 한다. 평생 어떤 행동을 비난한 것처럼 보이던 사람들이 바로 그 행동으로 적발되는 기사가 매일같이 쏟아진다. 도덕적인 사람인 척하다가 낯 뜨거운 행동거지가 들통난 정치인부터 미담으로 가득한 유명인이 집단 따돌림 주동자로 걸린 경우까지 이런 일은 생각보다 흔하다.

- 이렇게 해 보자

분명 괜찮지 않은데 다 괜찮다고 말하는 대신 자신에게 물어보자.

'나는 실제로 이 상황을 어떻게 느꼈을까?'

'이 감정을 인정하는 일이 왜 이렇게 불안할까?'

7. 너는 문제투성이야: 분열

분열은 사람이나 상황, 심지어 자신까지도 좋거나 싫거나 둘 중 하나로만 나누는 경향이다. 회색 지대를 인정하지 않는다. 연애 초반에는 상대를 완벽하게 이상화하다가 작은 갈등이 생기면 부정적인 존재로 바라보는 모습이 대표적이다. 이런 사고방식은 모든 것에 양면이 존재한다는 사실을 견디지 못한다. 나쁜 일은 전부 회피하고 좋은 일만 향해 나아갈 수 있다는 환상을 품는다. 하지만 우리는 모든 일에는 좋은 점과 나쁜 점이 있다는 사실을 받아들여야 한다.

• 이렇게 해 보자

문제, 사람, 상황을 흑백논리로 판단하는 대신 자신에게 물어보자. 예를 들어 동료가 모든 면에서 너무 싫다면 그 사람의 긍정적 측면을 적어 보자.

'어떻게 하면 회색 지대를 찾을 수 있을까?'

8. 네가 문제를 일으킬 거라는 걸 이미 알아: 편향

편향은 일반적으로 우리가 성장한 환경, 문화, 사회를 바탕으로 만들어지는 관점, 의견, 가정을 말한다. 본래는 세상을 이해하려는 보호 기제지만, 검증하지 않고 방치하면 심각한 문제를 낳는다. 사람들은 복잡한 현실을 단순화하기 위해 집단으로 나누고, 불만을 느낄 때는 자신의 문제를 돌아보기보다 타인을 탓하려는 유혹에 빠진다. 예를 들어 사회 속에서 무력감을 느낄 때 탓할 집단을 찾으려고 하고, 그 집단을 제거한다면 모든 문제가 그들과 함께 사라질 것이라고 굳게 믿는다. 직장에서는 특정한 사람이나 집단을 악마화하는 형태로 나타난다 (영업팀은 회사가 성공하든 말든 관심 없어).

- 이렇게 해 보자

자기 생각이 옳다고 단정하기 전에 자신에게 물어보자.

'나는 왜 이렇게 생각할까?'

'이 판단은 경험에서 비롯된 걸까, 일부 사례에 근거한 걸까?

그밖에도 불편한 진실에서 자신을 보호하는 방법은 많이 있지만 여기에서는 관심을 기울여야 할 몇 가지 기제를 살펴봤다. 문제를 숨기는 데 능숙한 사람이라도 많이 배울수록 문제를 정면으로 마주하고, 인생을 의도한 대로 살아갈 수 있다. 자신의 편향과 경험으로 얼룩진 렌즈 너머로 세상을 봤음을 인정하는 순간 한 걸음 떨어져 바라보는 '메타인지'를 갖춘다. 이는 세상을 더 또렷하게 보기 위한 중요한 출발점이다. 호기심을 갖고 스스로에게 물어보자. '나는 지금 상황을 있는 그대로 보고 있을까? 아니면 내가 좀 더 이해해야 할 점이 있을까?'

호기심 되찾기

호기심을 마음챙김 다음으로 살펴보는 이유는 호기심이 실제로 실천하기에 가장 불편한 특성이기 때문이다. 우리는 두려운 일이 있을 때 호기심을 발휘하는 대신 방어적으로 행동한다. 본능이 생존 모드를 일깨우는 탓이다. 오래전부터 내려온 본능이 피신처로 도망쳐 몸을 숨기라고 말한다.

호기심을 발휘한 적 없는 사람은 불편한 소식이 담겼을지도 모르는 이메일을 열 때조차 생명을 위협받는 듯한 느낌을 받는다. 결국 받은 편지함에는 확인하지 않은 메시지가 쌓이고, 나쁜 소식을 외면한 사이 상황이 악화된다. 그 과정에서 좋은 기회 역시 함께 놓친다.

환경 역시 호기심을 억누른다. 가족과 사회, 직장은 치열하게 자신을 지키고 지나치게 많은 질문을 하지 말라고 가르친다. '우리 회사는 원래 이렇게 합니다'라고 말하는 역사와 전통을 자랑하는 기업일수록 특히 더 그렇다. 또 어떤 사람은 자기와 생각이 비슷한 사람만 곁에 두면서 자신도 모르는 사이에 호기심을 잃는다. 이런 사람이 리더가 되면 반론을 제기하지 않는 예스맨을 고용한다. 이런 리더가 일부러 이렇게 행동하는 것은 아니다. 늘 동의하는 목소리만 들으니 자신이 옳다고 진심으로 믿게 될 뿐이다.

주위를 둘러보자. 당신은 자기 의견에 동의하는 말에만 귀를 기울이지 않는가? 사적인 관계에서는 누구나 한번쯤 그렇게 행동한다. 힘든 상황에 놓였을 때 당신은 들어야 할 냉정한 조언보다 듣고 싶은 말을 들으려 한다. 당신이 얼마나 괜찮은 사람인지 확인해 주는 친구에게 의지하지는 않는가? 물론 당신만 그런 것은 아니다.

우리가 쌓아 올린 감정의 벽은 3가지를 지키려고 한다. 바로 안전하다고 느끼는 감각, 자신이 **좋은** 사람이라는 감각, 그리고 **소속감**이다.

직원이 참다 못해 "부장님은 제 말을 듣지 않는 것 같아요"라고 말한다. 바쁜 부장에게 이 말은 '좋은 상사'라는 자기 이미지와 충돌한다. 그래서 이 발언을 받아들이는 대신 "의사소통을 좀 더 잘해야겠네요"라거나 "아이디어를 듣기는 했는데 아직 부족합니다"라고 하면서 말을 돌린다. 단 한 문장으로 그는 성장할 큰 기회를 날렸다. 아마 당신은 직원과 부장 모두에게 공감할 수 있을 것이다.

나 역시 타고난 방어기제를 낮추느라 열심히 노력했다. 심리 치료사로서 경력을 쌓기 시작했을 무렵, 내담자나 상사, 동료가 주는 업무 피드백을 모두 받아들이기 어려웠다. 개선점을 지적받을 때마다 마치 그들이 내가 무능한 심리 치료사이고 앞으로도 그럴 것이라고 말하는 듯한 기분이 들었다. 우리는 모두 자신이 '뛰어나다'라고 느끼고 싶어 하고, 나 역시 '뛰어난 심리 치료사'가 되고 싶었다. 나는 이 불편한 감정을 피하려고 언젠가 내가 목표했던 유능한 심리 치료사가 되는 데 도움이 될 피드백을 무시했다.

한번은 상사가 교육 실습으로 내가 진행한 내담자 치료 기록을 검토했다. 상사는 내가 내담자가 한 주제를 깊이 파고들도록 돕기보다 다른 화제로 쉽게 넘어가도록 내버려두는 경향이 있다고 지적했다. 이 피드백을 들으면서 나는 '당신은 심리 치료사에 필요한 자질이 없습니다. 내담자를 실망하게 했습니다'라는 뜻으로 받아들였다. 상사의 조언을 있는 그대로 받아들이는 대신 나는 방어적으로 변명했다. 내담자가 이끄는 흐름을 존중했을 뿐이라고 주장했고, 마치 내가 더 잘 안다는 듯 해야 할 일을 했다고 말했다. 그렇게 나는 또 하나의 중요한 학습 기회를 스스로 차단했다.

스스로 뛰어나다고 느끼고 싶었던 나는 정작 자신의 성장을 방해했다. 만약 그때 내가 호기심에 눈을 돌려 상사에게 한 분야를 깊이 파고드는 구체적인 치료 사례를 요청했더라면 훨씬 더 많은 것을 배우고 더 빨리 성장할 수 있었을 것이다.

방어기제 넘어서기

스티븐의 이야기를 들으며 이름이 비슷한 또 다른 기술 기업가를 떠올린 사람도 있을 것이다. 그 역시 비난을 개의치 않고 자기 방식대로 일하는 인물로 유명했다. 바로 스티브 잡스Steve Jobs다. 겉으로 보기에 그는 타인의 의견을 무시하는 사람처럼 보였지만, 사실 그는 피드백을 듣고 그것을 행동으로 옮기는 능력이 매우 뛰어났다. 물론 그가 귀를 기울이기 위해서는 상대가 상당한 전문성과 자신감을 보여야 했지만, 이 선택적 호기심이 그의 성과를 키운 것도 분명하다. 나는 그가 이 능력을 삶의 다른 영역에서도 더 키웠더라면 일에서 거둔 성공만큼 일상도 원만했으리라고 생각한다.

내담자 스티븐을 대할 때 나는 우리 사이에서 일어나는 상호작용을 관찰하면서 그가 자신의 모습을 알아차리도록 이끌었다.

"스티븐 씨는 제가 반대 의견을 말하면 잠시 생각하거나 의미를 물어보기보다 바로 제가 틀린 이유부터 설명하시네요."

"저는 그저 제 입장을 설명했을 뿐이에요. 말을 가로막으려는 건 아니에요."

예상대로 처음 이 점을 지적했을 때도 스티븐은 곧바로 회피했다.

"지금도 비슷한 반응이 나온다는 게 느껴지시나요? 제가 하는 말이 듣기 불편하거나 괴로우신 것 같아요."

스티븐이 방어 행동을 보일 때마다 나는 그 행동에 이름을 붙였다. 이는 그가 귀를 기울이고, 다시 호기심을 키우는 계기를 만들기 위함이었다. 시간이 지나고 그는 그런 순간에 잠시 멈춰 내가 하려는 말을 생각하는 법을 배웠다. 자신이 문제를 해결하도록 도와줄 수 있는 의견을 무시하며 오히려 문제를 키웠다는 사실을 받아들이기 시작했다. 느끼지 않으면 치유할 수 없다. 그는 자신을 성에 갇힌 왕에 비유했다. 그는 자신의 필요로 악어가 바글바글한 도랑을 팠지만, 이 도랑 때문에 성에 갇혀 안전하지만 고독하게 지냈다고 말했다.

이제 스티븐은 나와 함께 있으면서 안전하다고 느끼기 시작했다. 그는 누군가와 함께 생각하는 것이 주는 좋은 점을 깨달았고, 무엇보다 성장을 위한 불편함을 받아들이는 법을 배웠다. 인생에서 호기심이 어떤 가치를 지니는지 확신한 그는 기업가로서 다른 핵심 기술을 연마하듯 호기심도 의식적으로 훈련했다. 기업가로서 경력을 쌓을 때 거래 협상이나 대중 연설은 꼭 필요한 기술이다. 호기심 역시 그런 기술처럼 훈련해야 할 근육이다.

직원이 피드백을 줄 때면 스티븐은 본능적으로 말을 끊고 싶은 충동을 알아차리고 이를 억눌렀다. 그는 몸에 밴 본능적인 반응을 끊어 내기 위해 계속해서 질문을 던졌다. 짜증, 불편, 심지어 분노를 느낄 때도 그는 더 깊이 파고들며 더 많은 피드백을 요청했다. 그가 가장 놀란 점은 얻은 정보의 양이 아니라 사람들이 전혀 다른 방식으로 자신에게 다가왔다는 사실이다. 그가 다리를 내리자 사람들이 성으로 들어오기 시작했다. 그 결과 우정이 돈독해지고 서로 존중하는 연애를 시작했으며, 잠재된 리더십도 꽃을 피웠다.

이후 한 기술 대기업이 스티븐의 회사를 인수하는 데 관심을 보였다. 우리는 이 협상을 적대가 아닌 협력의 과정으로 만들 방법을 함께 고민했다. 그의 방어기제는 여전히 '그딴 것들 필요 없어'라고 외쳤다. 그러나 그는 인수 협상이 두려운 만큼 간절히 원한다는 사실을 인정하면서 본능을 넘어설 수 있었다. 완벽한 자립을 배워야 했던 소년은 때때로 타인이 필요하다는 불완전한 사실을 받아들이는 어른이 됐다. 호기심의 중요성을 배운 덕분에 그는 회사를 수천만 달러에 매각할 수 있었다.

스티븐의 이야기를 읽으면서 자신을 돌아본 사람도 있을 것이다. 어릴 적 자신을 지켜 주던 방어기제가 이제는 삶의 발목을 잡는다고 느낄지도 모른다. 신체적·감정적 학대를 받으면서 자란 사람은 상처받지 않기 위해 눈에 띄지 않고 조용히 지내는 법을 배운다. 그러나 그런 상황에서 벗어난 지금까지도 여전히 고개를 숙이고 있다. 혹은 스티븐처럼 항상 비판받던 환경에서 자란 사람은 남이 무슨 말을 하든 신경 쓰지 않는다고 되뇌면서 무시하는 법을 배웠을 것이다. 또는 정반대로 남들이 자신을 어떻게 생각하는지에 대해 지나치게 민감할 수도 있다.

자신이 일상 속 어디에서 방어적으로 반응하는지 알아차리고 인정하는 것만으로도 훌륭하다. 마음챙김과 호기심이 이미 작동한다는 뜻이기 때문이다. 방어기제를 전혀 사용하지 않는 사람은 없다. 하지만 그 순간의 피드백을 천천히 살펴보고 불편함과 함께 머무르며 이렇게 물어보는 법을 배울 수 있다.

'나는 지금 나를 지키려는 걸까, 아니면 알아야 할 사실로부터 나를 방해하는 걸까?'

자신이 남의 말을 듣지 않으려고 한다는 사실을 깨달을 때마다 그 행동에 이름을 붙이자. 이는 무의식적 방어기제를 멈추는 데 도움이 된다. 다만 오래된 방어기제의 청사진을 버리려면 오랜 연습이 필요하다.

칭찬 기꺼이 받아들이기

스티븐이 타인의 말을 무시했다면 다른 내담자인 라나Lana는 지나치게 쉽게 상처받았다. 두 사람 모두 호기심이 부족했지만, 그 결핍이 삶에서 드러나는 방식은 전혀 달랐다.

라나는 미국의 대규모 비영리단체에서 사상 최연소 이사로 임명됐다. 직함만 보면 그녀는 '어려운 결정을 내릴 수 있고, 있는 그대로의 자신을 신뢰하는 유능한 임원'처럼 보였다. 그러나 실제로는 심각한 가면 증후군에 시달렸고 비판을 지나치게 인신공격으로 받아들였다. 그녀는 상사가 어떤 업무를 다시 하라고 지시하면 자신이 지독하게 무능한 직원이라고 느꼈다. 회의 중에 동료가 곁눈질이라도 하면 자기가 모자란 동료라고 여겼다. 그녀가 집을 비운 사이에 반려견이 울면 자신이 못난 주인이라서 그렇다고 생각했다. 반대로 사람들이 칭찬하거나 긍정적 피드백을 주면 매번 부정하기에 바빴다. 비판은 지나치게 고통스럽고, 칭찬은 진심처럼 들리지 않았기 때문이다. 그녀는 타인의 말에 과도하게 반응하며 밀어냈다. 그 결과 사람들은 점점 그녀와 대화하기를 꺼렸다.

라나는 호기심과 열린 마음으로 피드백을 받아들일 자신감이 부족했다. 자신감이 부족하면 비판뿐 아니라 칭찬에도 방어적으로 반응한다. 그래서 나는 칭찬과 비판 모두 받아들이는 법을 배워야 한다고 강조한다. 누군가 당신을 비판할 때는 귀를 기울여야 한다. 상대가 당신을 좋아하는지는 중요하지 않다. 사실 사람들은 대개 자기 자신조차 온전히 좋아하지 못한다. 자신감을 키우면 다른 사람이 부정적인 말을 하더라도 예전처럼 쉽게 흔들리지 않는다. 칭찬을 받아들이려면 감정을 훈련해야 한다. 아이러니하게도 어떤 사람들에게는 비판을 견디는 것보다 칭찬을 받아들이는 일이 더 어렵다.

라나도 칭찬을 좀처럼 받아들이지 못했다. "오늘 발표 훌륭했어요!"라는 말을 들으면 이를 부정하거나(아니에요, 실수 많이 했어요), 축소하거나(그렇게 잘한 건 아니에요. 오늘 아침에 급하게 준비했거든요), 혹은 칭찬으로 맞받아쳤다(어제 당신 발표만큼은 아니었죠). 우리는 함께 칭찬을 그대로 받아들이는 연습을 했다. 그녀는 한 걸음씩 칭찬을 느끼고 반박하지 않는 연습을 했다. 대신 감사의 표현을 선택했고, 나아가 자신이 무엇을 잘했는지 묻는 용기도 냈다(정말 감사합니다! 발표에서 어떤 부분에 제일 공감하셨나요?). 칭찬과 비판은 모두 성장을 자극하는 원동력이다.

나는 몇 년 전에 어떤 사람이 나를 비판했던 일은 쉽게 떠올릴 수 있지만, 누군가에게 칭찬을 들은 일은 좀처럼 기억하지 못한다. 나는 자신감을 키우는 방법으로 '자존감 파일'을 권한다. 종이 노트든 스마트폰 메모든 컴퓨터 파일이든 상관없다. 지금까지 받은 긍정적인 피드백을 빠짐없이 기록해 보자. 예를 들어 5점 후기를 남긴 고객, 브레인스토밍 시간에 당신의 아이디어를 지지한 동료, 당신을 의지할 수 있는 든든한 사람으로 여기는 가족의 말 등을 쓰면 된다.

긍정적인 피드백을 받을 때마다 기록으로 남기자. 진부한 방법 같지만 효과는 확실하다. 나는 자존감 파일을 10년 동안 기록했다. 우울할 때나 단시간에 자존감을 높여야 할 때, 나는 그동안 기록한 피드백을 훑어본다. 내가 누군가의 삶에 긍정적 영향을 미쳤다는 사실을 보여 주는 시간의 기록을 읽다 보면 마음이 빠르게 맑아진다.

인간은 부정적인 피드백은 오래 붙들고, 긍정적인 피드백은 쉽게 잊는다. 이를 심리학에서는 부정 편향이라고 한다. 자존감 파일은 자신이 타인에게 실제로 미치는 긍정적 영향을 의식할 수 있다.

타인에게 호기심 갖고 질문하기

앤서니 보데인Anthony Bourdain은 셰프이자 작가, 여행 프로그램 진행자로 타인과 세계를 향한 호기심이 강한 사람이다. 2018년, 안타까운 선택으로 생을 마감하기 전까지 그를 움직인 힘은 끝없는 호기심이었다. 나는 그의 책과 프로그램을 좋아했는데, 그중에서도 특히 '파츠 언노운 Parts Unknown'을 좋아했다. 매회 그는 항공사 마일리지로 갈 수 있는 곳을 찾아가 풍요롭고 맛있는 세계를 소개했다. 그는 새로운 문화에 대한 갈망을 숨기지 않았고, 호기심이 이끄는 여정에 시청자도 함께하도록 했다.

보데인은 여행을 "미지의 세계를 헤매는 황홀한 감각"이라고 말했다. 이 프로그램은 단순한 음식 기행이 아니었다. 그는 사람들이 서로 다른 방식으로 살아가면서도 연결될 수 있음을 보여 줬다. 그리고 이 과정에서 연대와 동지애를 발견하고자 했다. 그리고 시청자 역시 이를 이해하기를 바랐다. 그의 팔에는 "나는 아무것도 확신하지 않는다"라는 뜻의 고대 그리스어 문신이 있었다. 이 문장은 호기심이 어떤 태도에서 비롯되는지를 잘 보여 준다.

자신에게 호기심을 갖는 데 익숙해질수록 타인에게 향하는 호기심도 자연스럽게 커진다. 중요한 면접이나 첫 데이트, 가족과 함께 보내는 연휴에서도 좋은 질문은 경험의 질을 바꾼다. 더 현실적인 관점에서 보더라도 상대방에 관해 질문하는 사람은 상대에게 호감을 얻기 쉽다.

하버드 대학교 연구에 따르면 대화 중에 던지는 질문 개수는 상대방이 느끼는 만족도와 직접적인 관련이 있다.[1] 대화에서 질문을 9개 이상 하는 사람은 4개 미만으로 하는 사람보다 훨씬 호감도가 높다. 유능한 영업 직원은 질문을 10개 이상 한다. 질문은 그들의 핵심 도구이자 성공 비결이다.

대화는 호기심을 키우는 최고의 방법이다

지금까지 우리는 호기심이 어떻게 성장을 이끄는지 살펴봤다. 그러면 이런 질문이 자연스럽게 떠오른다.

'이 근육은 어떻게 해야 제대로 기를 수 있을까?'

가장 먼저 선종에서 말하는 '초심'으로 돌아가는 일이다. 선종 승려 스즈키 순류Shunryu Suzuki는 《선심초심Zen Mind, Beginner's Mind》에서 "초심에는 여러 가능성이 있지만 숙련자의 마음에는 가능성이 거의 없습니다"라고 말했다. 즉, 모든 상황을 마치 처음 겪는 일처럼 바라보라는 뜻이다. 아이들이 새로운 경험을 대하는 방식을 떠올려 보자. 아이들은 경험에서 굳어진 생각이나 기대에 덜 얽매인다. 그래서 새로운 상황을 비교적 열린 마음으로 받아들인다.

다음으로는 마음챙김 근육을 강화하는 일이다. 호기심이 부족할 때 우리는 곤란해질 수 있는 대화를 쉽게 피한다. 내면의 목소리가 '불편한 대화를 피하면 불편한 감정을 겪지 않아도 될 거야'라고 속삭인다. 하지만 현실은 다르다. 지금의 불편함을 피하면 나중에 훨씬 큰 대가로 돌아온다. 장기적으로 회피는 결코 승리 전략이 아니다.

초심으로 불편함에 다가갈 준비가 됐는가? 그렇다면 이제 다음에 소개할 3가지 단계를 실천할 수 있다. 바로 경청하기, 모든 일에 질문하기, 그리고 들은 대로 받아들이기다.

경청하기

많은 사람은 대화를 균형 있게 주고받는 능력이 자신에게 있다고 믿지만, 실제로 이는 보기 드문 기술이다. 잠시 자신의 대화 방식을 떠올려 보자. 당신은 정말로 경청하는가, 아니면 상대방의 말이 끝나기를 기다리며 고개만 끄덕인 채 다음에 할 말을 준비하는가? 조금 더 솔직해져 보자. 당신은 자기 생각을 덜컥 꺼내기 전에 상대가 숨을 고르고 말을 이어 갈 시간을 충분히 주는가?

달리기와 마찬가지로 경청하는 일은 쉽지 않지만 훈련할 수는 있다. 달리기를 시작하는 데 운동화 한 켤레면 충분하듯, 좋은 대화를 위해 필요한 것은 상대의 말을 들으려는 마음만 있으면 된다. 이번 주는 친구나 동료, 배우자와 대화할 때 상대방이 하려는 말을 가능한 한 천천히 듣겠다는 다짐을 가지고 시작하자.

경청의 첫 번째 규칙은 침묵이다. 당신이 귀 기울여 듣는다는 사실을 말이 아니라 끄덕임으로 보여 주자. 경청은 침묵에 익숙해지는 연습이다. 어려운 대화를 시작할 때 상대가 처음 꺼내는 말은 대개 진짜로 하고 싶은 말이 아니다. 상대방에게 생각할 시간을 주고 좀 더 자세히 말하도록 격려하면 당신이 귀 기울이고 있고 관심이 있으며 더 들을 준비가 됐다는 의사를 전달하는 것과 같다. 그러면 상대방은 안심하고 털어놓을 수 있다.

이처럼 사소한 배려만으로도 사람들이 얼마나 깊은 이야기를 꺼내는지 보면 아마 깜짝 놀랄 것이다. 침묵은 내가 아는 가장 강력한 대화 도구다. 나는 내담자가 이미 여러 번 이야기했던 주제를 다시 꺼내도 말을 자르지 않는다. 오히려 지난번에는 내가 놓친 무언가가 있을지도 모른다고 가정하고, 처음 듣는 이야기처럼 더 주의 깊게 귀를 기울인다. 확신이 서지 않을 때는 설명하려 들지 말고 조언하려 들지 말고 그저 경청하라.

모든 일에 질문하기

최근에 누군가가 당신의 실수를 지적했던 순간을 떠올려 보자. 그때 가장 먼저 떠오른 충동은 무엇이었는가? 실수를 부정하고 싶었는가, 변명하고 싶었는가, 아니면 빨리 사과하고 넘어가고 싶었는가? 일상 대화에서 누군가가 한 말에 강하게 반응한다면 이는 당신 내면의 중요한 부분을 뒤흔들었다는 뜻이다. 그런 반응을 밀어내지 말고 이해하려고 노력하자. 불편함이 느껴지면 방어적으로 물러서기보다는 그런 불편함에 질문으로 다가가자. 질문은 방어기제를 대신하는 가장 좋은 방법이다.

질문을 던지면 우리는 취약함에서 비롯된 불편함에서 벗어나 깊은 통찰로 나아갈 수 있다.

내담자 에마Emma는 종종 두서 없는 이야기를 했다. 그녀의 이야기는 세부 설명이 부족해 대화를 따라가기가 어려웠고, 그녀가 무엇을 말하고 싶은지 스스로 파악하도록 돕는 일도 쉽지 않았다. 어느 날 그녀는 동료들이 주는 애매한 피드백이 짜증스럽다는 불만을 털어놓았다.

"동료들이 말은 많이 하는데 정작 무슨 말을 하는지 모르겠어요."

나는 이 기회를 틈타 가끔은 나 역시 대화하면서 비슷한 기분을 느낄 때가 있다고 넌지시 말했다. 이런 피드백에 방어적으로 반응하는 사람도 많지만 에마는 달랐다. 그녀는 호기심을 보이며 좀 더 자세히 설명해 달라고 요청했다. 그녀는 구체적인 예를 들어 달라고 했고 내가 그 순간 어떤 기분이었는지도 물었다. 나는 질문에 대답했고 그녀의 일상에서도 같은 일이 일어날 법한 경우를 이야기했다.

그제야 에마는 자신이 모호하게 의사소통하는 경향이 있고, 이러한 이유로 동료들의 애매한 피드백에 더 큰 짜증을 느꼈을지도 모르겠다고 말했다. 그녀는 질문을 통해 내가 느낀 감정을 듣고 곰곰이 생각한 끝에 결국 바뀔 수 있었다.

누군가가 선뜻 말하기 어려운 피드백을 줬다면 그 말 뒤에 숨은 불편하지만 중요한 지점을 들여다볼 기회로 삼아 보자. 비판을 무시하거나 변명하거나 책임을 회피하는 대신 방향을 조정할 질문을 던지자. 예를 들어 이런 질문들이 도움이 된다. 알고 싶다면 물어야 한다.

"좀 더 자세히 말씀해 주시겠어요?"

"예시를 몇 가지 들어 주시겠어요?"

"그때 어떤 기분이 드셨나요?"

"제가 어떻게 도와드릴 수 있을까요?"

"제가 놓치고 있는 부분이 있을까요?"

"다음에는 어떻게 하면 좋을까요?"

들은 대로 받아들이기

경청하고 질문한 다음에는 상대가 당신에 관해 한 말을 어떻게 받아들이고 응답하느냐가 중요하다. 이 반응은 당신의 성장을 좌우할 뿐 아니라, 앞으로 상대가 어떤 이야기를 털어놓을지를 결정하기도 한다. 이제부터는 건설적인 피드백을 받아들이는 6가지 방법을 살펴보자. 이 과정을 통해 호기심 근육을 강화하고, 대화에서 더 나은 결과를 얻을 수 있다.

1. 상대의 말을 어떻게 이해했는지 되짚어 보자.
   상대가 하려는 말을 내가 어떻게 받아들였는지 다시 확인하는 일부터 시작하자. 경청이 직업인 나조차도 내가 이해했다고 생각한 내용을 다시 말하다 보면 완전히 잘못 이해한 경우가 놀랄 만큼 많다.
   "저는 말씀하신 내용을 ○○○이라고 이해했습니다."

2. 피드백을 듣고 바로 답하지 말자.

즉각 반응하면 방어적인 태도로 응답하기 쉽다. 잠시 생각할 시간을 갖기 위해 이렇게 말해도 좋다.

"잠깐 생각해 보고 다시 이야기해도 될까요?"

3. 몇 분간 자신의 감정을 살펴보자.

지금 방어적인 기분이 드는가? 그렇다면 그 이유는 무엇일까? 오해받았다고 느끼는가, 아니면 다른 불편함이 있는가? 심호흡하면서 마음을 가라앉히고, 이 비판의 대상은 '나라는 사람'이 아니라 '내 행동의 한 부분'이라는 점을 기억하자.

4. 피드백을 준 사람에게 감사를 표현하자.

피드백을 건네는 일은 누구에게나 부담스럽다. 그 수고를 인정하자. 설령 상대도 비슷한 행동을 한다고 느끼더라도 지금은 그런 의견을 밝힐 때가 아니다.

5. 호기심을 가지자.

당신의 행동이 상대에게 어떤 영향을 미쳤는지 이해하려는 질문을 던지자. "좀 더 자세히 말씀해 주시겠어요?", "그때 어떤 기분이 드셨나요?", "다음에는 어떻게 하면 좋을까요?" 같은 질문을 할 수 있다.

6. 피드백을 생각하겠다는 뜻을 전하고 실제로 시간을 내자.

성장을 우선시하려면 비판을 받아들이고 그에 대응하는 근육을 길러야 한다.

마지막으로 누군가에게 솔직한 피드백을 요청한 것이 언제였는가? 피드백을 흔히 일할 때 받는 것, 때로는 원하지 않아도 감수해야 하는 것으로 생각한다. 확실히 업무 성과나 제품에 대한 비판적 평가는 업무 개선에 도움이 된다. 하지만 피드백은 감정을 훈련하는 과정에서 생활 전반에 매우 유용한 도구다. 특히 호기심을 키우는 연습에서 핵심적인 역할을 한다. 피드백 요청의 중요성은 다음 장에서 자세히 설명하겠지만, 이번 팔굽혀펴기는 지금까지 배운 호기심의 모든 내용을 직접 실천해 보는 기회다.

- 1단계: 휴대전화나 컴퓨터를 열어 문자메시지나 이메일 작성 화면을 준비하자. 상사나 동료, 부하 직원, 배우자, 친구, 형제자매, 자녀 등 누구라도 상관없다. 상대방에게 당신이 잘하고 있는 점 하나와 앞으로 약 10퍼센트 정도 더 나아질 수 있는 점 하나를 알려 달라고 요청하자. 다음은 참고할 만한 문구다. "안녕하세요. 요즘 저는 감정을 훈련하려고 노력 중이에요. 오늘의 과제는 제가 평소 존중하는 분께 피드백을 요청하는 것입니다. 그분이 바로 당신입니다! 제가 친구, 동료, 배우자로서 잘하고 있는 점과 앞으로 10퍼센트 정도 더 나아질 수 있는

점을 하나씩 알려 주시겠어요? 제가 더 좋은 사람이 될 수 있도록 도와줘서 고맙습니다."

그리고 지난번에 한 친구에게 이 메시지를 보냈을 때 이런 답변을 받았다.

"이런 부탁을 받다니 정말 기뻐! 네가 잘하고 있는 점은 의사소통 능력이야. 우리 관계에서 네가 무엇을 원하고 어떻게 느끼는지 분명히 말해 줘서 늘 믿음이 가. 그 덕분에 나도 많이 배웠어. 앞으로 10퍼센트 정도 더 나아질 수 있는 부분은 먼저 만나자고 연락해 주는 거야. 늘 내가 먼저 연락하는 것 같아서 너도 나만큼 우리 관계를 소중하게 생각하는지 궁금할 때가 있어."

- 2단계: 답변을 받으면 상대방의 피드백에 내가 즉각 어떻게 반응하는지 주의를 기울이자. 방어적인 기분이 드는가? 그렇다면 몸의 어느 부분에서 느껴지는가? 반사적으로 상대의 말이 틀렸다는 증거를 찾거나 반박할 예시를 떠올리는가? 부정적인 점과 긍정적인 점 중 어느 피드백이 더 불편한가?

나는 만날 약속을 좀 더 적극적으로 잡았으면 좋겠다는 친구의 말에 깜짝 놀랐고, 처음에는 이해하기 힘들었다. 하지만 곧 친구의 말에 일리가 있다는 사실을 깨달았다. 나는 사랑하는 사람들에게조차 먼저 연락하는 데 익숙하지 않았다.

상대방의 피드백을 전부 받아들일 필요는 없다. 하지만 피드백을 들었을 때 어떻게 느꼈는지, 피드백이 지닌 의미가 무엇일지는 반드시 살펴봐야 한다. 이 피드백에서 무엇을 배울 수 있을지 생각해 보자. 받아들이기가 어려울 수도 있지만 상처를 치료하려면 먼저 열어 봐야 한다.

- 3단계: 피드백을 행동으로 옮기자. 이 피드백을 반영했을 때 얻을 수 있는 것이 있는가? 그렇다면 그 결과로 당신의 행동을 구체적으로 어떻게 바꿀 수 있을까? 나는 친구에게 피드백을 받은 다음, 매달 소중한 사람들에게 먼저 연락할 수 있도록 휴대전화에 알람을 설정했다.

호기심 팔굽혀펴기 연습을 하는 동안에는 모든 것을 통제하려 하기보다 가능한 한 열린 태도로 마주하자. 답변을 받으면 그 피드백을 선물로 받아들이고 감사하자. 피드백은 곧 선물이다. 한 달에 적어도 1번은 주변 사람들에게 이 연습을 반복하기를 권한다. 처음에는 어쩌면 매번 어색하고 쑥스러울지도 모른다. 그래도 분명히 큰 도움을 얻을 수 있을 것이다.

감정을 훈련하는 과정에서 지금쯤 지치고 기진맥진한 느낌이 들더라도 이는 충분히 자연스러운 일이다. 호기심 훈련은 정말 어려운 일이다. 특히 스티븐처럼 지금까지 호기심을 거의 사용한 적이 없다면 더 어렵게 느껴질 수 있다. 하지만 방어 태세를 낮추면 그 이면을 들여다볼 수 있다. 방어벽 너머에는 당신이 어떤 사람인지 알려 주는 중요한 정보가

숨었다. 이제 이 정보가 무엇인지 확인할 때다. 다음 장으로 넘어가서
자기인식 근육을 본격적으로 단련해 보자.

자기인식:
나를 제대로 알라

우리는 상황을 있는 그대로 보지 않고
자기 관점으로 본다.

_아나이스 닌Anaïs Nin

두 아이를 키우는 어머니이자 중견 게임 회사에서 인사 담당자로 일하는 밸러리Valerie는 겉으로 보기에는 다 갖춘 사람처럼 보였다. 안정적인 직업과 사랑이 넘치는 결혼 생활, 멋진 친구들까지 있었다. 그러나 조금만 들여다보면 완벽해 보이던 외관에 균열이 보였다. 그녀는 특정한 행동을 고치지 못해 나를 찾아왔다. 직장에서의 성공과 행복을 스스로 방해한다는 사실을 알면서도 멈추지 못하는 행동이었다. 그녀는 두뇌 회전이 빠르고 자기 일을 사랑하는 사람이었다. 그런데도 왜 자기 행동을 고칠 수 없었을까?

밸러리는 최선을 다했지만 중요한 업무를 반복해서 미뤘고, 넘겨주기로 한 과제를 잊어버리거나, 해야 할 일 목록을 제대로 관리하지 못했다. 집중해야 한다는 사실을 알수록 오히려 더 집중하지 못했다. 그러나 더 큰 문제는 행동 자체가 아니라 그 행동을 바라보는 그녀의 태도였다. 어떤 일을 기한 직전까지 미룬 뒤에는 제시간에 일을 끝냈을 때조차 깊이 좌절하며 자신에게 화를 냈다. 분노는 그렇게 악순환을 이루며 감당하기 어려운 수준까지 커졌다. 그녀는 자신이 일을 잘 못한다고 걱정하는 데 그치지 않고, 사람으로서도 부족하다는 두려움을 느끼기 시작했다.

첫 번째 치료 과정에서 나는 밸러리에게 일이 잘 풀리지 않을 때 자신을 어떻게 생각하는지 물었다.

"제 마음속 목소리는 지독하게 가혹해요. 어떤 일을 망치거나 완벽하게 해내지 못하면 머릿속에서 계속 이런 생각이 맴돌아요. 대체 뭐가 문제인지 왜 이렇게밖에 못 했는지, 난 훌륭하지 않으며 앞으로도 달라지지 않을 것이라는 생각이 제 머릿속을 꽉 채우죠."

시간이 흐르면서 나는 밸러리의 행동 패턴을 더 분명히 이해했다. 그녀는 지루한 과제에는 좀처럼 집중하지 못했지만, 흥미를 느끼는 일에는 놀라운 집중력을 보였다. 집에서는 자기도 모르게 서랍과 찬장 문을 열린 채로 방치했다. 그 바람에 남편은 미칠 지경이었다. 이렇게 주의가 산만한 원인은 자극을 추구하는 행동 때문이었다.

"저는 주방에서 과자를 꺼낼 때도, 옷장 속 옷을 색깔별로 정리할 때도, 심지어 인스타그램을 스크롤할 때도 눈앞의 일 말고 다른 데로 정신이 쏠려요. 그러다 정신을 차리면 몇 시간이 훌쩍 지나 있고 해야 할 프로젝트는 여전히 책상 위에 그대로 있어요. 반대로 흥미로운 일을 발견하거나 마감 기한이 다가오면 기계처럼 시간을 쪼개 쓰면서 엄청난 양의 일을 해내요."

나는 밸러리가 일하는 방식을 듣고 중요한 가능성을 하나 발견했다.

"밸러리 씨, 지금까지 이야기한 내용과 가정과 직장에서의 행동을 보면, ADHD(주의력결핍 과잉행동장애) 가능성을 생각해 본 적이 있는지 궁금해요."

밸러리는 당황스러운 얼굴로 나를 봤다. 나는 ADHD의 주요 특성을 설명하며, ADHD는 뇌가 작동하는 방식이 다를 뿐 성공할 수 없다는 뜻은 아니라는 점도 전했다. ADHD는 적절히 활용하면 강점이 될 수 있지만, 방치하면 일과 성공이 모두 불가능하게 느껴질 수 있다. 그녀가 그동안 자책했던 행동은 ADHD를 겪는 사람에게 흔히 나타나는 반응이었다. 그러나 그 사실을 몰랐던 그녀는 자신이 '고장 난 사람'이라고 몰아세웠다.

나 역시 ADHD를 겪고 있다. 그래서 박사 논문을 쓸 때 ADHD를 연구했고 그 과정에서 분명히 알게 된 사실이 있다. ADHD를 겪는 사람에게 가장 큰 상처를 남기는 것은 증상 자체가 아니라, 평생 '너는 문제가 있다'라는 말을 들으며 쌓인 수치심이다. 또한 ADHD는 실패와 실망으로 직결되는 병이 아니다. 희망은 분명히 있다. ADHD와 싸우기보다 ADHD와 함께 살아가는 방법을 아는 사람은 성공할 가능성이 훨씬 높다. 여기에서 말하는 지원이란 직업 선택, 행동 개입 및 치료, 약물 복용 등을 가리킨다. 그러나 많은 경우 스스로 배울 수 있고 도움받을 가치가 있는 사람이라고 믿는 태도만으로도 충분하다.

물론 ADHD 관련 지원을 받으려면 먼저 자신이 ADHD라는 사실부터 알아야 한다. 내가 밸러리에게 ADHD일 가능성을 이야기했을 때 그녀는 충격으로 의자에 주저앉았다. 나는 그녀가 자신이 ADHD라는 사실을 받아들이려면 시간이 필요하다고 판단해 정식 진단을 권했다. 2주 뒤, 그녀는 온라인에서 찾은 ADHD 관련 기사들을 들고 나타났다. 그녀는 오랫동안 풀리지 않던 의문이 풀린 듯한 느낌이라고 했다.

"세상에, 선생님. 누가 제 인생을 그대로 써 놓은 것 같아요. 제가 겪은 문제가 전형적인 ADHD 증상인 걸 알고 나니 저에게 훨씬 관대해졌어요. 제가 모든 일을 잘 못하는 게 아니라, 그냥 뇌가 작동하는 방식이 다를 뿐인 거예요. 세상을 완전히 다른 시선으로 보게 됐어요."

큰 깨달음이었지만 변화는 거기서 끝이 아니었다. 시간이 흐르면서 우리는 내면의 가혹한 목소리가 규율과 성취에 익숙한 군인 출신 부모의 목소리라는 사실을 알아차렸다. 그녀의 부모는 언제나 더 잘해야 한다고 말했다. 운동으로 수많은 트로피를 받았고 성적도 뛰어났지만, 좀처럼 칭찬하는 법이 없었다. 그녀가 어려움을 겪을 때마다(아마도 ADHD 때문이었을 것이다) 원인을 찾거나 도움을 주기보다는 "대체 뭐가 문제야?", "왜 이걸 못해?"라는 말로 상처를 덧냈다. 이 말들이 바로 성인이 된 그녀의 내면에서 반복되던 목소리였다.

나는 밸러리를 치료하면서 보람을 느꼈다. 우리가 함께 발견한 모든 정보가 자기인식과 성장을 여는 열쇠처럼 보였기 때문이다. 내면의 목소리가 왜 그토록 가혹했는지 이해한 그녀 앞에는 2가지 선택지가 있었다. 그대로 둘 수도 있고, 바꾸는 연습을 할 수도 있었다. 그녀는 자신을 좀 더 이해하고 다정하게 대하기로 결심했다. 실수했을 때 자신을 탓하는 대신, 딸에게 말하듯이 스스로에게 말하는 연습을 했다. '어렵다는 거 알아. 뇌가 작동하는 방식이 조금 다를 뿐이야. 이제 무엇을 할 수 있을까? 새로운 전략이 있어? 어떤 도움을 요청할 수 있을까?'

자신을 깊이 이해하려는 이 노력은 삶의 다른 영역에도 큰 변화를 가져왔다. 자신을 존중하고 배려하기 시작하면서 고뇌를 받아들이고 어려운 순간을 넘기는 일이 한결 수월해졌다. 밸러리는 직장에서 도움을 요청하는 법을 배웠다. 상사에게 프로젝트 기한을 명확히 설정해 달라고 요청했고, 일하면서 자유롭게 몸을 움직일 수 있도록 스탠딩 책상을 마련했으며, 작업 일부를 도와줄 가상 비서를 고용했다. ADHD를 겪는 인사 담당자 모임(실제로 그런 모임이 있다!)에도 가입했다. 또한 ADHD를 겪는 사람에게 운동이 중요하다는 연구를 바탕으로 건강 관리도 열심히 했다. 그녀의 변화는 주변에도 전해졌다. 자신감이 커지자 상사도 이를 알아봤다. 우리가 함께한 2년 동안 그녀는 두 차례나 승진했다.

모든 변화는 나에게서 시작된다

불편함에 조금 더 익숙해지고 자신에 관한 호기심이 커진 지금, 불편한 진실을 하나 공개한다. 우리는 자신을 아는 데 서투르기로 악명이 높다. 이 점은 부정하기 어렵다. 세 번째 특성인 자기인식은 자신의 성격 특성, 유발 요인, 편향, 강점과 약점, 경향을 이해하는 능력이다. 즉, 인간관계와 삶에서 자신이 어떤 역할을 맡았는지 이해하는 역량이다.

사람들은 대부분 자기인식이 있다고 믿지만, 연구에 따르면 실제로 이를 발휘하는 사람은 10~15퍼센트에 불과하다.[1] 우리가 안다고 생각하는 자신은 대부분 가정에 근거하는데, 이 가정의 대부분은 틀렸다. 우리는 자기 경험이라는 렌즈를 통해서만 세상을 본다. 이 렌즈가 흐려지면 인간관계 상실이나 경력 단절 같은 결과로 이어진다.

자기인식은 우리가 단련하려는 7가지 특성 중에서도 가장 어렵다. 그러나 마지막으로 공략하기에는 너무 기본적인 요소다. 이를 뒤로 미루면 다른 모든 영역에서 어려움을 겪는다. 결국 자신에게 어떤 문제가 있다는 사실을 깨닫기 전에 이를 바꾸기란 무척 어렵다. 순간순간 자신이 무엇을 느끼는지 추적하는 법을 배우면 본능적으로 반응하는 대신 상황에 맞게 대응하고 자신의 행동에 책임을 질 수 있다.

자기인식이라는 개념은 본래 복잡하다. 알면 알수록 모르겠다는 사실을 깨닫는다. 자신을 이해하는 일에는 끝이 없기에 평생의 과제로 받아들여야 한다. 그렇다고 겁먹을 필요는 없다. 어떤 운동이라도 그렇듯 자기인식이라는 근육도 단련할수록 강해진다. 방어막을 내려놓고 호기심 높이는 법을 배운 지금, 우리는 이 방어막 너머를 들여다보고 자신을 더 깊고 솔직하게 알아갈 출발선에 서 있다.

밸러리는 새로운 시각으로 자신을 바라보고, 그동안 외면했거나 보지 못했던 사실을 알아차리면서 변화할 수 있었다. 어떤 사람은 그녀가 ADHD라는 사실을 진작 알았어야 한다고 말할지도 모른다. 요즘은 소셜 미디어만 열면 'ADHD의 10가지 징조' 같은 글이 눈에 띄니 말이다. 하지만 그런 글을 읽는 것과 그 특성을 자기 안에서 알아차리는 일은 전혀 다르다. 우리가 함께 행동 특성과 패턴을 살피고 여러 정보를 조합해 그럴듯한 원인을 찾아낼 때까지 그녀는 이유를 모른 채 괴로워했다. 자기인식이란 보이지 않던 것을 보기 위해 머리와 마음속에 공간을 만드는 일이다. 다른 사람에게는 뻔한 사실이 자신에게는 그렇지 않을 수 있다.

나 역시 이 교훈을 여러 번 되새겼다. 예를 들어 나는 오랫동안 함께 시간을 보내면서 일방적으로 자기 이야기만 늘어놓는 친구들에게 짜증이 났다. 친구들은 몇 시간 동안 자신의 일상을 이야기하면서 내게는 아무 질문도 하지 않았다. 나는 끈기 있게 경청했고, 겉으로는 친구들이 하는 이야기에 집중하려고 최선을 다했다. 하지만 속에서는 분노가 차올랐다. '한 시간 내내 네 이야기만 했잖아! 내 이야기는 안 궁금해?'라고 외치고 싶었지만 나는 늘 입을 다물었다. 좋은 친구가 되고 싶었기 때문이다. 그러나 친구들과 헤어질 때면 짜증스럽고 억울한 마음이

들었다. 심지어 왜 이렇게 자기중심적인 친구들만 계속 사귀게 되는지 의문이 들었다. 순전히 '그들이 문제'라고 여겼다.

당시에는 이 원인이 '나'에게 있다는 사실을 깨닫지 못했다. 나는 개성이 강하고, 사람들이 모인 자리에서 이야기하고 주목받는 것을 즐긴다. 하지만 직업이 심리 치료사이다 보니 1 : 1로 만날 때는 듣는 역할에 지나치게 익숙해졌다. 내담자와 있을 때는 대화하면서 상대방의 욕구와 관점을 최우선으로 여기는 것이 내 역할이다. 이 태도를 친구 관계에도 그대로 가져왔던 건 아닐까?

나는 친구와 대화할 때 무의식중에 내 생각과 감정을 뒤로 미룬다는 사실을 깨달았다. 친구가 어떻게 지내냐고 물으면 나는 "나야 잘 지내지. 넌 어때?"라고 곧장 화제를 친구에게 돌렸다. 내 이야기를 할 기회를 스스로 차단한 셈이다. 그러고 나서 친구가 자기 이야기를 이어 가면 나는 속으로 분노했다. 지금 생각하면 어처구니없는 방식이었다.

대학 시절부터 친하게 지낸 친구 쇼나Shawna가 나의 이 문제를 짚었다. 그녀는 듣기와 말하기 사이에서 균형을 잡는 감각이 유난히 뛰어났다. 어느 날 그녀가 내게 어떻게 지내냐고 물었을 때 내가 습관처럼 "난 잘 지내, 넌 어떻게 지내?"라고 말했더니 그녀가 말했다.

"잠깐만, 아직 네 이야기는 하지도 않았잖아. 왜 벌써 나한테 어떻게 지내냐고 물어? 진짜 네 이야기는 하나도 하지 않고 그냥 앉아서 내가 어떻게 지내는지만 듣고 싶어?"

그 순간 나는 사람들에게 나를 보지 말고 그들 자신에게 초점을 맞추라고 가르쳤다는 사실을 알아차렸다. 이 깨달음과 함께 무시당했다는 감정도 사라졌고, 이 문제를 해결할 수 있다는 사실도 분명해졌다. 이후로는 친구들이 어떻게 지내는지 물으면 내 이야기를 솔직하게 꺼내려고 노력했다. 몇몇 친구에게는 내가 너무 빨리 대화의 중심을 상대에게 넘기지 않도록 도와 달라고 직접 부탁하기도 했다. 내가 한 걸음을 떼고, 친구들이 도와주면서 대화의 흐름은 눈에 띄게 달라졌다.

심리학자 카를 융Carl Jung은 무의식을 의식하기 전까지는 무의식이 인생을 지배할 것이며, 우리는 이를 운명이라 부른다고 말했다. 많은 사람이 인생이 '자기에게 일어난다'고 느낀다. 자신에게는 주체성이 없고, 닥치는 일을 견뎌야 한다고 믿는다. 그러나 자기인식이 생기면 자신이 다양한 방식으로 현실을 만들고 있다는 사실을 깨닫는다. 이 사실을 인식하는 순간, 변화는 시작된다.

이번 장의 목표는 그동안 대체로 무의식에 머물렀던 것을 의식의 영역으로 끌어오는 일이다. 지금까지 당신은 자기인식이 충분하지 않은 상태로 인생을 살아왔는가? 이제 그 답을 찾아볼 차례다.

당신은 얼마나 자기인식이 있는가?

스스로 자기인식을 평가하기는 쉽지 않다. 자신이 모르는 것을 안다면 이미 아는 셈이기 때문이다. 하지만 일단 자신의 경험을 돌아보면서 지금 어떤 기분인지 살펴보는 연습부터 시작하자. 컴퓨터나 종이와 필기구를 준비하고, 다음 질문에 답을 적어 보자.

1. 자신의 가장 큰 강점과 남다른 능력은 무엇인가?

예를 들어 당신은 다른 사람의 말을 잘 듣는가? 전략적으로 사고하는가? 부담감을 느끼는 상황에서도 냉정을 잘 유지하는가? 이런 강점을 일상에서 어떻게 활용하는가? 당신이 하는 업무에서 이 강점은 어떻게 쓰이는가? 이 강점을 앞으로 더 잘 활용하려면 무엇이 필요한가?

2. 관심을 기울여야 할 최대 약점은 무엇인가?

예를 들어 당신은 성급한 편인가? 경계를 더 분명히 세워야 하는가? 다른 사람에게 잘 공감하지 못하는가? 이 약점이 직장이나 가정에서 원하는 결과를 이루는 데 어떤 영향을 미치는가? 약점 극복을 방해하는 걸림돌은 무엇인가?

3. 무엇이 당신에게 동기와 목적의식을 주는가?

당신의 가치관은 무엇인가? 예를 들어 청렴, 성공, 공동체, 학습 가운데 무엇을 가장 중요하게 생각하는가? 가치관이 업무와 일상생활에 어떻게 반영되는가? 당신의 선택은 가치관과 일치하는가? 일치하지 않는다면 그 이유는 무엇인가? (자신의 가치관을 더 깊이 이해하고 싶다면 구글에서 '가치 분류 연습value sort exercise'을 검색해 무료 버전을 활용해 보자.)

4. 이제 관점을 바꿔 생각하자.

친구, 가족, 동료는 당신을 어떻게 생각할까? 그들은 당신이 스스로를 설명할 때 사용한 말과 같은 말로 당신을 설명할까? 그들은 친구, 가족, 동료로서 당신에 대해 솔직한 피드백을 주는 편인가? 그렇지 않다면 왜 그렇다고 생각하는가?

이 질문에 답하면서 어떤 기분이 들었는지 되돌아보자. 어려웠는가? 흥미로웠는가? 불편했는가? 대답하기가 어려웠다면 노력해야 한다는 뜻이다. 자신 있게 대답했다면 훌륭한 시작이라고 할 수 있다. 하지만 답변 중에 불완전한 부분이 분명 있었을 것이다. 자기인식은 한 번에 완성되는 목표가 아니라 계속 점검하고 연습해야 하는 과정이다.

갈등을 키우는
자기 보호 본능

자기인식은 강력하다. 자기인식이 있으면 더 나은 결정을 내릴 수 있다.[2] 인내심, 이해심, 회복탄력성이 커지면 짜증스러운 순간에도 감정에 휘둘리지 않고 대응할 수 있다.[3] 가장 중요한 목표를 달성하는 데 필요한 의지력과 결단력도 강해진다. 직장에서는 자신감 넘치고[4] 유능한 리더로서 동료에게 신뢰를 주고,[5] 가정에서는 사랑하는 가족에게 온전한 관심을 기울일 수 있다.

정말 바람직하게 들리지 않는가? 하지만 당연하게도 말처럼 쉽지는 않다. 자기인식을 키우려면 먼저 내면의 가장 근원적인 본능, 즉 자기 보호 본능을 이해해야 한다. 인간은 복잡하게 사고하는 능력을 지녔지만, 동시에 생존을 최우선으로 삼도록 타고난 존재다. 우리는 고통을 회피함으로써 살아남았고, 그 선택은 지금도 계속된다. 그러나 때로는 자기 마음속에 숨은 생각이 가장 큰 고통이 되기도 한다. '아무 문제도 없다'라고 생각하면서 직장과 가정을 지키기 위해 늘 경계한다. 그리고 자신을 바라보는 관점과 실제 행동이 모순적이라는 사실을 끝내 알아차리지 못하기도 한다.

이 사실을 설명할 때 내가 강연에서 자주 사용하는 방법이 있다. 사람들에게 옆 사람과 마주 보라고 한 뒤, 한 사람에게는 주먹을 쥐게 하고(보통은 머리카락이 더 짧은 사람에게 부탁한다), 다른 사람에게는 상대의 주먹을 5초 안에 펴 보라고 말한다.

"다들 준비하시고, 시작하세요."

참가자 절반은 상대방의 주먹을 억지로 펴려고 애쓰고, 나머지 절반은 주먹을 있는 힘껏 쥔 채 버틴다. 그사이 강연장은 웃음소리로 가득 찬다. 시간이 끝나면 나는 주먹을 쥔 사람들에게 묻는다.

"주먹을 쥔 분 중에서 상대방이 주먹을 펴지 못하게 버틴 분은 몇 명인가요?

대부분 손을 든다.

"그럼 물어볼게요. 왜 그러셨나요? 저는 그렇게 말하지 않았어요. 상대방이 최대한 펴기 힘들게 하라고 말하지 않았잖아요."

이번에는 상대의 주먹을 펴려고 애쓴 사람들에게 묻는다.

"주먹을 펴라는 지시를 받은 분 중에서 상대방의 주먹을 목숨 걸고 펴려고 한 분은 몇 명인가요?"

이번에도 많은 사람이 웃으며 손을 든다. 나는 다시 묻는다.

"모두에게 같은 질문을 할게요. 왜 이렇게 말하지 않았을까요? 우리가 이 활동을 같이하게 됐는데 제가 그쪽 주먹을 펴야 하는 모양이니 주먹을 좀 펴 달라고 말하면 되지 않았을까요?"

이 말을 하면 사람들은 대개 웃음을 터트린다. 그러고 나서야 자신도 미처 알아차리지 못했던 점을 떠올리며 생각이 멈춘다. 나는 주먹을 꼭 쥐거나 상대의 주먹을 억지로 펴려는 반응이 '우리와 문제의 대결'이 아닌 '나와 너의 대결'로 받아들이는 지극히 인간적인 경향에서 비롯된다고 설명한다. 이 활동을 적대적으로 해석할 이유는 없다. 강연장을 찾은 사람들 대부분은 스스로를 협조적이고 친절한 사람이라고 생각한다. 그럼에도 우리는 필요하지 않은 순간에도 때때로 방어적인 태도를 보인다.

자기인식과 호기심이 깊이 연결되는 이유도 여기에 있다. 방어성이 낮을수록 자신에 대해 더 많이 알 수 있고, 자신을 더 잘 알수록 언제, 왜 방어적으로 반응하는지 분명히 보인다. 자신이 방어적으로 행동하기 쉬운 상황, 이유, 상대를 알면 정말로 자신을 보호해야 하는 순간인지 판단할 수 있다. 만약 주먹 쥐기 활동을 다시 한다면 대부분은 그렇게 경쟁적으로 접근하지 않을 것이다. 그러니 '나와 너의 대결' 같은 사고방식으로 생각한다는 사실을 깨달았을 때, 혹은 긴장하거나 경쟁심이 올라오거나 비판받는다고 느낄 때마다 이 활동을 떠올려 보자. 이 반응은 자신을 더 깊이 이해할 수 있는 단서가 될 것이다.

내담자 켈러Keller는 지시받는 일을 정말로 싫어했다. 특히 상사가 어떤 일을 다르게 해 보라고 넌지시 암시할 때면 분노가 치밀었다. 그는 상사가 사무실로 부를 때마다 가슴이 조인다고 말했다.

"상사가 실수를 지적하면 저는 곧바로 제 생각이 왜 옳은지, 왜 저를 의심하면 안 되는지를 늘어놓아요. 상사가 불공평하거나 무례한 건 아니에요. 사실 꽤 좋은 상사예요. 그런데도 저는 사소한 비판에도 화가 나서 결국 목소리를 높이고 소란을 피워요."

"매번 대화할 때마다 싸우려는 태도로 대하는 건 직장에서 바람직하지 않아요."

"저도 알아요. 하지만 멈출 수가 없어요."

나는 켈러가 권위에 유독 예민하게 반응한다는 성향을 살폈다. 그의 이전 상사는 모든 행동을 세세하게 관리하면서 스스로 시도하거나 표현할 여지를 조금도 주지 않았다고 한다. 그리고 자기 자신과 자신의 반응 사이에 거리 두는 연습을 시작했다. 그는 스스로에게 묻는 법을 배웠다. '왜 이렇게 긴장했지?', '뭘 걱정하는 거지?', '이 상황에서 이런 반응을 보일 만한 이유가 있나?', '이 사람은 나를 도와주려는 것일까, 아니면 나를 괴롭히려는 것일까?'

켈러는 사소한 간섭에도 예민하게 반응한다는 사실을 알아차린 뒤, 상사와 만나기 전 천천히 심호흡을 세 차례 하는 연습을 했다. 그는 심호흡하는 동안 상사가 자신에게 적대적이지 않으며, 결국 두 사람은 같은 팀이라는 점을 상기했다. 이런 연습을 거듭하자 방어적으로 반응하는 일이 크게 줄었다. 이것이 자기인식의 힘이다. 감정을 인정하면 감정이 행동으로 번지는 과정을 바꿀 수 있고, 그 결과는 대립이 아니라 해결로 이어진다.

밸러리처럼 우리는 벽을 쌓고 정보를 흘려보내고 불편한 유발 요인을 회피한다. 또한 강연장의 사람들과 켈러처럼 우리는 자기도 모르게 때때로 방어 태세를 취한다. 자기인식이 부족하면 부적응 패턴을 반복하고 편견에 따라 행동하며 성장은 멈춘다. 그러나 고통스러운 진실에서 자신을 보호하려는 시도는 중요한 사실을 알아차릴 기회를 뺏는다. 이제 자기인식 근육을 강화하는 방법을 알아보자.

자기인식은
연습으로 길러진다

자기인식은 계속 변화하는 목표이므로 항상 노력해야 한다. 그렇다면 이렇게 달성하기 힘든 자기인식이라는 특성을 어떻게 키울 수 있을까? 지금부터 소개할 3가지 접근법은 서로 영향을 주고받으면서 함께 발전한다. 첫 번째는 내성법introspection으로 내면을 들여다보면서 어려운 질문을 하는 연습이다. 두 번째는 심리 치료를 통해 받아들이기 힘든 진실을 인정하도록 도움을 받는 방법이다. 세 번째는 피드백으로 앞 장에서 익힌 질문과 호기심을 바탕으로 주변 사람에게 도움을 요청하며 자신을 더 잘 알아가는 습관을 기르는 일이다.

끊임없이 내면을 들여다보자: 내성법

신체 건강을 유지하려면 우리 몸이 어떻게 기능하는지 보여 주는 지표를 지속적으로 점검해야 한다. 체중계에 올라가 몸무게를 재고, 의사에게 콜레스테롤 수치를 검사받고, 러닝머신을 뛸 때는 심박수를 확인한다. 자기인식도 마찬가지다. 자신의 감정 상태를 정기적으로 살펴야 한다. 그 방법 가운데 하나가 내성법을 꾸준히 실천하는 일이다.

내성법이란 자신에게 사려 깊고 솔직한 질문을 던지고, 이에 답하는 과정이다. 물론 말은 간단하지만 자기 생각과 마주하는 일은 쉽지 않다. 2014년 〈사이언스Science〉에 실린 한 연구에서 참가자들이 6~15분 동안 아무것도 하지 않은 채 앉아 있기보다는 TV를 보거나 지루한 책을 읽는 등 일상 활동을 더 선호한다는 사실을 보여 준 11건의 연구를 분석했다. 심지어 가만히 앉아서 생각하느니 차라리 자신에게 전기 충격을 가하겠다고 선택한 참가자도 있었다.[6] 내면을 들여다보는 일보다 육체적 통증을 감수하는 쪽을 택한 것이다. 이는 사람들이 생각과 감정을 회피하려고 얼마나 애를 쓰는지 잘 보여 주는 예다.

나는 연습을 통해 자기 성찰이 반드시 고통스러운 일만은 아니라는 점을 전하고 싶다. 약간의 지도와 지원이 필요할 뿐이다. 앞에서 살펴봤던 마음챙김과 호기심도 필요하다. 생각이나 감정을 알아차리려면 이를 보려는 열린 태도가 필요하다. 그렇다면 구체적으로 무엇을 하면 될까? 마치 자신을 거울에 비춰 보듯이 매일 몇 분만이라도 자신을 성찰하는 것으로 충분하다. 자기인식의 출발점은 자신에게 질문을 던지는 일이다. 질문은 사람마다 다르겠지만, 우선은 지금 겪는 상황이나 과거에 이해하기 어려웠던 상황을 차분히 떠올려 보자.

예를 들어 업무 평가 시간에 상사와 어색한 대화를 나눴다고 해 보자. 상사는 "다음 분기에는 좀 더 분발해 주기를 바랍니다" 같은 엄격한 피드백을 줬고, 당신은 방어적인 태도를 보였다. 대화가 좀 더 잘 풀릴 수도 있었다는 생각이 든다면 이미 좋은 출발선에 서 있다고 볼 수 있다. 잠시 시간을 내서 왜 대화가 그렇게 흘러갔는지 생각하자. 당신을 자극한 유발 요인과 편향도 함께 살펴보자. 도움이 될 만한 조언을 소개한다.

- 나는 당시에 어떤 기분이었고 그 이유는 무엇인가?

  화가 났는가? 상처받았는가? 거부당한 기분이었는가? 소외됐다고 느꼈는가? 인정받지 못한다고 느꼈는가? 겉으로는 괜찮다고 느끼는 감정이 사실은 불편한 감정을 가린 것일 수도 있다. 예를 들어 화내는 일에는 익숙하지만 슬퍼하는 일에는 서툰 경우처럼 말이다. 자기 감정을 있는 그대로 받아들이는 일은 그 감정을 바탕으로 어떻게 소통하고 행동할지 선택하기 위한 중요한 첫걸음이다.

- 나는 상대방의 행동을 어떻게 해석했는가?

  우리는 타인의 행동을 해석할 때 추측하기 쉽다. 상사가 당신을 좋아하지 않아서 그런 피드백을 줬다고 단정했을 수도 있다. 상황을 다른 관점에서 보면 어떨까? 그 상황을 다르게 설명할 수 있을까? 예를 들어 상사가 당신의 잠재력을 높게 평가해 더 높은 기준을 적용했을 수도 있다.

- 나는 이런 상황에서 보통 어떻게 반응하는가?

비판받았다고 느끼면 반격하거나 곧장 사과하거나 상대방이 틀린 이유를 줄줄이 늘어놓기 쉽다. 이때 자신의 반응 패턴을 알면 다음에는 더 좋은 선택을 할 수 있다. 최근 비슷한 감정을 느꼈던 장면을 떠올리며 자신의 반응에 어떤 패턴이 있는지 생각해 보자.

이 질문은 어떤 상황에서든 자신의 생각과 행동, 동기를 깊이 들여다보는 데 활용할 수 있다. 자기인식이란 끝없는 여정이며 연습이 필요하다. 직장과 가정에서 감정에 휩쓸리지 않고, 정보를 바탕으로 의도에 따라 선택할 수 있도록 자신을 이해하는 노력을 이어 가자.

자기 약점을 살피는 일만큼 강점을 인식하는 일도 중요하다. 성공한 사람은 자신을 성장하게 만든 성격 특성을 잘 안다. 기억하자. 의식하지 않은 강점은 약점이 되지만, 정기적으로 검증한 강점은 남다른 능력이 된다. 앞 장에서 소개한 스티븐을 기억하는가? 자신을 믿고 "안 된다"거나 "절대 성공하지 못할 것"이라고 말한 사람들을 무시한 그는 타인의 의심에 휘둘리는 사람보다 성공할 가능성이 높다. 다만 그 확신이 지나쳐 정당한 피드백까지 무시한다면 이 강점은 과도하게 사용한 근육처럼 금세 약해진다.

내성법에 가장 적합한 도구로 일기를 꼽을 수 있다. 글쓰기는 감정을 다루는 데 매우 효과적이니 잉크를 아끼지 말자. 생각은 머릿속을 빙글빙글 맴돌 때와 글로 적어 눈앞에 놓고 볼 때 전혀 다르게 느껴진다. 하루 한 줄이라도 좋으니 그날의 기분을 꾸준히 기록하는 습관을 들이자.

도움이 필요하다면 줄리아 캐머런Julia Cameron의 《아티스트 웨이The Artist's Way》, 브리애나 위스트Brianna Wiest의 《나를 지켜내는 연습The Mountain Is You》, 샤론 손스Sharon Jones의 《나를 찾는 비밀의 책Burn After Writing》 시리즈처럼 내성법과 관련해 유용한 조언을 제공하는 책이 많다. 시간이 지나 패턴이 보이기 시작하면 자기 감정에 대한 시야가 넓어지고 나중에 돌아볼 수 있는 내면의 기록이 쌓인다.

감정에 이름을 붙이자

벤저민Benjamin은 여자 친구에게 이별을 통보받고, 같은 달에 회사에서 해고당한 뒤 내게 심리 치료를 받기 시작했다. 그는 매주 찾아와 기대에 찬 눈빛으로 내가 문제를 해결해 주길 기다렸다. 하지만 나는 문제 해결 대신 그에게 한 주를 어떻게 보냈고, 기분은 어땠는지 물었다. 문제는 그가 자기 기분을 어떻게 말할지 몰랐다는 점이었다. 그는 감정의 탈을 쓴 생각을 말했다.

"제가 아니라 상사가 잘려야 했다고 느껴요."

"모르겠어요, 그냥 나빴겠죠."

시간이 지나면서 벤저민이 성장 과정에서 감정을 느끼도록 격려받지 못했고, 감정을 표현하는 법을 배운 적은 더더욱 없다는 사실을 알았다. 인간은 내면에서 일어나는 일을 언어로 옮기는 능력을 타고나지 않는다. 이 언어는 부모와 보호자를 통해 배운다. 예를 들어 부모가 장난감을 사 주지 않아서 아이가 울면 부모는 그런 감정을 말로 표현하는 방법을 가르쳐 준다.

"안 된다고 해서 화났구나."

"원하는 걸 갖지 못하면 짜증이 날 수 있어."

아이는 이런 식으로 분노가 어떤 감정인지 배운다. 반대로 우는 아이를 무시하거나 울었다고 꾸짖거나 부끄럽게 느끼도록 하는 부모는 아이에게 그 감정이 부적절하며 떨쳐 내야 한다고 가르치는 셈이다.

감정을 표현하는 데 서툰 사람은 많다. 하지만 자신이 무슨 일을 겪었는지 이해하기 전까지는 감정을 온전히 받아들이기가 어렵고, 도움을 요청하기는 더더욱 힘들다. 만약 지금 느끼는 감정을 정확히 표현하기 어렵다면 온라인에서 도움이 되는 그래프나 차트를 찾아볼 수 있다(구글에서 '감정의 바퀴feelings wheel'를 검색해 보자).

감정을 표현할 때는 가능한 한 구체적으로 말하자. 지금 슬프다고 느낀다면 외로운가? 지루한가? 취약한가? 지금 행복하다고 느낀다면 설레는가? 감사한가? 자랑스러운가? 감정을 표현하는 다양한 단어에 익숙해질수록 감정을 인식하고 이야기하는 능력도 함께 자란다. 그러면 꼭 집어서 표현하기 힘든 감정도 구체적으로 표현할 수 있을 것이다.

이 모든 방법을 시도한다고 해도 혼자서 하는 내성법에는 한계가 있다. 호기심을 다룬 앞 장에서 살펴봤듯, 우리는 본능적으로 자기 보호를 위해 방어기제를 사용한다. 그래서 혼자서는 접근하기 어려운 영역이 생긴다. 거울로는 잘 보이지 않는 부분을 연결해 줄 누군가의 도움이 필요하다.

전문가의 도움을 받자: 심리 치료

세계 정상급 운동선수도 코치 없이는 잠재력을 발휘하기 어렵다. 그렇다면 왜 우리는 감정만큼은 혼자서도 충분히 다룰 수 있다고 믿을까? 자신을 성찰할 수 있도록 도와줄 객관적인 전문가와 함께하는 일은 값진 경험이다(유용한 팁: 친구와 가족은 중요한 지원자이지만, 그들은 전문 훈련을 받지 않았고 객관적이지도 않다). 혼자서는 좀처럼 알아차리기 힘든 부분을 비춰 줄 사람에게 투자하는 건 어떨까? 이제 뛰어난 심리 치료사를 찾아볼 때다.

많은 사람은 이혼이나 실직처럼 심각한 위기를 겪어야만 심리 치료를 받을 '자격'이 있다고 여긴다. 심리 치료에는 여전히 많은 낙인이 따라다닌다. 심리 치료를 중대한 문제를 가진 사람만 받는 것으로 치부하면서 심리 치료가 누구에게나 도움이 될 수 있다는 사실을 놓친다.

감정 훈련은 혼자서 하기 힘든 과정이다. 심리 치료는 이 세상에서 자신이 어떤 존재인지 깊이 이해하고 자신과 타인 사이의 관계를 개선하고 싶은 사람이라면 누구에게나 열려 있다. 치료를 통해 우리는 더 깊은 수준의 훈련을 할 수 있다. 감정적 갈등과 인생에서 피할 수 없는 어려움에 직면할 때 스스로를 지탱할 근육을 키우는 과정이기 때문이다.

2009년, 나는 임상심리학 대학원 1년 차였을 때 처음으로 심리 치료를 받았다. 심리 치료가 필요하다고 생각해서 시작한 것은 아니었다. 나는 스스로 적응력이 뛰어나고 자기인식 능력이 높은 사람이라고 믿었다. 정말 그렇게 생각했다! 앞으로 내가 다루게 될 일을 직접 경험하고 싶었을 뿐이었다. 지금 와서 돌아보면 내가 얼마나 모르는 상태였는지조차 몰랐다는 사실에 웃음만 난다.

처음 몇 달 동안은 치료 과정에서 특별한 변화가 일어나는 것처럼 느껴지지 않았다. 마치 역할극을 하는 기분이었고, 훗날 내담자가 느낄 감정을 미리 시험하는 것에 가까웠다. 물론 일상에서 쌓인 감정을 털어놓을 공간이 있다는 점은 도움이 됐다. 하지만 시간이 지나면서 예상하지 못한 변화가 찾아왔다.

심리 치료를 받기 전, 나는 감정적인 상황에서 쉽게 울음을 터트리는 사람이었다. 슬플 때나 화가 날 때, 감당하기 어려울 때도 눈물이 먼저 나왔다. 심지어 중요한 회의와 진지한 대화 중에도 그랬다. 나는 이런 점이 마음에 들지 않았다. 스스로 감정을 통제하지 못하는 듯한 기분이 들었다. 그래서 처음 심리 치료를 시작하고 나서 눈물이 날 것 같을 때 심리 치료사에게 이렇게 말했다.

"제가 울더라도 신경 쓰지 마세요. 제 눈물엔 아무 의미가 없어요.

그냥 일어나는 일이에요."

심리 치료사는 고개를 끄덕였지만 다음에 내가 울었을 때(그리고 그 다음에도) 그 사실을 짚으면서 그 순간 어떤 기분이 드는지 물었다. 어느 날, 나를 실망하게 한 친구 이야기를 하다가 울음을 터트렸다. 나는 서둘러 이야기를 마무리하면서 눈물과 내 친구가 불러일으킨 감정을 무시하려고 했다. 그러자 심리 치료사가 말했다.

"잠깐 멈춰 보세요, 에밀리. 눈물을 흘려도 괜찮아요. 눈물이 우리에게 무엇을 알려 주려고 하는지 귀를 기울여 봐요. 심호흡을 하고 지금 느끼는 감정을 말해 보세요."

그 순간 나는 깨달았다. 나는 친구에게 화가 났고 동시에 실망해서 슬펐다. 하지만 그 사실을 스스로 인정하고 싶지 않았다. 인정하면 무언가를 해야 할 것 같았기 때문이다. 감정을 받아들이자 눈물이 멈췄고 상황을 차분하게 바라볼 여유가 생겼다. 그 이후로도 여러 차례 눈물을 무시하는 대신 들여다보는 과정을 거치면서 나는 깨달았다. 눈물은 지금껏 스스로에게 허락하지 않았던 여러 감정이 몸으로 드러난 신호였다. 눈물은 싸워야 할 대상이 아니라 귀 기울여야 할 정보였다. 마침내 눈물을 억누르지 않자 일상에서 갑작스럽게 우는 일은 점점 줄어들었다.

이런 통찰은 혼자서는 얻기 어렵다. 자신의 상황을 애써 외면하며 충분히 느끼지 못한 감정이 쌓였다는 사실을 연민 어린 시선으로 함께 바라봐 줄 사람이 필요하다. 나는 이 경험을 통해 심리 치료가 어떻게 자기인식을 심화하는지 이해할 수 있었다. 심리 치료를 받으면서 반복되는 패턴을 이해했고, 묻어둔 감정을 발견했으며, 모든 인간관계에서 '나 자신'이 공통 요인이라는 사실을 받아들였다.

다만 이것만은 기억하자. 심리 치료가 유용하다고 해서 삶이 단번에 바뀌는 것은 아니다. 많은 사람은 극적인 깨달음이 있어야 치료가 효과를 낸다고 생각하지만, 실제로 그런 경우는 드물다. 변화는 대개 천천히 꾸준한 노력 속에서 일어난다. 나 역시 몇 년에 걸쳐 치료를 받았고, 어느 순간 돌아보니 인생의 여러 영역이 좋은 방향으로 달라졌다. 인간관계가 건강해졌고, 욕구와 경계를 명확하게 표현할 수 있었으며, 어려운 일이 일어나도 이전보다 훨씬 잘 버텼다. 물론 중요한 회의에서 눈물을 흘리는 일도 크게 줄었다. 나는 전문가의 도움을 받아 감정을 정리하는 일이 얼마나 큰 힘을 발휘하는지 직접 경험했다. 그리고 덕분에 좀 더 나은 심리 치료사가 됐다.

물론 심리 치료를 받으려면 시간과 비용이 많이 든다. 경제적·지리적 상황 그리고 보험 문제 등 현실적인 장벽을 넘어야 한다. 건강보험에 가입하지 못하는 사람이 있고, 가입한 건강보험이 정신 건강 치료 비용까지 보장하지 않는 경우도 있다. 심리 치료에 대한 부정적 시선이 많이 사라졌지만 여전히 해결해야 할 과제는 많다. 심리 치료사가 부족해서 제때 도움을 받기 어려울 때도 있다. 다행히 미국의 주요 도시에는 차등 요금제로 비교적 저렴한 치료를 제공하는 센터가 있고, 비용 대비 효과가 좋은 온라인 치료도 있다.

마지막으로 기억하자. 시간은 우선순위에 따라 줄어들기도 하고 늘어나기도 한다. 심리 치료를 받을 시간도 돈도 없다고 생각했는데 일단 시작하고 나면 그 어떤 투자보다 가치 있었다고 말하는 경우를 많이 봤다. 매일 패스트푸드를 먹으면서 건강한 식사를 할 시간이 없다고 말하는 운동선수를 상상해 보라. 햄버거와 감자튀김만 먹고 어떻게 금메달을 따겠는가? 마음은 성공하기 위한 가장 중요한 자산이다. 그에 걸맞은 투자가 필요하다.

주변 사람에게 물어보자: 피드백

심리 치료나 그 외 방법으로 내성법에 익숙해졌다면, 이제 당신을 다른 각도에서 보는 사람들에게 확인해 볼 차례다. 다시 말해 피드백을 요청할 때다. 우리는 앞 장의 호기심 팔굽혀펴기 연습에서 이미 연습을 시작했다. 이제 이 방법을 일상에서 정기적으로 활용할 수 있는 방식으로 이어 가자.

많은 사람은 피드백 요청하는 일을 불편해한다. 나 역시 그 마음을 이해한다. 자신 때문에 상대가 실망했다는 말을 듣고 싶은 사람은 거의 없다. 게다가 칭찬을 받는 일조차 쑥스러워하는 사람도 많다. 하지만 피드백은 성장에 매우 유용하다. 스포츠 선수와 코치는 경기 하이라이트 영상을 학습 도구로 삼는다. 앞으로 더 나은 관계를 맺고 싶다면 과거의 행동을 되돌아봐야 한다.

밸러리와 나는 피드백에 보이는 반응을 개선하기 위해 애썼다. 그녀는 스스로 피드백을 피한다는 사실을 알았고, 우리는 그 이유를 짚어 나갔다. 그녀는 모든 비판을 '나는 충분하지 않다'는 근본적인 두려움을 뒷받침하는 근거로 여기는 듯했다. 예를 들어 직장에서 발표를 마친 뒤 그녀는 참가자 전원에게 발송한 피드백 설문 조사 결과조차 확인하지 않았다. 사람들의 반응을 알고 싶지 않았기 때문이다. 일주일 후에 그녀는 상사에게 같은 내용을 다시 발표했다. 발표가 끝난 뒤 상사는 이렇게 말했다.

"발표 준비를 열심히 한 건 알겠어요. 하지만 내용이 어수선하고 정리가 부족했어요. 지난번에 받은 피드백은 확인했나요? 몇몇 사람이 이 부분을 지적했어요. 왜 수정하지 않았는지 궁금하네요."

밸러리는 이 말을 '당신은 쓸모없고 발표는 완전히 실패했다'는 평가로 받아들였다. 하지만 내가 말했듯이 상사의 말은 단순했다. 피드백을 읽고 반영했더라면 충분히 개선할 수 있었을 것이라고 그녀에게 알려줬을 뿐이었다. 그녀는 가혹한 내면의 목소리와 항상 지금보다 더 잘해야 한다는 믿음을 조금씩 누그러트리는 연습을 하면서 피드백을 받아들이는 데 익숙해졌다. 그리고 이제는 스스로 먼저 피드백을 요청할 수 있다.

많은 심리학자는 자기인식을 내적 자기인식과 외적 자기인식으로 구분한다. 내적 자기인식이란 자신의 본질, 즉 열정과 가치관, 유발 요인, 편향을 아는 것이다. 외적 자기인식이란 다른 사람이 자신을 어떻게 보는지 이해하는 것이다. 다른 사람에게 피드백을 받으면 내적 자기인식과 외적 자기인식을 모두 키울 수 있다. 타인이 보는 나의 모습과 내가 생각하는 나의 모습을 나란히 놓고 비교할 수 있기 때문이다. 이 둘이 크게 다르다면 노력해야 할 부분이 있다는 뜻이다.

피드백을 요청하는 일은 쉽지 않다. 많은 의구심과 불안을 불러일으키기 때문에 사람들은 본능적으로 이를 피하려 한다. 이유는 다양하다. 일단 유용한 피드백이 무엇이고, 어떤 방식으로 주고받아야 하는지 참고할 만한 본보기가 부족하다. 무슨 말을 들을지 두려워서 피드백 요청을 미루기도 하고, 인정이나 칭찬만 바라는 사람처럼 보일까 봐 피드백 요청을 회피할 때도 있다. 하지만 긍정적이든 부정적이든 피드백은 자기인식을 키우는 매우 효과적인 방법이다. 그리고 대부분의 사람은 요청받지 않는 한 자신의 생각이나 의견을 쉽게 공유하지 않는다.

피드백은 경력과 무관하게 어렵다. 신입사원이라면 상사가 망설임 없이 개선점을 지적한다. 문제가 분명하다면 동료가 귀띔하기도 한다. 하지만 직급이 올라갈수록 상황은 달라진다. 직속 부하는 당신의 잘못을 지적하느니 차라리 이직을 선택할 가능성이 높다. 상사는 업무 개선을 돕기보다는 조용히 해고하는 쪽을 선택한다. 그 결과 성공과 권력을 손에 쥔 많은 리더가 유용한 피드백을 받지 못한 채 성장이 멈춘 상태에 머문다. 이 문제를 해결하려면 인생의 어느 단계에서든 적극적으로 피드백을 요청해야 한다.

꾸준한 노력과 실천을 통해 우리는 언제든 열린 마음을 유지하는 능력을 기를 수 있다. 피드백은 더 이상 두려운 존재가 아니다. 오히려 가족과 친구, 동료에게 자연스럽게 의견을 구할 수 있게 된다. 결국 우리는 이 세상을 살아가는 방식이 하나만 있는 것은 아니며, 어떤 삶의 방식은 다른 방식보다 더 효과적이라는 사실을 깨닫는다. 자기인식은 우리에게 선택권을 준다.

자기인식 팔굽혀펴기: 닮음, 질투, 전이

이제 팔굽혀펴기를 할 시간이다. 투사라는 방어기제를 기억하는가? 타인의 결점을 알아차리는 일은 자신의 결점을 들여다보는 것보다 훨씬 쉽다. 자기인식을 키우는 감정적 팔굽혀펴기의 핵심은 타인에게 좌절을 느끼는 순간 자신이 이 상황에 어떤 영향을 미치는지 받아들이는 데 있다. 나는 타인에게 짜증이나 분노, 좌절, 비난을 느낄 때마다 이 훈련을 한다.

- 1단계: 누군가의 행동이나 기질을 성급히 비난했던 순간을 떠올려 보자. 아는 척하는 동료, 사사건건 간섭하는 상사, 당신의 안부에는 전혀 관심 없는 친구 등이 떠오를 것이다. 대학원 시절, 지나치게 관심을 끌려고 애쓰는 동기 1명이 있었다. 그는 늘 모든 사람의 말을 끊었고, 수업 중에도 내 말을 가로막았으

며, 사람들이 모인 자리에서는 반드시 관심을 독차지하려 했다. 나는 그의 행동이 유독 나를 거슬리게 한다는 사실을 알아차렸고, 그것이 곧 나 자신에 대해 배울 것이 있다는 신호라고 느꼈다.

- 2단계: 스스로에게 그 행동의 의미를 어떻게 생각하는지 묻자. 동기들은 이 친구를 보며 '와, 정말 열정이 넘치는 사람이네'라고 생각했을지 모른다. 하지만 내가 생각한 의미는 달랐다. '저 사람은 자기가 남보다 똑똑하다고 생각하고, 다른 사람의 의견을 존중하지 않아.' 어떤 행동에서 찾아낸 의미는 대체로 행동 그 자체보다 자신이 무엇에 반응하는지에 따라 달라진다. 따라서 자신의 해석을 명확히 하는 것이 중요하다.

- 3단계: 3J를 확인하자. 다른 사람에게 비난, 짜증, 좌절 같은 감정을 느낄 때는 닮음Join, 질투Jealous, 전이Jump라는 3가지 반응 중 하나가 일어났을 가능성이 있다. 나는 동기에게 강한 짜증을 느꼈을 때 이 3가지를 살펴봤다.

  - 닮음: 동기의 행동이 거슬리는 이유는 나에게도 비슷한 특성이 있기 때문일까? 관심을 끌려는 동기를 보며 나는 스스로에게 물었다. '나도 주목받고 싶어 하나?', '내 생각이 다른 사람의 생각보다 더 중요하다고 생각하나?', '만약 그렇다면 이건 내가 싫어하는 나의 모습일까?'

  - 질투: 이 행동이 거슬리는 이유는 사실 내가 갖고 싶은 기회,

감정 훈련

인정, 능력을 동기가 가져서일까? 나는 스스로에게 물었다. '이렇게 자연스럽게 주목받는 동기를 내가 부러워하는 걸까?', '어쩌면 나 역시 그런 능력을 원했는지도 몰라.'

- 전이: 동기의 행동이 불쾌한 기억을 떠올리게 해서 짜증이 났을까? 이 단계를 '전이'라고 부르는 이유는 현재의 감정이 과거의 관계나 상황으로 옮겨 가기 때문이다. 세 자녀 중 둘째였던 나는 늘 원하는 만큼 관심을 받지 못했다고 느꼈다. 그래서 스스로에게 이렇게 물었다. '형제자매에게 느꼈던 감정을 동기에게 대입해서 보는 건 아닐까?'

3J를 곰곰이 생각한 다음, 어느 요소가 실제로 내 감정의 근원인지 솔직하게 짚어 보자. 그리고 이 관계에서 내가 어떤 선택을 하고 싶은지 스스로에게 물어보자. 내 경우 동기에게 짜증을 느낀 이유에는 나 역시 주목받고 싶다는 사실을 인정하기 어려웠던 마음이 깔려 있었다. 이 사실을 깨닫고 나서야 나는 그의 행동을 비난하는 대신 내 반응을 바꾸는 데 집중하기로 했다.

자기인식 훈련을 꾸준히 하면 부정적 감정이 내 안에서 비롯되고, 다른 사람의 행동은 그 감정을 드러내는 계기일 뿐이라는 사실을 알아차리는 데 능숙해진다. 이 사실을 인정하는 것만으로도 감정의 강도가 약해지고 적절한 대응을 선택하기가 쉬워진다.

나는 데이터 분석가인 카라Cara와 이 훈련을 함께했다. 그녀는 스트레스가 큰 리더 역할을 맡으면서 금주를 유지하는 데 도움을 얻기 위해 나를 찾아왔다. 그녀는 비판을 돌려서 말하고, 불편한 정보를 숨기고, 어떠한 피드백도 주지 않는 상사에게 강한 불만을 느꼈다.

"상사는 제 기분을 상하지 않게 하려는 것 같아요. 하지만 제 눈에는 정직하지 못한 사람처럼 보여서 믿기도 좋아하기도 힘들어요."

카라와 나는 함께 3J를 살펴봤다. 그녀는 곧바로 닮음에 해당한다는 사실을 인정했다.

"솔직하게 말하면 저도 평소에 듣기 좋은 말을 많이 하고 불편한 진실은 피하는 편이에요. 중독이 있는 곳에 비밀도 있기 마련이잖아요. 정직이 최선이라는 걸 알면서도 저 역시 상사처럼 행동할 때가 있어요. 아마 상사에게 화가 나는 이유도 제가 저의 그런 모습을 싫어하기 때문일 거예요."

처음에 카라는 질투를 자신의 이야기로 받아들이지 않았다. 하지만 곰곰이 생각하더니 상사를 조금은 부러워한다는 사실을 깨달았다. 상사는 분란을 일으키거나 직접적인 피드백으로 갈등을 만드는 일 없이 회사에서 순조롭게 승진했다. 팀원들 역시 상사를 좋아했다. 아마도 상사가 착한 역할을 맡고, 불편한 소식을 전하는 일은 주로 그녀가 떠안았기 때문일 것이다.

마지막으로 전이는 어땠을까? 중독자 부모 밑에서 자란 카라에게 기만은 일상이었다. 진실을 느낄 수 있는 순간에도 가족은 끝내 솔직해지지 않았다. 그 경험 때문에 카라는 직설적으로 말하지 않는 사람에게 특히 예민하게 반응했다. 그녀는 상사에게 느끼는 불만이 오래전 가족 안에서 느꼈던 답답함이 겹쳐 있다는 사실을 알아차렸다. 그녀는 자신이 불만을 느낀 이유를 파악하면서 상사의 행동을 실제 의도보다 기분 나쁘게 받아들였음을 깨달았다. 그리고 이 문제에 관해 상사와 차분하게 대화를 나누기로 결심했다.

모든 상황에 3J를 적용할 수는 없다. 하지만 타인에게 불만을 느낄 때마다 자신을 돌아보는 방법은 자기인식을 높이는 훌륭한 연습이다. 다른 사람의 행동이 자신에게 어떤 감정을 불러일으키는지 정기적으로 묻자. 이는 과도한 자기 집착이 아니다. 자기 생각을 책임지고 자기 행동을 의도적으로 선택하는 일이다. 우리는 다른 사람의 행동이나 감정을 통제할 수 없다. 하지만 자신의 반응은 선택할 수 있다. 인간관계에서 자신이 맡은 역할을 인정할 때, 우리는 그 관계 안에서 주체성을 회복한다.

사람이라면 누구나 이런 불편한 순간을 겪는다. 문제의 원인을 자신에게서 찾는 일은 쉽지 않고, 냉정한 피드백을 받아들이는 과정은 고통스럽다. 하지만 우리는 자신이 생각하는 것 이상으로 잘 대처할 수 있다. 그리고 이 과정에서 배운 내용은 삶에서 마주하는 어려운 순간들을 헤쳐 나가는 데 중요한 자원이 된다.

이 능력을 키울 준비가 됐는가? 이제 **회복탄력성**으로 넘어가자.

회복탄력성:
넘어져도 다시 일어서라

> 콘크리트에서 자란 장미의 꽃잎에 왜 상처가 있느냐고
> 묻는 사람은 없다. 오히려 그 강인함을 찬양한다.
> 태양에 닿으려는 장미의 의지를 사랑한다.
>
> __투팍 샤커Tupac Shakur

아리Ari는 이른 나이부터 일을 시작한 열정적인 기업가였다. 고등학교 졸업 앨범에서 '차세대 마크 저커버그 후보'로 꼽힌 그는 18살에 이미 회사 3개를 차렸다. 그는 대학교를 3년 만에 졸업하고, 기업의 소셜 미디어 플랫폼 구축을 지원하는 새로운 벤처를 창업했다.

아리는 이 일을 사랑했다. 그는 먹고 자고 숨 쉬는 모든 순간을 기업가로 살면서 혁신하는 방법을 고민하는 데 삶의 대부분을 쏟았다. 그 결과 전 세계 규모의 소매점부터 게임 사이트에 이르기까지 우수한 고객을 확보했다. 그는 전 재산을 이 회사에 투자했고, 친구와 가족 역시

금전적으로는 물론 감정적으로도 그를 지지했다. 이 회사는 대성공을 기두는 듯했지만, 결국 실패로 막을 내렸다.

아리의 혁신적 접근법은 예상치 못한 문제를 낳았다. 그가 만든 성과가 워낙 컸던 탓에 고객들은 단기간에 기대 이상의 수익을 올렸고, 계약 초기 이후에는 더 이상 그의 서비스를 이용하지 않았다. 고객을 붙잡기 위해 그는 새로운 사업 영역을 추가해야 했다. 자체 분석 도구 개발부터 맞춤형 소셜 미디어 전략 컨설팅까지 가능한 선택지를 모두 검토했다. 분석 도구는 유망했지만, 당시 회사가 감당할 수 있는 수준보다 더 많은 자원이 필요했다. 컨설팅 서비스도 반응은 좋았으나 절실히 필요했던 지속적인 수익원으로 이어지지 못했다.

아리는 시행착오를 거듭하며 매번 교훈을 얻었다. 그러나 회사를 다시 성공 궤도로 올릴 해법은 찾지 못했다. 그는 지치지 않고 애썼지만 스타트업 세계의 냉엄한 현실이 눈앞에 드러났다. 성공으로 가는 길에는 실패가 빼곡히 들어찬 경우가 많고 아무리 의도가 좋은 아이디어라도 실행 과정에서 실패할 수 있다. 한때 번창했던 그의 회사는 붕괴 직전에 놓였다.

당시 아리는 일뿐만 아니라 삶의 여러 영역에서 고전했다. 오랫동안 이어온 연애 관계가 끝났고, 살던 아파트에서도 나와야 했으며, 사랑하던 반려견마저 세상을 떠났다. 그는 지지부진한 사업과 일상에서 일어난 사건들을 감당하기 힘들었다. 결국 그는 회사를 초기 모델로 되돌렸고, 수익이 정체되다 급락하는 상황을 체념하듯 지켜봤다. 그는 채무가 더 커지기 전에 예고 없이 사업을 접었다. 회사 직원과 고객은 그에게 분노했고, 그는 불안과 수치심에 시달렸다. 가족과 친한 친구들에게 스트레스를 쏟아내는 바람에 평소 굳건했던 인간관계도 흔들렸다. 그는 이 시기가 인생의 나락이었다고 표현했다.

비슷한 시련을 겪어 본 사람이라면 한 발짝 물러서서 다음 선택을 고민하라고 조언했을지도 모른다. 그러나 아리는 달랐다. 그는 이전의 실패를 받아들이지 않은 채 곧바로 다음 회사를 세울 자금 조달에 몰두했다. 이번에는 반드시 다른 결과를 내고 싶다며 나를 찾아와 조언을 구했다.

나는 그가 다음 사업을 밀어붙이기 전에 이전 경험이 얼마나 고통스러웠는지 이해할 시간을 갖지 않았다는 사실을 곧 알아차렸다. 이런 경우는 아주 흔하다. 그리고 이 사실은 새로운 회사에서 그의 의사결정에도 그대로 드러났다. 그는 장기적 관점 대신 이전 실수를 피하는 데만 집착하며 결정을 내렸다. 사람들이 상황을 물으면 억지웃음을 지으며 "모든 일이 순조롭습니다"라고 말했다. 그는 힘겹고 불행했지만 스스로를 몰아붙였다.

아리를 회복탄력성이 큰 사람이라고 볼 수도 있다. 그는 회사가 망해도 주저앉지 않았다. 웃는 얼굴로 다음 회사를 차렸으니 잘하고 있지 않은가? 하지만 내가 본 그는 달랐다. 그는 회복탄력성을 발휘한 것이 아니라 또 다른 실패를 향해 가고 있었다. 회사를 닫아야 했을 때 어떤 기분이었는지 묻자 그는 이렇게 말했다.

"어쩔 수 없죠. 저는 괜찮아요. 뭐, 괜찮지 않더라도 걱정할 겨를이 없고요."

그러나 아리는 매일 밤 술을 마셨고 손톱을 물어뜯었으며 언제 마지막으로 푹 잤는지도 기억하지 못했다. 그는 고통을 외면한 채 내면에서 일어나는 감정에 저항하기 위해 안간힘을 썼다. 나는 그가 방향을 바꾸지 않는다면 심각한 결과를 맞을 것이라고 확신했다. 어느 날, 나는 그가 자신이 겪은 일을 축소하고 있다는 사실을 알아차리기 바라는 마음에 이렇게 물었다.

"이전 회사를 경영하면서 겪은 일이 죽음과 비슷하다는 사실을 아세요? 슬퍼할 시간을 충분히 갖지 않은 것 같아요."

"슬퍼해요? 저는 슬퍼해야 한다고는 생각하지 않아요. 그냥 묵묵히 계속 나아가는 게 최선이라고 느꼈어요. 질척거려 봐야 무슨 소용이 있겠어요? 기업가 세계에서는 상장만이 자기 가치를 증명해요. 저는 사람들이 저를 잊거나 제가 감을 잃었을까 봐 걱정하지 않기를 바랐어요. 그 부담이 제 감정보다 더 중요했어요."

"그 마음은 충분히 이해해요. 하지만 가족을 잃은 직후에 감정을 억누르고 나아가라고 말하지는 않겠죠. 시간과 에너지, 자원, 정체성까지 쏟아부은 회사를 잃고 슬퍼할 기회를 스스로 빼앗지 않았으면 해요. 회사가 실패했다고 해서 당신이 실패자가 되는 것은 아니에요. 아무리 계획을 잘 세웠어도 일이 잘 풀리지 않을 수 있어요. 하지만 다시 도전하기 전에, 이 과정을 온전히 받아들이고 여기서 얻은 배움을 강점으로 활용해야 해요."

아리가 오랫동안 억눌러 온 감정을 모두 받아들일 준비가 됐는지는 알 수 없었다. 하지만 그는 심호흡한 뒤 슬픔을 외면하지 않고 마주해 보겠다고 말했다.

사람들은 슬픔을 자주 오해한다. 사랑하는 사람을 잃었을 때만 슬퍼해야 한다고 생각하지만, 사실 소중한 것을 잃었을 때라면 언제든 슬픔은 자연스럽다. 이혼, 실직, 질병, 승진 실패처럼 기회를 잃었을 때도 마찬가지다. 아리처럼 사업과 그 사업에 실었던 모든 꿈을 잃었을 때 역시 슬퍼해야 한다.

슬픔은 다양한 형태로 나타난다. 엘리자베스 퀴블러 로스Elisabeth Kubler-Ross 박사가 죽음의 5단계 이론에서 제시한 부정, 분노, 타협, 우울, 수용의 경로를 따를 수도 있다. 하지만 대부분의 슬픔은 겪은 일을 인정하고 충분히 느끼며, 나아가기 위해 필요한 지원을 받는 예측 불가능한 과정이다. 답답하게 느껴질 수 있으나 치유에는 시간이 필요하다.

슬퍼하지 않는다는 것은 다친 몸으로 성급하게 운동을 다시 시작하는 것과 같다. 그러면 부상의 위험이 커지고 문제는 악화된다. 잠시 멈춰 마음을 가다듬은 뒤, 다시 설 준비를 해야 한다. 내가 본 아리는 감정적으로 또 한 번 상처받을 위험에 놓여 있었다. 이 과정을 정면으로 마주하지 않는 한 그는 같은 실패를 반복할 가능성이 높았다.

인생은 스트레스 시험이다

나는 회복탄력성을 좌절과 실패를 딛고 나아가는 능력으로 정의한다. 여기서 중요한 점은 '원래 상태로 돌아간다'가 아니라 '나아간다'는 데 있다. 우리는 좋든 싫든 어려움을 겪기 전의 자신으로 되돌아갈 수 없다. 이 상태는 애초에 목표가 될 수 없다.

회복탄력성이란 직면한 모든 어려움을 인정하고, 그 경험에서 교훈을 얻어 더 훌륭한 자신으로 성장하는 능력이다. 회복탄력성은 상황이 괜찮지 않은데도 괜찮은 척하는 것이 아니다. 고난을 웃으며 넘기는 것도 아니다. 회복탄력성이 큰 사람은 실패에 굴하지 않는다. 계속 나아가되 눈을 크게 뜨고 자신이 무엇을 느끼는지 무엇이 필요한지를 솔직하게 바라보며 신중하게 전진한다. 긍정적 태도는 도움이 될 수 있지만, 고통을 직면하지 않은 채 긍정만 유지하면 고난은 오히려 커진다.

삶에서 크고 작은 어려움을 완전히 피할 수는 없다. 그래서 회복탄력성은 의식적으로 길러야 할 중요한 특성이다. 삶에는 고통이 따른다. 고통은 피할 수 없고 빨리 받아들일수록 더 빨리 대처할 수 있다. 이미 역경을 겪은 사람이라면 다시는 그런 일을 겪지 않으려고 애써 회피할 수도 있다. 반대로 고난에 너무 익숙해진 사람은 힘든 상황조차 무감각하게 받아들인다. 역경을 거의 겪지 않은 사람은 어려운 순간에 맞설 능력이 자신에게 있는지 의심할 수도 있다.

나는 상담실에서 매일같이 고난을 회피하려는 사람들을 만난다. 그들은 고난을 무시하고 외면하며 고난에 무감각해지려고 한다. 만약 그 방법이 효과적이라면 나 역시 기꺼이 권했을 것이다. 그러나 회피는 도움이 되지 않는다. 그보다는 어려움에 맞서는 능력을 기르고, 인생에서 이루고 싶은 목표와 되고 싶은 자신을 향해 나아가게 할 자원을 찾아서 활용해야 한다.

나는 감정 건강의 7가지 특성을 조사하면서 힘든 시기를 견디는 능력을 설명하는 다양한 표현을 접했다. '전념', '근성', '인내', '결의' 같은 말들이다. 그러나 이 모든 표현을 아우르는 개념이 회복탄력성이다. 이에 동의하지 않는 사람도 있겠지만, 회복탄력성의 핵심은 강도나 버티는 힘이 아니다. 바로 적응성이다.

찰스 다윈Charles Darwin이 말한 자연계에서 적자생존은 가장 강한 존재가 아니라, 잘 적응하는 존재가 살아남는다는 뜻이다. 새는 겨울이 오면 먹이를 찾아 남쪽으로 이동한다. 카멜레온은 포식자를 피하기 위해 몸 색깔을 바꾼다. 모든 생명체는 살아남기 위해 환경에 맞게 자신을 조정한다.

인간도 마찬가지다. 성공하는 사람은 변화하는 환경에 적응할 수 있는 사람이다. 태어날 때부터 회복탄력성이 뛰어난 사람도 있고, 어쩔 수 없이 일찍부터 회복탄력성을 익힌 사람도 있다. 하지만 회복탄력성은 타고나는 성향이 아니라 배우고, 연습하고, 강화할 수 있는 기술이다. 나는 당신에게 일어날 고통스러운 일을 막아 줄 수는 없다. 그것이 인생이다. 하지만 그런 어려움에 대응하는 방법은 알려 줄 수 있다.

인생은 경험을 쌓는 과정에서 겪는 우여곡절이나 글로벌 팬데믹처럼 개인의 힘으로는 통제할 수 없는 사건이 반복되는 스트레스 시험과 같다. 이런 순간에 어떻게 맞서고 대응하느냐가 결국 성공을 좌우한다. 지금까지 마음챙김, 호기심, 자기인식을 강화하기 위한 노력은 회복탄력성을 키우는 데 도움이 된다. 불편함을 견디고, 약점을 인지하고, 강점을 살리는 연습을 거듭한 지금이야말로 다음 단계로 나아갈 때다.

감정에 매몰되면 성과가 무너진다

아리가 자기 감정을 회피했다면 케이틀린Caitlyn은 감정에 파묻혀 있었다. 그녀는 졸업 직후 누구나 부러워하는 대형 스트리밍 기업에 신입 직원으로 입사했다. 그녀는 창의력을 발휘할 수 있는 미디어 환경에 몸담으며 영화 시사회에 참석하고 유명 감독과 일하는 등 흥미로운 기회를 누리는 일이 무척 즐거웠다. 게다가 그녀는 그 일을 잘했다. 그녀는 영리하고 학습 속도가 빨랐으며 성실한 팀원이었다.

직속 상사가 회사를 그만뒀을 때, 케이틀린은 자신에게 승진할 기회가 왔다고 생각했다. 그녀는 그동안 맡은 일을 훌륭하게 해냈기에 그간의 성과를 정리해 자신이 그 자리에 적합한 인재임을 설득하는 지원서를 작성했다. 그녀는 그 일을 할 수 있다고 확신했다. 이를 뒷받침해 줄 긍정적인 업무 평가도 이미 받아 둔 상태였다.

안타깝게도 케이틀린은 승진하지 못했다. 상사에게 이유를 묻자 아직 승진하기에는 준비가 부족하다고 말했다. 그녀는 엄청난 충격을 받았고, 곧 분노에 휩싸였다. 이 분노는 곧바로 업무 태도에 드러났다. 마감 시간을 맞추지 못하고 지각했으며, 회의에서도 열의를 보이지 않았다. 이를 알아챈 상사가 질책하자 그녀는 속으로 이렇게 생각했다. '당신이 내 노력을 제대로 인정했더라면 나도 이렇게까지 하지는 않았을 거야.'

케이틀린은 만나는 사람마다 자신이 얼마나 부당한 대우를 받았는지 털어놓았다. 주변 사람들은 그녀가 실망한 것이 당연하고 앞으로 더 좋은 기회가 찾아올 것이라고 위로했다. 그러나 그녀는 분노와 절망의 수렁으로 점점 더 깊이 빠져들었다. 그녀는 실망에 사로잡혀 나아갈 수 없었다. 실제로 그녀는 무의식중에 직장 내 자신의 미래를 스스로 망쳤고, 상황은 악화되기만 했다. 몇 달 동안 업무에 무성의했던 그녀는 결국 성과 개선 계획 대상에 올랐다.

감정에 매몰되면 너무 괴로운 나머지 출구가 보이지 않는다. 심지어 그 상태가 편안하다고 느끼기도 한다. 이런 일이 발생하는 원인은 무척 다양하다. 도움을 요청하는 데 서투를 수도 있고, 빠져나갈 길이 막막해 포기하는 경우도 있다. 나아가는 것이 오히려 더 두렵게 느껴질 때도 있으며, 마음 한편에서는 스스로에게 그럴 자격이 없다고 단정하기도 한다.

분노와 원한의 바다에 잠긴 케이틀린은 깊이 빠질수록 헤어 나오려는 의욕을 잃었다. 나는 치료 과정에서 스스로를 갇혔다고 느끼는 그녀의 감정을 언급했다.

"케이틀린 씨가 얼마나 깊은 분노를 느끼는지 전해져요. 하지만 자신이 승진할 자격이 있다는 생각에 너무 많은 시간과 에너지를 쏟은 탓에 이런 결과를 쉽게 받아들이지 못하는 것 같아요."

"그럼 어떻게 극복해야 할까요?"

"당장 해결할 방법은 없어요. 진흙탕에 빠진 자동차처럼 가속 페달을 밟을수록 바퀴만 헛돌 뿐이에요."

"네, 알아요. 그래도 이번 승진 누락은 정말 불공평했어요."

"우리가 어떤 일에 지나치게 괴로워할 때는 그 감정이 이전에 겪었던 다른 경험에서 비롯되는 경우도 많아요. 혹시 이번 일과 겹쳐 떠오르는 다른 상처는 없는지 궁금하네요."

케이틀린과 나는 이번 승진 누락이 그녀가 지금까지 겪은 모든 실패를 어떤 식으로 떠올리게 했는지 살펴봤다. 아무것도 이룰 수 없을지도 모른다는 두려움도 이야기했다. 그녀는 실망과 분노, 좌절과 고통을 쏟아내며 눈물을 흘렸다. 나는 자신의 감정을 회피하지 않고 마주한 그녀의 용기가 자랑스러웠다. 그러나 이제는 그녀가 나아가도록 도와야 할 때라는 걸 알았다. 그러기 위해서는 다소 냉정한 말을 해야 했다.

"케이틀린 씨, 이 상황이 얼마나 괴로웠는지는 충분히 이해합니다. 그리고 지금 느끼는 감정 중에는 이번 승진과 무관한 부분이 있다는 점도 알죠. 하지만 원래 열심히 일하고 단호한 사람인 케이틀린 씨가 이번 좌절로 인해 그런 자신의 모습을 얼마나 오래 내려놓고 지낼 생각인지 스스로 잘 생각했으면 좋겠어요. 어쩌면 지금 목표에 다가가지 못하게 막는 사람은 다른 누군가가 아니라 자신일지도 몰라요."

케이틀린은 잠시 충격을 받은 듯 조용히 앉아 내가 하는 말을 들었다. 그 순간(그동안 마음챙김, 호기심, 자기인식을 꾸준히 노력한 덕분에) 그녀는 악순환에서 벗어날 때임을 깨달았다. 그녀는 자신의 행동이 직장에서의 성공과 행복을 가로막았다는 사실을 이해했다. 그리고 우리는 함께 감정에 매몰된 상태에서 벗어나 나아갈 방법을 찾기 시작했다.

아리와 달리 케이틀린은 감정을 있는 그대로 느꼈지만, 그녀 역시 온전히 슬퍼하지 못했다. 그녀는 충족되지 않은 기대, 이루지 못한 꿈, 인정받지 못한 성과를 슬퍼해야 했다. 그리고 그 과정에서 배우고 나아가야 했다. 심리학자 애덤 필립스Adam Phillips는 이렇게 말했다.

"우리는 우리가 되지 못한 사람과 더불어 살아간다."

자신이 앞으로 될 사람을 향해 나아가려면 되지 못할 사람을 인정하고 내려놓아야 한다.

성장은 상실을 통과하며 완성된다

대부분의 문화권에는 상실이나 슬픈 일이 일어났을 때 의식과 의례를 치른다. 이런 행사를 치르면서 잃어버린 대상을 기리고 상실을 극복할 수 있도록 공동체에 도움을 청하는 것이다. 이는 잠시 멈춰서 상실을 인정할 기회인 동시에 하나의 장을 닫을 계기가 된다. 의식이 끝나면 다음 단계가 시작된다.

슬퍼하는 법을 배우는 일은 회복탄력성을 키우는 가장 강력한 도구 중 하나다. 그렇게 하면 감정에 파묻히는 일도, 괜찮지 않은데 괜찮은 척 꾸며 낼 일도 없다. 멈춰 서서 현실을 받아들인 뒤에야 나아갈 수 있다. 회복탄력성의 핵심은 극단을 오가는 대신, 건강한 중간 지점으로 돌아오는 방법을 익히는 데 있다. 아리처럼 한쪽으로 치우쳐 감정을 차단하거나, 케이틀린처럼 한쪽으로 기울어 감정에 빠진 채 헤어나오지 못해서는 안 된다.

아무리 사소하고 스스로 선택한 상실일지라도 이 과정을 거쳐야 한다. 심리 치료사로 일을 시작한 지 얼마 되지 않았을 때, 나는 흥미로운 기회를 두 차례 얻었다. 첫 번째는 내가 진심으로 존경하는 사람들 앞에서 강연할 기회였다. 두 번째는 좋아하는 교수님과 함께 강의할 기회였다. 하지만 문제가 있었다. 두 행사는 서로 멀리 떨어진 도시에서 같은 날 열릴 예정이었다. 두 기회를 모두 얻었다는 사실은 행운이었지만, 하나를 포기해야 한다니 눈앞이 깜깜했다.

그날 저녁, 친구 팀Tim과 식사를 했다. 그가 무슨 일이냐고 물었을 때 나는 대수롭지 않다는 듯이 대답했다.

"이런 일로 우울해하다니 말도 안 되지. 멋진 기회가 둘이나 있는데 하나를 골라야 해서 힘들다는 말은 호강에 겨운 불평처럼 들릴 거야.

괜히 투정 부려서 미안해."

그러자 팀이 내 말을 가로막았다.

"그러지 마. 자기 감정을 깎아내리지 마. 실망해도 괜찮아. 다른 선택을 하기 위해서 정말 하고 싶은 일을 포기해야 한다면 그건 충분히 속상한 일이야. 일단 저녁 식사가 끝날 때까지는 어느 한쪽을 거절해야 한다는 데 슬퍼하고, 디저트를 먹는 동안에는 선택할 기회에 설레는 기분을 느껴 보면 어떨까?"

실망해도 괜찮다는 친구의 허락에 놀라울 정도로 마음이 가벼워졌다. 나는 팀과 마주 앉아 모두가 호강에 겨운 소리라고 할 만한 일로 우울해할 수 있음에 감사했다. 이 과정에서 나는 두 기회 중 하나를 선택했고, 포기한 기회를 슬퍼하는 동시에 선택한 기회를 진심으로 기뻐할 수 있었다.

이 이야기는 슬픔이라 하기에는 사소하거나 실없는 사례처럼 보일지도 모른다. 그러나 삶은 작은 상실의 연속이다. 기대하던 점심 식당이 문을 닫고, 기다렸던 약속을 친구가 취소하고, 기대했던 상여금이 예상보다 적다. 우리는 매일 선택한다. 저녁 식사로 무엇을 먹을지 같은 사소한 결정부터 일자리 제의 같은 중대한 선택에 이르기까지 하루 약 3,500번의 선택을 한다.[1] 설레는 선택도 있고 고통스러운 선택도 있다. 하찮아 보이는 선택이 있는가 하면 인생을 좌우할 것처럼 느껴지는 선택도 있다. 하지만 항상 선택은 있기 마련이다. 또한 어떤 선택을 할 때마다 하나 혹은 여러 선택지를 놓친다.

내가 어른이 되면서 깨달은 가장 어렵고도 중요한 사실은 인생에 옳은 선택이나 틀린 선택이란 없다는 점이다. 단지 여러 갈래의 길이 있을 뿐이다. 우리는 선택할 때마다 얻지 못하거나 선택하지 못한 상실을 슬퍼해야 한다. 성장과 슬픔은 서로 밀접하게 얽혔다. 슬퍼하는 능력을 기르면 예상하지 못했던 방식으로 회복탄력성이 자란다. 실패와 상실을 견디며 다시 일어서는 힘도 중요하지만 현실을 정면으로 바라보고 슬퍼하고 치유하는 능력은 다음 도전을 향해 나아갈 근성을 다시 채우는 힘이다.

마음껏 슬퍼하자

고통을 회피하거나 고통에 매몰되는 양극단 사이를 오가는 감각을 기억하는가? 상실을 너무 빨리 떨쳐 내려고 하면 비슷한 상실을 또 겪을지도 모른다. 반대로 상실에 너무 오래 잠겨 있으면 영영 그 상태에서 벗어나지 못할 위험이 있다. 이제 마음챙김과 불편함에서 배운 내용을 활용해 상실과 마주하면서 자신에게 가장 적절한 회복탄력성을 찾아보자.

먼저 최근에 잃은 것을 떠올려 보자. 실제로 가지고 있다가 잃은 것일 수도 있고, 원했지만 끝내 얻지 못한 것일 수도 있다. 취직할 기회였는가? 중요한 고객이었는가? 부동산이었는가? 아니면 두 번째 데이트였는가? 다음으로는 이 상실을 겪으면서 느낀 감정을 적어 보자. 분노를 느꼈는가? 좌절이었는가, 원한이었는가? 자존감이 흔들렸을 수도 있고, 자신의 능력을 의심하며 불안이 커졌을 수도 있다. 이제 몸에도 주의를 기울이자. 이런 감정은 몸의 어디에서 느껴지는가? 가슴, 목, 배, 어깨 어딘가에 뭉쳤거나 숨었지는 않은가? 괴로운 감정을 평가하거나 재단하지 말고 있는 그대로 바라보자. 그리고 자신에게 물어보자.

"지금 이 순간 나는 어떻게 나를 도울 수 있을까?"

"지금 나에게 무엇이 필요할까?"

혼자 감당하기 힘들다면 함께 있어 줄 친구나 사랑하는 사람, 혹은 심리 치료사의 도움을 받자. 그리고 준비가 되면 마음을 정리하는 종결 의식을 치르자. 예를 들어 자신이 느끼는 감정을 편지로 쓴 다음 태우는 방법이 있다. 촛불을 켜고 불꽃을 바라보면서 좌절감을 말로 표현하고 그 감정이 사라져 가는 모습을 지켜보는 방법도 있다. 큰 상실을 겪었다면 매년 그 상실을 기리는 연례 의식을 마련해도 좋다. 의식의 형태는 중요하지 않다. 감정을 충분히 느끼도록 허락하면서도 힘든 시기를 지나 나아갈 힘을 주는 방식이라면 무엇이든 괜찮다.

마지막으로 이 경험으로 얻은 교훈을 적어 보자. 상실 이후 당신은 어떻게 달라졌는가? 상실로 무엇을 맞이할 여유가 생겼는가? 자신과 인생에 관해 무엇을 배웠는가? 인간관계나 일자리, 경험은 영원하지 않더라도 그것들이 지녔던 의미는 사라지지 않는다.

또는 미리 슬퍼할 수도 있다. '매몰 비용 오류'라는 말을 들어 본 적 있는가? 이미 어떤 전략이나 결정에 너무 많은 투자를 한 경우, 방향을 바꾸는 편이 더 낫다는 사실을 알면서도 그동안 들인 것이 아까워 포기하지 못하는 경향을 일컫는 용어다. 매몰 비용 오류는 이미 티켓 값을 냈다는 이유로 재미없는 영화를 끝까지 보는 단순한 경우부터 오래 근무했다는 이유만으로 싫어하는 일을 계속하는 상황까지 다양하게 나타난다. 나는 가망 없는 스타트업 아이디어를 끝까지 붙잡고 놓지 못하는 기업가들을 자주 만난다. 그들은 이미 너무 멀리 왔고, 지금 방향을 바꾸면 잃을 것이 너무 많다고 걱정한다.

지금까지 아까워서 놓지 못했던 대상을 떠올려 보자. 오래 사귀었다는 이유로 건강하지 못한 관계를 유지했을 수도 있고, 다시 시작하는 것이 두려워 열정이 사라진 일에 매달렸을 수도 있다. 이제 이런 대상에 쏟은 시간과 돈, 노력을 애도할 시간을 가지자. 쉽게 떨쳐 내지 못하겠다고 인정하는 것만으로도 충분하다. 심리 치료 과정에서 이야기해도 좋고 일기에 적어도 좋다. 혹은 '더 일찍 알았으면 좋았겠지만 그때의 나는 최선을 다했어'라고 혼잣말해도 괜찮다. 시인 마야 안젤루Maya Angelou는 이렇게 말했다.

"배우기 전에 몰랐던 자신을 용서하라."

마지막으로 앞으로 어떤 선택을 하고 싶은지 생각해 보자. 정말로 이 길을 계속 가고 싶은가? 아니면 방향을 바꾸는 편이 현명할까? 방향을 바꾸기로 결정했다면, 그 선택을 실행하기 위한 첫 단계가 무엇인지 떠올려 보자. 그리고 잊지 말자. 옳다고 느끼는 선택을 했더라도 슬플 수 있다. 상실을 애도할 시간은 여전히 필요하다.

아리와 나는 치료 과정에서 새로 시작한 회사에 전력을 쏟을 때 감정적으로 어떤 위험이 따르는지 함께 살펴봤다. 같은 실수를 반복할 가능성, 번아웃에 빠질 위험, 그리고 이에 수반되는 현실적인 경제적 압박이 주요한 문제였다. 그는 잠시 현재 회사에 대한 걱정을 내려놓고, 이전 회사에서의 경험을 돌아보는 시간을 가졌다. 그 시간 동안 그는 슬퍼하고 분노하고 실망했다.

이후 나는 아리가 종결이라는 중요한 단계를 밟을 수 있도록 첫 회사를 잃은 자신을 용서하고, 그동안 무엇을 배웠는지 돌아보라고 했다. 그리고 앞으로 바라는 것들을 담아 편지를 써 보라고 제안했다. 그는 자신이 실망을 안겼다고 느낀 사람들에게 진심을 전하고, 그럼에도 자신을 지지한 이들에게 감사의 마음을 전했다. 자신이 지나온 시간을 지우지 않고 받아들이는 과정에서, 그는 더 진실하고 열린 마음으로 인생의 다음 장으로 나아갈 수 있었다.

회복탄력성을 방해하는 장애물

신체 단련을 방해하는 좌절이 있듯이 회복탄력성을 키우려는 노력을 가로막는 장애물도 있다. 체육관에서 근육을 다치거나 발목이 접질릴 수 있듯이 감정적 장애물은 감정 건강을 멀게 느끼게 한다. 이제 대표적인 장애물 몇 가지를 살펴보고, 이를 헤쳐 나갈 방법을 알아보자.

불안

내일 어떤 일이 일어날지 자주 걱정하는가? 아직 일어나지도 않은 일을 붙들고 생각에 잠기곤 하는가? 닥치지도 않은 고통을 미리 상상하며 괴로워하는가? 이 질문에 고개를 끄덕였다고 걱정할 필요는 없다. 당신만 그런 것은 아니다.

미국 인구조사국United States Census Bureau이 실시한 세대 조사에 따르면[2] 2023년 기준 미국 성인 3명 중 1명이 불안이나 우울 증상을 경험했다(실제로는 이보다 더 많을 것이다). 이 수치가 말해 주는 사실은 단순하다. 불안은 매우 흔한 경험이다. 또한 불안은 특정한 사람에게만 나타나는 문제가 아니다. 에이브러햄 링컨Abraham Lincoln부터 오프라 윈프리Oprah Winfrey에 이르기까지, 많은 인물이 심각한 불안에 시달렸다.

불안이 도움이 되는 측면도 있다. 불안은 경제적 어려움이나 중요한 발표처럼 앞으로 직면할 수 있는 문제에 대비하도록 돕는다. 여키스-도슨 법칙Yerkes-Dodson Law에 따르면, 적절한 수준의 불안은 수행 능력을 높인다.[3] 불안 수준이 너무 낮으면 동기가 생기지 않고, 너무 높으면 불안에 압도돼 아무 생각도 할 수 없다.

불안을 겪는 상태에서 회복탄력성을 키우는 일은 쉽지 않다. 그러나 연습을 통해 충분히 강화할 수 있다. 앞서 미래의 자신을 신뢰하는 법을 배운 내 이야기를 기억하는가? 이는 내가 배운 불안을 극복하는 방법 중 가장 강력한 도구다. 자신이 통제할 수 있는 일에 집중하고, 통제할 수 없는 일은 내려놓아야 한다는 점을 기억해야 한다.

뻔한 말처럼 들릴 수도 있지만 불안에는 교묘한 구석이 있다. 설령 통제할 수 없는 일이더라도 더 많이 걱정하면 나쁜 결과를 막을 수 있을 것처럼 느껴지기 때문이다. 그래서 걱정을 멈추고 싶으면서도 걱정을 멈추는 순간 가장 두려운 일이 현실이 될 것 같아 계속 불안에 매달린다. 불안을 극복하려면 통제할 수 없는 일을 통제할 수 있다는 환상을 버려야 한다. 불안을 느끼면 관련된 모든 요인을 적은 다음 자신이 통제할 수 없는 요소는 지우고, 통제 가능한 요소만으로 현실적인 계획을 세워 보자.

불안이 일상을 방해한다면 '걱정 시간'이라는 방법을 써 보자. 강박 사고에 시달릴 때나 불안으로 지나치게 산만해질 때, 걱정은 끝없이 이어진다. 이런 상태에 빠지면 걱정에만 집중하는 데이트 시간을 잡아 보자(약속하건대 가장 저렴한 데이트다). 하루에 5분, 일주일에 30분, 한 달에 1시간 등 자신에게 맞는 시간을 정해 그동안은 마음껏 걱정하고 집착하고 되돌아봐도 좋다.

핵심은 그 외 시간에는 걱정거리가 떠오르더라도 '이건 걱정 시간에 할 생각'이라고 구분하는 것이다. 다시 걱정에 빠지려는 순간에는 미래의 자신을 떠올리자. 메모를 남겨 정해진 걱정 시간에 이어서 생각할 수 있도록 맡겨 두자. 미래의 자신이 걱정할 것이니 현재의 자신은 지금 해야 할 일로 돌아갈 수 있다.

내면의 비평가

우리 모두에게는 오랜 시간에 걸쳐 생긴 내면의 목소리가 있다. 때로는 이 내면의 목소리가 내면의 불한당처럼 느껴질 때도 있다. 내면의 비평가를 완전히 잠재우기란 매우 어려운 일이지만 '넌 모자라'라거나 '넌 이 일을 감당할 수 없어'라고 말하는 목소리가 머릿속을 가득 채우도록 방치하지 말자. 더 지혜롭고 건강한 자신이 나서서 '그게 전부는 아니야'라고 말하자.

이렇게 하기가 어렵다면 힘든 감정을 마주할 자신감이나 눈앞의 문제에 대처할 수 있다는 자신감, 자신이 가진 선택지에 대한 자신감, 성공하거나 사랑받기 위해 완벽할 필요는 없다는 자신감이 부족한 것이다. 누구나 어떤 식으로든 자신감을 잃을 수 있다. 하지만 우리는 각자 자신을 가장 큰 응원자로 삼아야 한다. 좀 더 상냥하고 격려하듯이 자신에게 말하는 법을 연습하자. 처음에는 어색하게 느껴질 수도 있지만 시간이 지나면 믿게 될 것이다. 작가이자 코칭 전문가 리사 M. 헤이스 Lisa M. Hayes는 이렇게 말했다.

"스스로에게 하는 말에 조심하라. 당신은 그 말을 듣고 있다."

케이틀린은 분노 이면에 숨은 진짜 감정이 무엇인지 좀처럼 이해하지 못했지만, 일단 이를 알고 나서는 자존심에 상처가 났다는 사실을 스스로 인정했다. 승진 누락으로 자신이 부족하다는 감정이 한꺼번에 솟구쳤고, 이로 인해 최악의 두려움이 휘몰아치면서 최선의 모습을 보이지 못했다. 그녀가 이 사실을 깨닫자 우리는 악순환의 고리를 끊기 위해 노력했다. 자신에게 좀 더 상냥하고 측은한 마음으로 이야기하며, 어려움을 기회로 보는 법을 배우는 데 애썼다. 우리는 그녀의 현재 상황을 낱낱이 분석했다.

"케이틀린 씨는 정말 일을 잘하는 것 같아요. 다만 승진하기에 아직 적절한 시기가 아니었을 뿐이라고 생각해요. 무턱대고 힘에 부치는 일을 맡기보다는 차근차근 올라가는 게 좋을 때도 있어요."

케이틀린은 내 의견에 동의했다. 만약 그녀가 승진했다가 실패했더라면 상황은 훨씬 나빠졌을 것이다. 그녀는 현재 자리에 머무르면서 성공으로 나아가는 순비를 시작했다. 사랑하는 회사, 좋아하는 업계에 몸담으면서 경험을 쌓을 시간적 여유도 확보했다.

물론 인생에서 모든 좌절이 긍정적으로 작동한다는 보장은 없다. 모든 일이 최선을 향해 나아가지는 않는다. 고통스러운 경험이 당신을 더 강하게 만들지 않아도 괜찮다. 트라우마에 분노하고, 그런 트라우마가 자신에게 미친 영향에 감사하지 않아도 된다. 그냥 사태가 최악일 때도 있다. 그래도 괜찮다. 살아남는 것만으로도 충분하다.

번아웃

번아웃에 시달릴 때 회복탄력성을 발휘하겠다는 발상은 굶어서 건강을 유지하겠다는 생각과 같다. 건강을 유지하는 데 필요한 운동을 하려면 몸에 에너지를 공급할 음식을 섭취해야 한다. 모든 것이 무너져 내리는 붕괴 상황이 돼서야 내 진료실로 찾아와 도움을 구하는 경우가 너무나 흔하다. 하지만 그때는 회복에 필요한 내적 자원이 이미 바닥난 상태다. 우리가 겪는 어려움이 대체로 그렇듯이 번아웃 역시 치료보다 예방이 훨씬 쉽다. 살면서 피할 수 없는 어려움에 맞서려면 몸과 마음에 필요한 것을 제공해야 한다. 그런 일은 어려움이 닥치기 전에 이루어져야 한다. 번아웃을 예방하는 3단계 계획을 소개한다.

- 1단계: 번아웃이 나타나기 전의 초기 위험 징후를 발견하자. 번아웃이 오고 있음을 알리는 징후와 신호는 무엇일까? 다시 말해 지치거나 감당하기 힘들다고 느끼기 시작할 때 어떤 변화가 나타나는가? 주변 사람들에게 인내심이 부족해지거나, 불평이 늘어나거나, 수면의 양이나 질이 떨어질 수 있다. 사교성이 감소하거나, 업무 만족도가 낮아지거나, 식욕을 잃을 수도 있다. 자신에게 해당하는 징후를 인식하고 기록해 두자.
- 2단계: 번아웃 초기 위험 징후를 눈여겨봐 줄 사람에게 도움을 요청하자. 번아웃의 초기 징후를 파악했다면 이를 배우자, 동료, 친구 등에게 알려서 어떤 변화가 보이는지 살펴달라고 부탁하자. 당신에게 이런 행동이 보이면 안부를 묻고 상태를 확인해 달라고 미리 요청해 두자.
- 3단계: 위험 징후를 알아차렸다면 재충전하자. 이 단계는 가장 중요하다. 당신이나 도움을 요청한 사람이 초기 징후를 발견했다면 즉시 에너지를 재충전할 계획을 세우자. 하루 휴가를 내

서 정신 건강을 돌보거나, 반려견과 함께 자연 속을 거닐거나, 친한 친구와 만날 약속을 잡거나, 혼자만의 시간을 갖는 등 마음을 가라앉히는 데 도움이 되는 활동이라면 무엇이든 좋다.

- 주의: 재충전할 시간을 가질 때 그냥 시간을 보내는 것만으로는 충분하지 않다(이는 정기적으로 해야 한다). 이 시간을 진심으로 즐겨야 한다. 휴식을 하고도 재충전됐다는 기분이 들지 않는다면 무슨 의미가 있겠는가? 일할 때와 마찬가지로 쉴 때도 의지를 가지고 임하자. 미리 계획을 세우고 이메일과는 거리를 두자. 온전히 쉬는 데 집중하자. 휴식에 대해 죄책감을 느낄 필요는 없다. 휴식은 업무에 도움이 되고 몸과 마음을 회복시키고 주변 사람에게도 좋은 영향을 준다.

이처럼 번아웃 초기 위험 징후를 진지하게 받아들이고 에너지가 바닥나기 전에 재충전한다면 일과 삶 모두에서 더 멀리 나아갈 수 있다.

수치심

수치심은 회복탄력성을 강력하게 위협하는 적이다. 수치심을 느낄 때 우리는 자신이 더 크고 나은 것을 향할 능력이나 가치가 없다고 생각하기 때문이다. 자신이 무언가를 달성할 수 있다고 믿지 않거나 그것을 가질 가치가 있다고 믿지 않는다면, 가장 바라는 대상에서 멀어지는 창의적인 방법을 무의식중에 찾아내고 만다. 수치심을 자주 느끼는 사람은 자신에게 '해야 한다'는 말을 지나치게 많이 사용한다. 즉, 자신이 이미 무엇인가를 성취하거나 바꾸거나 됐어야 했다고 믿는다. 하지만 이미 무언가를 해야 했다고 생각하면 지금 그 일을 할 수 있다는 믿음을 잃는다.

나는 내담자에게 '스스로에게 해야 한다고 강요하지 말라'고 자주 말한다. '해야 했다' 대신 '할 수 있었다'로 바꿔 말해 보자. 예를 들어 어젯밤에 TV를 보는 대신 일해야 했다는 생각이 든다면 "어젯밤에 일할 수도 있었지만, TV를 보면서 쉬기로 했어. 오늘 밤에는 일에 집중할 거야"라고 말하자. 수치심은 완전히 극복하기 어려운 감정이다. 극심한 수치심에 시달리는 사람이라면 심리 치료사와 이야기하거나 수치심 관련 서적을 읽는 등 이에 대처할 도움을 받는 것이 좋다(관련 추천 도서는 이 책의 '더 읽을거리'를 참고하라).

해로운 긍정성

소셜 미디어 게시물을 몇 건만 훑어봐도 웃는 얼굴과 밝은 긍정 문구가 역경을 이겨 내는 최고의 방법이라는 생각이 든다. 사람들은 회복탄력성을 키워야 한다는 말을 자주 듣는다. 코로나 팬데믹 이후 전 직원에게 사무실 복귀를 명령하는 상사, 소외 계층이 제도적 불평등에 느끼는 우려를 경시하는 사회, 어머니가 가정과 직장 모두에서 완벽해야 한다는 기준을 설정하는 언론이 그렇다. 이는 사실 조용히 고통을 감내하라는 요구나 다름없다.

회복탄력성이란 항상 긍정적이어야 한다는 뜻이 아니다. 울지 말라는 뜻도, 힘든 일에 꿈쩍하지 말라는 뜻도, 남의 시선에 신경 쓰지 말라는 뜻도 아니다. 미국 문화는 불편하더라도 시간이 걸리는 완벽한 치유보다는 회피성 즉효 약을 선호한다. 해로운 긍정성과 회복탄력성의 관계는 다이어트 약과 운동의 관계와 같다. 해로운 긍정성과 다이어트 약은 쉽고 빠른 해결책이라는 환상을 주지만, 장기적으로는 더 많은 문제를 낳는다.

성공을 두려워하는 마음

아이러니하게도 성공을 두려워하는 마음은 실패를 두려워하는 마음만큼이나 사람을 괴롭힌다. 우리는 가장 간절하게 바라는 것을 가장 두려워한다. 성공이 더 큰 무대에서의 실패처럼 느껴지기 때문이다(더 크게 실패할 수 있으므로). 성공하면 상황이 바뀐다는 생각 때문이거나 마음속 어딘가에서 자신은 성공할 자격이 없다고 믿기 때문일 수도 있다(앞에서 살펴본 '수치심'을 참고하라). 그 결과 무의식적으로 자신의 야망을 억누른다.

몇 년 전 나를 찾아왔던 젊은 야심가 코리Corey는 유망한 스타트업의 초창기 멤버였다. 모든 직원이 회사를 성공시키겠다는 마음으로 밤늦게까지 열심히 일했고 놀라운 팀워크를 발휘했다. 그는 자신의 일을 정말 좋아했다. 그는 다양한 역할을 맡으며 회사 내부 사정을 여러 각도에서 바라볼 수 있었다. 오랜 노력 끝에 그가 추진하던 일이 마침내 이루어졌다. 그가 다니는 회사를 한 대기업이 인수했다. 하룻밤 사이에 그의 업무는 하나로 줄었다. 시간이 지나자 그는 동료들과 긴밀하게 지내며 일하던 때가 그리웠고, 아무도 자신을 신경 쓰지 않는 거대 기업에서 작은 톱니바퀴가 된 듯한 기분을 느꼈다.

코리는 고립감과 열등감에 시달리다가 회사를 그만두고 새로운 스타트업으로 이직했다. 예전과 비슷할 것이라고 기대했지만, 곧 자신이 이 회사가 예전 회사만큼 성공하지 않기를 은근히 바란다는 사실을 깨달았다. 지난 회사가 성공하면서 겪었던 상실이 너무 괴로웠기 때문이다. 그는 자신이 바라는 목표와 정반대의 행동을 했다. 우리는 함께 그가 생각하는 성공의 개념을 살펴봤고, 그가 변화 자체를 두려워한다는 사실과 마주했다.

이 개념은 사람들이 회복탄력성을 키우는 과정에서 발생하는 흥미로운 현상과 이어졌다. 사람들은 종종 무의식적으로 자기 발전을 방해한다. 지금 발전할 수 있다면 과거에도 발전할 수 있었음을 인정해야 하기 때문이다. 지금 건강한 인간관계를 맺을 수 있다면 10년 전에도 건강한 관계를 맺을 수 있었다는 뜻일까? 이런 질문과 마주하기가 너무 힘들어서 아예 건강한 관계란 자신에게 불가능하다고 믿어 버리기도 한다. 그렇게 해서 사람들은 자기 앞길을 스스로 가로막는다. 스스로에게 해가 되는 행동처럼 보이겠지만 이런 패턴은 생각보다 훨씬 흔하다. 코리처럼 성공이 자신의 인생을 어떻게 바꿀지 불안할 수도 있다. 자기 감정을 빠르게 알아차릴수록 방향을 조정하기도 더 쉽다.

회복탄력성 팔굽혀펴기:
자원 재고 작성

불안, 번아웃, 수치심, 해로운 긍정성, 성공을 두려워하는 마음까지, 이 모든 문제는 지원 체제가 없으면 대처하고 바꾸기 어렵다. 바람직한 지원 체제는 다양한 자원을 포함한다. 회복탄력성을 최대한 키우려면 자신(내부)과 타인(외부)에게서 받을 수 있는 도움을 함께 살펴야 한다. 하지만 정작 가장 필요할 때는 자신에게 어떤 자원이 있는지 떠올리기 어렵다. 회복탄력성을 키우려면 먼저 자원 재고를 작성하자. 이는 위기의 순간에 의지할 수 있는 자산을 미리 점검하는 일이다.

회복탄력성을 키우는 지름길

회복탄력성은 전기 스위치가 아니다. 회복탄력성은 있거나 없거나 둘 중 하나가 아니다. 어느 순간에 얼마나 회복탄력성이 발휘되는지는 직면한 상황의 맥락, 감정적 상태, 자원에 따라 달라진다. 많은 괴로움이 고통에 매몰되거나 고통에 저항하는 데서 비롯된다. 회복탄력성을 키우려면 다음 사항을 명심해야 한다.

1. 좌절, 시련, 고통은 인생에서 피할 수 없는 부분임을 인정하자. 이것들을 무시한다고 해서 사라지지는 않는다.
2. 감정을 느끼고 예전에도 힘든 일을 겪었다는 사실을 상기하자. 슬퍼하

는 일을 잊지 말자.

3. 자기 행동에 책임지되 자신을 연민하고 인내하자. 삶에서 가장 중요한 교훈은 여러 번 반복해서 배워야 하기 마련이다. 건강하지 못한 관계로 같은 상황을 여러 차례 경험한 적 있는 사람이라면 무슨 뜻인지 알 것이다. 몇 번을 실패해도 괜찮다. 넘어진 횟수보다 한 번 더 일어서면 된다.

4. 감사하는 마음을 실천하자. 감사는 회복탄력성을 키우는 데 매우 효과적인 도구다. 불안을 완화하고 현재 순간에 집중하도록 돕는다. 또한 자신이 무엇을 가졌는지 깨닫게 하고 잃기 전 가졌던 것에 고마움을 느끼도록 한다.

- 1단계: 현재 자신이 헤쳐 나가려는 문제나 어려운 상황을 떠올려 보자. 업무에 심드렁해졌을 수도 있고, 배우자와 자주 다투는 사람도 있을 것이다.

- 2단계: 문제를 회피하거나 문제에 매몰된 사람은 이미 활용할 수 있는 자신만의 **내적 자원** 금고가 있다는 사실을 깨닫기 어렵다. 내적 자원이란 오랜 시간에 걸쳐 쌓은 도구, 관점, 교훈, 마음가짐을 말하며 필요할 때 언제든 꺼내 쓸 수 있다. 종이, 펜, 노트북을 꺼내 어려운 시간을 견디는 데 도움이 될 만한 가용 내적 자원을 모조리 기록해 보자. 다음은 내적 자원의 예시다.

- 괴로운 감정을 느끼고 불편함을 견디는 힘(마음챙김, 호기심).

- 이전에도 힘든 상황을 이겨 냈다는 기억에서 비롯된 자기 신뢰.

- 더 나은 선택을 찾기 위해 스스로에게 질문하는 사고 능력.

- 불완전해도 괜찮고, 배우고 쉬어도 괜찮다는 허락.

- 과거의 고난에서 배운 교훈과 통찰.

- 자신이 가진 좋은 점을 알아차리고 인정하는 태도(감사).

- **3단계: 나도 안다.** 도움을 청하는 일은 어렵다. 부담스럽게 여겨지고 싶은 사람은 없기에 타인에게 의지하거나 요즘 힘들다고 털어놓는 일은 쉽지 않다. 하지만 홀로 회복탄력성을 키우기란 트레이너 없이 역기를 드는 것과 같다. 트레이너는 올바른 자세를 유지하고 부상 없이 운동을 마칠 수 있도록 돕는다. 공동체는 중요한 힘의 원천이며, 주변 사람들은 기꺼이 당신을 돕고 지지해 줄 것이다. 이 단계에서는 어려운 시기를 헤쳐 나갈 때 활용할 수 있는 **외적 자원**을 모두 써 보자. 다음은 외적 자원의 예시다.

- 공동체: 당신의 성장을 지지하는 가족, 친구, 이웃, 동료 등의 역할 모델을 말한다. 비슷한 경험을 한 적 있는 사람들은 당신이 겪는 어려움을 이해한다. 필요할 때 의지할 수 있는 사람을 빠짐없이 적어 보자.

- 멘토: 운 좋게 멘토를 찾은 사람은 감정의 버팀목 역할을 하는 존재로부터 많은 도움을 받을 수 있다. 멘토는 공감 어린

시각을 제공하는 동시에 자신이 고난과 좌절을 어떻게 지나 왔는지 알려 준다.

- 공식 지원(심리 치료와 교육 자원): 친구, 가족, 멘토가 아무리 많아도 전문적이고 객관적인 조언을 제공하는 심리 치료사를 대신할 수는 없다. 전문 강좌와 서적 역시 방대한 정보와 간접적 지원을 제공한다. 고난을 이겨 낸 사람이 쓴 회고록은 회복탄력성을 키울 영감이 된다.

  외적 자원을 파악했다면 망설이지 말고 활용하자. 도움 요청을 주저한다면 세상에 존재하는 어떤 외적 자원도 소용이 없다. 인간은 홀로 존재하지 않는다. 우리는 공동체 속에서 살아가는 존재이며, 누구나 도움을 필요로 한다.

- 4단계: 내적 자원과 외적 자원 목록을 다시 살펴보자. 목록은 충분한가, 아니면 보강이 필요한가? 어떤 감정이 드는가? 지금의 어려움을 헤쳐 나가기 위해 이 자원들을 어떻게 활용할 수 있을까? 금고에 추가하고 싶은 자원은 없는가?

이제 자원 목록을 작성했으니 어려운 일을 해낼 수 있다는 확신이 필요할 때마다 다시 꺼내 볼 수 있다. 물론 회복탄력성은 하루아침에 만들어지지 않는다. 그러나 적절한 도구와 마음가짐이 있다면 새로운 어려움이 닥칠 때마다 단련할 수 있는 근육이다. 자기만의 금고를 마련했다면 다른 사람을 돕는 데 이 자원을 활용할 수도 있다.

　　회복탄력성이 큰 사람은 자신을 지지하는 동시에 다른 사람도 보살
피는 균형을 추구한다. 회복탄력성이 커지면 다른 사람의 처지에 서서
생각하고 상대방의 감정과 욕구를 이해할 수 있게 된다. 상대방의 처지
에 설 수 있는 능력은 놀라운 기술이다. 바로 이 능력이 다음 장의 주제
인 **공감**이다.

공감:
타인의 감정을 이해하라

공감은 자기 안에서 타인의 울림을 찾는 일이다.

__모신 하미드Mohsin Hamid

내담자 윌will은 직속 부하 직원 두 사람 사이에서 벌어지는 다툼을 어떻게 관리할지 골머리를 앓았다. 처음 겪는 일이었다. 그는 넋이 나간 표정으로 이렇게 털어놓았다.

"이런 실랑이는 익숙하지 않아요."

뉴욕시의 잘 나가는 IT 기업에서 우수한 엔지니어로 오랫동안 근무한 윌은 최근 승진했다. 맨해튼에서 실무 담당자로 일하다가 서부 지사로 옮겨 엔지니어팀을 총괄하는 관리자가 됐다. 여전히 코딩 작업도 맡았지만 팀을 이끄는 일이 생애 처음으로 주요 업무가 됐다. 그는 훌륭

한 엔지니어였지만 부하 직원이 8명이나 되는 만큼 관리 역량을 키워야
한다고 느꼈다.

"브라이언은 조던이 팀워크가 부족하다고 불평했어요. 그 말이 아
주 틀린 건 아니에요. 그런데 브라이언은 자신이 조던만큼 회사에서 인
정받지 못하고, 예전에는 두 사람이 친했지만 지금은 아니라는 말을 꺼
내기 시작했죠. 잘 모르겠어요. 둘 사이에 제가 모르는 갈등이 분명히
있었던 것 같아요. 그 때문인지 회의 시간마다 늘 긴장감이 감돌아요.
그래서 브라이언에게 이건 내 문제가 아니니 두 사람이 알아서 해결하
라고 말했어요. 여기는 직장이지 유치원이 아니니까요."

일에 집중하고 싶은 윌의 마음은 이해했지만, 나는 다른 관점을 제
시했다.

"두 사람 사이에 일일이 끼어들기 껄끄러운 마음은 충분히 이해해
요. 하지만 실무 담당자와 관리자의 역할은 달라요. 팀 안에서 벌어지는
대인 관계의 갈등은 관리자의 책임이죠. 유능한 리더가 되고 싶다면 부
하 직원 사이의 균열이 업무에 영향을 미치는 상황부터 해결해야 해요."

윌이 새로운 역할에 적응하는 과정에서 내가 가장 먼저 도와야 할
부분은 공감 능력이었다. 내가 말하는 공감이란 다른 사람을 이해하고
적절히 반응하기 위해 상대방의 기분을 실제로 느끼는 능력과 태도를
뜻한다. 많은 사람이 공감에 감정적 요소가 있다는 사실을 놓친다. 상
대의 기분을 머리로만 이해하고 느끼지 않는다면, 그것은 공감이 아니
라 동정이다.

   감정 훈련

예전에는 공감을 의료, 교육, 돌봄 같은 서비스 직종에 필요한 기술로 여겼다. 하지만 지금은 모든 분야에서 중요한 의사소통 능력으로 평가된다. 어떤 비즈니스든 결국 인간관계의 연속이고, 어떤 인간관계든 공감은 성공의 열쇠가 된다. 겉으로는 티 나지 않지만 만성질환을 안고 일하는 직원도 있고, 냉정해 보이지만 자신감 부족에 시달리는 관리자도 있다. 누구나 타인은 알지 못하는 내적 갈등과 싸운다.

뛰어난 합리적 사고력으로 우수한 엔지니어가 된 윌은 공감 능력이 넘치는 사람은 아니었지만, 분명히 공감할 수 있는 사람이었다. 또한 새로 맡은 역할을 잘 해내기 위해 공감 능력을 키우려는 의욕도 넘쳤다. 하지만 안타깝게도 그에게는 모범으로 삼을 만한 멘토가 없었다. 뉴욕에 있는 그의 상사들은 감정 표현에 무심했고, 그는 감정을 드러내지 않는 태도를 당연하게 여기는 가족과 문화 속에서 자랐다.

새로운 환경은 윌에게 완전히 다른 세계처럼 느껴졌다. 미국 서부 특유의 자유로운 직장 문화도 분명 한몫했지만, 더 큰 이유는 팀 안에 있었다. 그는 감정을 표현하는 데 훨씬 개방적인 젊은 세대와 함께 일했다. Z세대의 감정 표현이 지나치게 솔직하다고 볼 수도 있지만, 그들 덕분에 현대 직장에서 일어나는 대화에 공감이 끼어들 자리가 생겼다는 사실은 인정해야 한다.

미래 직장 문화를 연구하는 애덤 스마일리 포스볼스키Adam Smiley Poswolsky는 "Z세대는 의미를 만드는 세대"라고 말했다. M세대와 Z세대는 부모 세대보다 가난한 첫 세대다. 노동시간은 같거나 더 길지만 주택 구매 같은 기존의 삶의 방식을 누릴 여유는 없다. 이런 현실 속에서 일의 의미와 목적을 찾고자 하는 욕구가 강해졌다.

몇 차례 상담을 거친 뒤, 월은 다시 비슷한 감정 문제로 나를 찾아왔다(그는 감정이라는 단어를 유독 강조했다). 부하 직원 카리Kari는 가정 문제를 겪고 있었다. 카리는 아픈 부모와 어린 자녀를 돌보면서도 업무를 잘 해내기 위해 애썼다. 카리는 자신의 상황을 그에게 털어놓았지만, 그는 어떻게 해야 할지 몰랐다.

"오해는 하지 마세요. 카리 씨가 힘든 상황이라는 건 알아요. 제가 실무 담당자였을 때는 모두 자기 일에 집중했고, 개인 문제는 각자 해결했죠. 그런데 지금은 제가 카리 씨의 사정과 그 주변 문제까지 책임져야 할 것 같아서 버겁습니다."

월의 말을 이해하는 데 조금 시간이 필요했다.

"힘드시겠네요. 감당하기 벅차게 느껴질 수도 있죠. 팀의 업무를 뒷받침할 마음으로 새로운 역할을 맡았는데, 예상치 못한 감정의 소용돌이에 휘말린 기분일 테니까요."

"정말요? 제 마음을 정확히 짚어 주셨어요. 고맙습니다."

"하나만 여쭤볼게요. 제가 월 씨를 이해한다고 말했을 때 어떤 느낌이 들었나요?"

"음, 기분이 좋았어요. 알아준다는 느낌이 들었거든요."

"네. 저는 월 씨의 관점을 이해하려고 했어요. 잠시 멈춰서 월 씨라면 어떤 감정일지 직접 느껴 보려고 했죠. 좌절감과 압박감이 느껴졌어요.

윌 씨도 부하 직원에게 이런 태도를 적용해 보면 어떨까요?"

"하지만 선생님은 제 심리 치료사잖아요. 저는 그들의 심리 치료사가 아니에요."

"맞아요, 윌 씨는 심리 치료사가 아니고, 부하 직원의 감정을 달래는 일도 업무 범위는 아니죠. 하지만 우리는 좋든 싫든 일에 감정을 싣고 일해요. 적어도 부하 직원의 경험에 공감할 수 있다면 팀을 뒷받침하는 데 훨씬 유리해요. 그리고 공감은 그 감정을 잠시라도 직접 느껴 보는 데서 시작해요."

"알겠습니다. 그렇겠네요. 하지만 어떻게 해야 하죠?"

리더의 공감이 조직을 바꾼다

공감은 건강한 인간관계를 만드는 핵심 요소다. 스탠퍼드 대학교 심리학과 교수 자밀 자키Jamil Zaki 박사는 공감을 "사람들을 잇는 심리적 초강력 접착제"라고 말했다.[1] 공감이 이해와 신뢰, 유대감을 높이고[2] 인간관계의 전반적 만족도를 높인다는[3] 사실은 여러 연구를 통해 반복해서 입증됐다.

이 '초강력 접착제'에는 실제로 점착력이 있다. 한 연구에서 중증 치매 환자들에게 간병인 둘을 배정했다.[4] 한 사람은 환자들을 공감과 친절로 대했고, 다른 한 사람은 냉담하고 무뚝뚝하게 대했다(학대는 없었다). 일주일 뒤, 환자들에게 두 간병인 중 누구를 만난 적이 있는지 물었다. 환자들은 모두 만난 적이 없다고 대답했다(치매 환자였으므로). 하지만 그날 누구에게 간병을 받고 싶은지 물으면 이유는 설명하지 못하지만 한결같이 친절했던 간병인을 선택했다.

연구팀은 이 결과를 바탕으로 감정 기억이 작업 기억과는 다른 방식으로 저장된다고 추정했다. 나는 이 연구를 보면서 사람들이 누군가의 말은 잊어도, 그 말이 어떤 기분을 느끼게 했는지는 잊지 않는다는 사실을 떠올렸다. 공감은 직장에서도 큰 힘을 발휘한다. 공감 능력이 있는 상사는 직원이 존중받고 이해받는다고 느끼는 환경을 만든다. 이런 환경에서는 스트레스와 불안이 줄고,[5] 신뢰와 협력이 자연스럽게 자리 잡는다.[6]

한 연구에 따르면 참가자의 86퍼센트는 공감 능력이 있는 상사에게 지원받는다고 느꼈을 때 업무와 생활의 압박에 더 잘 대처한다고 답했다.[7] 상대방의 경험을 이해하고 자기 욕구와 더불어 상대의 욕구도 중요하게 여기는 사람과 일하고 싶지 않겠는가? 공감은 더 많은 공감을 부른다.[8] 당신이 공감 능력을 발휘하면 이를 보는 사람이 당신과 주변 사람에게 공감을 표현할 가능성이 높아진다.

이런 낙수 효과는 생산성에도 큰 영향을 미친다. 한 연구에서 리더에게 공감 능력이 있다고 느낀 직원은 창의성과 혁신성을 더 많이 발휘한다고 응답했다. 공감 능력이 높은 리더와 일하는 직원은 61퍼센트였

던 반면, 공감 능력이 낮은 리더와 일하는 직원은 13퍼센트에 그쳤다.[9]

창의력과 혁신력, 공감 능력은 제품과 서비스 관련 아이디어를 창출할 때 특히 중요하다. 생각해 보자. 서비스나 제품을 구성하는 모든 요소는 사용자 경험을 고려해야 한다. 그리고 사용자가 무엇을 원하는지 알려면 사용자에게 공감할 수 있어야 한다. 공감은 획기적인 혁신으로 이어진다. 다음은 그 대표적인 사례다.

- 옥소 주방용품: 1980년대, 옥소OXO 설립자 샘 파버Sam Farber는 아내 벳시Betsey가 관절염 때문에 감자칼 쓰는 데 불편을 겪는다는 사실을 알았다. 그들은 손이 불편한 사람을 비롯해 누구나 편하게 사용할 수 있는 두껍고 쥐기 쉬운 손잡이가 달린 주방용품을 만들기로 결심했다. 공감에서 출발한 옥소의 사용자 중심 접근은 주방용품업계의 판도를 바꿨고, 장애가 있는 사람도 좀 더 편하게 요리할 수 있도록 했다.

- 파타고니아: 파타고니아Patagonia의 창업자 이본 취나드Yvon Chouinard는 야외 스포츠 애호가로서 지속가능성에 점점 더 많은 관심을 보이는 고객에게 공감했다. 그는 재활용 소재 사용을 앞장서 실천했다. 그리고 고객에게 의류를 수선하고 재사용하고 재활용하자고 제안하는 공동 캠페인을 시작했다. 파타고니아는 고객의 가치와 환경에 공감한 덕분에 지속 가능한 패션업계의 선구자가 됐다.

- 펜티 뷰티: 2017년, 가수 리애나Rihanna는 기존 화장품이 충분히 자신을 대변하지 못한다고 느끼는 사람들을 위한 브랜드를 만들겠다는 목표로 펜티 뷰티Fenty Beauty를 설립했다. "리애나의 펜티 뷰티는 피부색, 성격, 태도, 문화, 인종과 상관없이 모든 여성을 위해 만들었습니다. 저는 모두가 환영받는다고 느끼기를 바랍니다." 50가지 피부색에 맞춘 파운데이션을 선보이는 펜티 뷰티는 미용업계에서 포용성의 새로운 기준을 세웠다.

공감이 어려워진 진짜 이유

공감은 반드시 갖춰야 할 능력이지만 기르기는 쉽지 않다. 타고나는 사람도 있고 시간이 흐르면서 자연스레 익히는 사람도 있다. 반면 평생 공감 능력을 키우는 데 어려움을 겪는 사람도 많다. 심지어 공감하는 척 연기하는 사람도 있다. 워킹맘을 응원한다면서 실제로는 출산 휴가를 탐탁지 않게 여기는 상사를 만난 적 있는가? 어떤 의미에서 공감은 쉽지 않은 일이다. 우리는 늘 다른 사람의 기분을 이해하려고 하지 않고, 이해하고 싶어도 방법을 배운 적 없다.

공감 능력에는 몇 가지 요인이 작용한다. 생물학 및 유전적 측면이 그중 하나다. 최근 연구에 따르면 공감 능력의 약 10퍼센트는 유전적 요인이고, 나머지는 가족과 주변 환경에서 학습된다.[10] 또 일부 연구는 여성이 평균적으로 공감 능력이 더 높다는 경향을 시사한다. 이는 유대감을 형성하는 호르몬인 옥시토신oxytocin이 상대적으로 더 많이 분비되는 생물학적 요인과 관련 있다.[11] 하지만 여성은 배려심이 많고 남성은 냉담하다는 오랜 성역할 관념을 고려하면, 사회적·문화적 요소도 무시할 수 없다. 수천 년 동안 축적된 기대는 개인의 태도와 행동에 여전히 영향을 미친다.[12]

현대사회의 환경 역시 우리의 공감 감각을 흐트러트렸다. 기술 덕분에 전 세계 사람과 연결됐지만, 역설적으로 우리는 그 어느 때보다 고립과 단절을 경험한다. 원격 회의, 메신저, 문자메시지, AI 챗봇까지 우리는 서로 마주보기보다 화면을 바라보면서 살아간다.

공감은 표정, 말투, 몸짓 같은 비언어적 단서에 크게 의존한다. 전화나 화면 너머로 이를 읽어 내기란 훨씬 어렵다. 예를 들어 누군가의 얼굴을 마주하고 날 선 말을 던지면, 상대가 눈썹을 찡그리거나 눈물을 참는 모습을 통해 자신의 말이 남긴 상처를 즉각 체감한다. 하지만 댓글이나 대화창에서는 상대의 감정을 느낄 수 없기에 공격성이 쉽게 분출된다. 온라인 공간에 갈등이 넘치는 이유도 이와 같다. 디지털 환경에서는 의식적으로 노력하지 않으면 공감 능력이 자연스럽게 약해진다.

공감 능력 강화하기

공감 능력을 키울 준비가 됐는가? 지금까지 감정을 훈련했다면 이번에도 충분히 해낼 수 있다. 공감 능력을 높이려면 이 책에서 소개한 특성을 먼저 강화해야 한다. 지금까지 쌓은 기술을 자기 자신과 타인에 대한 공감으로 어떻게 활용할지 살펴보자.

먼저 마음챙김이다. 자기 감정에 서툰 사람은 타인의 감정도 제대로 느끼지 못한다. 사람들은 대부분 감정적인 순간을 있는 그대로 받아들이기 힘들어한다. 하지만 이 불편함을 견딜 수 있을 때, 상대의 말에 귀를 기울이고 감정적으로 이어질 수 있다.

다음은 호기심이다. 호기심은 질문을 가능하게 하고, 서로 다른 관점을 이해하도록 돕는다. 상대방의 상황과 배경, 가치관을 알고 싶다면 열린 질문을 하자. 대답을 서두르기보다 스펀지처럼 정보를 흡수하자. 호기심을 유지하면 깜짝 놀랄 만큼 더 많은 것을 이해할 수 있다.

상대방의 감정과 욕구를 파악하려면 먼저 자신의 감정과 욕구를 알아야 한다. 여기서 중요한 역할을 하는 능력이 자기인식이다. 자신과 상대가 느끼는 감정을 구별하고 인식할 수 있도록 다양한 감정에 익숙해지자. 물론 번아웃에 시달리거나 감정에 매몰된 상태에서는 공감하기 어렵다. 빈 컵에서는 아무것도 나오지 않는다. 지금까지 키운 회복탄력성은 다른 사람이 어려운 시기를 겪을 때 버팀목이 돼 줄 힘이 된다.

마지막으로 다양한 문화와 경험을 최대한 많이 접하는 일은 공감을 키우는 효과적인 방법이다. 컬럼비아 대학교 경영대학원 애덤 갈린스키 Adam Galinsky 교수는 여행이 뇌에 미치는 영향을 오랫동안 연구했다. 그는 새로운 장소를 탐색할 때 공감의 핵심인 조망 수용perspective-taking (타인의 처지에서 생각하고 상대방의 감정을 이해하고 수용하는 능력.—옮긴이) 능력이 높아진다고 했다.[13] 일상에서 벗어나 낯선 환경에 들어가면 세상을 전혀 다른 각도에서 보게 된다. 새로운 음악 장르를 듣고 낯선 동네를 둘러보고 처음 보는 음식을 먹는 것만으로도 예상치 못한 통찰이 열린다. 중요한 것은 열린 마음가짐과 익숙한 관점을 잠시 내려놓겠다는 의지다.

앞에서 소개한 보데인을 기억하는가? 그가 출연한 프로그램은 호기심이 어떻게 공감으로 이어지는지 잘 보여 준다. 그는 시청자를 세계 곳곳으로 안내하며, 다른 문화를 바라보는 선입견에 질문을 던진다. 이런 경험은 뇌의 연결 방식을 바꾸고 유연한 공감 능력을 키운다. 시야를 넓히자. 다큐멘터리를 보고 책을 읽고 수업을 듣고 새로운 장소에 가자.

공감하는 리더가 성공한다

월은 공감 능력을 키우기 위해 많은 연습이 필요했다. 하지만 이는 성실히 연습할 만큼 좋은 관리자가 되고 싶다는 신호이기도 했다. 그는 호기심과 자기인식을 단련하는 것부터 시작했다. 자신의 감정에 주의를 기울였고 틈틈이 기록했다.

월은 언제 좌절을 느꼈고, 언제 설렘이나 불안을 느꼈을까? 그는 가능한 한 구체적으로 쓰려고 노력했다. 그는 단순히 행복하다고 쓰는 대신 자랑스러웠다고 적었고, 슬프다고 넘기는 대신 풀이 죽었다고 기록했다. 이런 감정은 무엇에서 비롯됐을까? 그는 어떤 감정을 타인에게서, 또 자기 자신에게서 피하려고 했을까? 그는 내면의 경험을 깨닫는 것만으로도 주변 사람의 감정 상태에 더 잘 반응할 수 있다는 사실을 알아차렸다. 동시에 좀 더 나아가야 한다는 점도 알았다.

월은 마음챙김을 단련하기 위해 팀원, 특히 브라이언, 조던, 카리를 대할 때 의식적으로 집중하는 연습을 했다. 생각에 휩쓸리는 대신 잠시 멈춰서 심호흡하고, 팀원이 말할 때 시선을 맞추려고 노력했다. 그는 상대의 표정과 몸짓, 말투를 살피고 그런 단서를 바탕으로 그들이 어떤 기분을 느끼고 무엇을 바라는지 상상했다. 또한 월은 팀을 뒷받침할 에너지와 회복탄력성을 갖출 수 있도록 자신을 지지해 줄 사람들과 구조를 마련했다. 나와의 심리 치료 외에도, 그는 더 좋은 리더가 되기 위해 상사와 분기별 면담을 잡았고, 함께 고충을 나눌 수 있는 엔지니어링 관리자 모임에도 참여했다. 알고 보니 실리콘밸리에는 이성적인 엔지니어가 많았다.

월은 관리자로서 팀원을 챙기는 일 역시 자신의 역할이라는 점을 계속해서 상기했다. 회의 중에 조던이 브라이언을 경멸하는 듯한 표정으로 보면 예전처럼 무시하는 대신 후속 조치를 취했다.

"브라이언 씨, 지난번 회의 이후로 어떻게 지내셨는지 궁금하네요. 브라이언 씨가 아주 유용한 아이디어를 제시했는데 아무도 알아주지 않은 것 같아요. 저는 그 아이디어에 관심이 있고, 우리 팀이 한번 시험해 보면 좋겠어요."

과정은 순탄하지 않았다. 하지만 월은 이런 노력을 몇 달 동안 꾸준히 반복했다. 그는 계속해서 자신을 인식하고 현재에 집중했으며, 팀 내의 대인 관계에 호기심을 가졌다. 그는 경청하고 감정을 인정하면서 팀원들이 서로의 관점을 이해할 수 있도록 애썼다. 그는 공감 능력을 키우는 새로운 경험을 하려고 노력했다. 예전 같았으면 피했을 법한 사내 사교 모임에 참석해 다양한 배경의 사람들과 의미 있는 대화를 나눴다. 더불어 사진 촬영처럼 새로운 시각을 기르는 데 도움이 되는 취미 활동도 시작했다.

당장 변화가 보이지는 않았지만 시간을 들여 연습한 끝에 월의 공감 근육은 점점 강해졌다. 그는 감정의 단서를 알아차리고, 자기 반응을 조절하고, 팀 내 신뢰 관계를 구축하는 데 능숙해졌다. 대인 관계 갈등이 마법처럼 사라지지는 않았다. 하지만 팀의 성과뿐만 아니라 팀원에게도 진심으로 신경 쓰는 사람이라는 신뢰를 얻으면서 갈등이 빚는 혼란은 줄어들었다.

월은 공감 능력을 키운 덕분에 더 나은 관리자가 됐을 뿐만 아니라, 다른 사람들과 더 깊이 연결될 수 있었다. 회복탄력성과 적응력도 함께 자랐고 충족감 역시 커졌다. 그는 주변 사람의 장점을 끌어내는 리더로서 지속적으로 성장할 토대를 마련했다.

경계의 중요성

월의 사례를 보면서 '나는 월과 정반대야! 타인의 기분을 지나치게 많이 느낀다고!'라고 생각하는 사람도 있을 것이다. 타인의 감정에 쉽게 공감하는 성향을 타고났다면 공감이 지나칠 수도 있을지 궁금하지 않은가? 실제로 다른 사람의 감정을 과도하게 받아들이다 보면 스트레스와 부담을 느끼기 쉽다.

'공감 피로'라는 것이 정말 존재하는지 의문을 가진 적 있다면, 그 답은 코로나 팬데믹 기간에 분명히 드러났다. 의사, 간호사, 교사를 비롯해 최전선에서 일하던 수많은 사람이 지쳐서 쓰러졌다. 끊임없는 스트레스와 계속해서 누군가를 돌봐야 하는 상황은 '급성 공감 불능' 사태를 일으킨다.[14] 이때 우리는 생각과 감정이 둔해지고, 희망마저 꺾이기 쉽다.[15]

과도한 운동이 몸을 망치듯 공감에도 한계가 있다. 우리는 쉼 없는 노력에서 벗어나야 한다. 고무밴드를 지나치게 늘이면 결국 끊어지듯 공감 역시 무한히 지속될 수 없다. 전 세계가 멈추는 팬데믹이 아니더라도 공감 능력이 한계에 이르는 순간은 일상에서도 자주 찾아온다. 늘 공감을 요구받는 일을 하거나 타고나길 돌봄을 좋아하는 사람은 모든 책임을 스스로 떠안아야 한다고 느낀다.

하지만 공감은 다른 사람을 행복하게 하려고 자기 바람이나 욕구를 희생하는 일이 아니다. 또한 공감은 상대가 어떤 행동을 하든 눈감아 주거나 타인의 문제를 자기 문제로 떠안는 태도도 아니다. 내 경험상 공감이 지나치다고 느끼는 사람들은 대체로 이 경계가 불분명했다.

취약성이 따르는 모든 일에는 경계가 필요하다. 경계는 내가 통제할 수 있는 대상은 오직 자신뿐이라는 사실을 받아들이는 가장 건강한 방식이다. 경계가 있기에 공감이 가능하다. 단단하고 분명한 경계가 없다면 공감 능력이 뛰어난 사람일수록 더 빨리 지친다.

심리 치료는 공감과 경계가 어떻게 함께 작동하는지를 보여 주는 대표적인 예다. 심리 치료사로서 내 역할은 깊이 공감하는 것이다. 내담자가 느끼는 감정을 함께 느끼며 그들을 이해하고, 그들이 자신을 잘 이해할 수 있도록 돕는다. 나는 50분 동안 내담자의 기쁨, 아픔, 트라우마까지 모든 감정을 받아들인다. 이런 상담을 일주일에 30시간씩 하기도 한다!

그러나 이 관계는 경계가 있어야만 가능하기에 심리 치료에는 여러 경계가 있다. 우리는 같은 요일에 같은 장소에서 만나 정시에 시작하고 정시에 마친다. 나는 치료실 밖에서 내담자를 사적인 모임을 비롯한 그 어떤 상황에서도 만나지 않는다. 이런 경계가 없다면 심리 치료는 금세 감당할 수 없는 상태로 흘러갈 것이다.

치료 과정이 2배로 길어질지도 모른다고 걱정하거나 그날 밤 파티에서 내담자를 만날 예정이라면 깊이 파고드는 대화는 불가능하다. 반대로 내담자는 내가 경계를 분명히 지킨다는 사실을 알기에 자신의 취약함을 더 솔직하게 드러낼 수 있다. 심리 치료에서는 경계가 분명할수록 공감은 더 깊어진다. 이는 사실 모든 인간관계에 적용되는 원리다.

직장에서나 일상에서 끊임없이 다른 사람을 돕고 뒷받침하는 과정의 경계를 제대로 세우지 않으면 언젠가는 번아웃이 찾아온다. 이는 자신에게도, 소중한 사람에게도 해로운 결과다. 공감 능력이 뛰어난 사람 중에는 거절하면 상대방이 실망할까 봐 걱정하는 이들이 있다. 하지만 사실 자신이 감당할 수 있는 것만 제공하는 것이 가장 친절한 선택일 때가 많다. 내가 감당할 수 있는 선을 넘지 않을 때 나와 상내, 그리고 관계 모두를 지킬 수 있다.

아무런 규칙 없이 자란 아이나 청소년을 떠올려 보자. 취침 시간도 정하지 않고 먹고 싶은 음식을 마음대로 먹고 늦게 귀가해도 아무런 연락도 하지 않는다. 겉으로는 자유로워 보일지 몰라도 이런 아이는 마음속에서 사랑과 관심을 받지 못한다고 느낀다. 또한 확인하고 지켜야 할 제한이 있다는 사실을 아는 아이보다 더 많은 행동 문제를 일으킨다.

직장과 가정에서 경계를 세우려면 자기인식 근육을 강화해야 한다. 자신의 강점과 한계는 무엇인가? 다른 사람에게 내 에너지를 얼마나 쓸 수 있는가? 무엇을 기꺼이 참을 수 있는가? 무엇을 참았을 때 분노가 생기는가? 이런 질문을 바탕으로 자기만의 경계를 정해야 한다. 예를 들어 업무를 일찍 시작할 수는 있지만 아이를 데리러 가야 해서 매일 오후 5시에는 퇴근해야 한다면 이 사실을 팀에 분명히 알리면 된다. 매일 저녁 부재중 알림 메시지를 띄우고, 늦은 시간에 회의하자는 동료의 제안을 거절할 수 있다. 거절하고 느끼는 불편함은 승낙하고 느끼는 분노에 비하면 가볍다. 항상 부탁하는 친구가 있다면 "너를 걱정하고 웬만하면 들어주고 싶지만 이번에는 부탁을 들어줄 여유가 없어"라고 잘라 말하면 된다. 상대가 잠시 언짢아할 수는 있지만 이런 솔직함이 오히려 관계를 지킨다.

처음으로 경계를 세우는 사람이라면 주변에서 반발이 생길 수도 있다. 하지만 사람은 적응의 동물이다. 시간이 지나면 관계는 오히려 더 건강해진다. 상대는 자신이 무엇을 기대할 수 있는지 알고, 당신은 이 관계에서 분노하거나 지칠 일이 줄어든다. 그 결과 자신이 정한 경계 안에서 진심 어린 공감을 나눌 수 있다.

월의 사례로 돌아가 보자. 그는 카리의 딜레마에 어떻게 대처할지 몰랐다. 우리는 몇 가지 선택지를 자세히 검토했다. 그는 먼저 카리의 상황을 이해하기 위해 면담을 제안했다. 카리는 아버지가 위중한 상태이고 5살짜리 아이를 양육하고 있으며 직장에서는 자신이 부족하다는 생각이 든다고 말했다.

"그 이야기를 들으니 어땠나요?"

"솔직히 불편했어요. 내가 뭘 어떻게 하면 될지 묻고 싶었죠. 하지만 카리 씨가 제게 편안하게 털어놓아서 고마웠어요. 카리 씨가 어떤 상황인지 알고 나니 어떻게 도움을 줘야 할지 조금은 보이더군요. 그래서 카리 씨가 맡고 있던 프로젝트 몇 개를 제가 넘겨받았고, 회사에 무료 어린이집이 있다는 정보도 전했습니다. 다만 그다음에는 어떻게 해야할지 잘 모르겠어요. 제가 카리 씨의 문제를 해결할 수는 없잖아요."

"저도 이해해요. 상황이 너무 복잡하죠. 그래도 윌 씨는 이미 진심어린 공감을 보였고, 카리 씨도 이해받았다고 느꼈을 겁니다. 사실 여기서부터 카리 씨의 문제를 해결하는 건 윌 씨가 할 일이 아니에요. 만약윌 씨가 제공할 수 없는 도움을 계속 요청한다면 분명한 경계를 세워야해요. 인사 부서와 상담하도록 안내하세요. 그곳에는 윌 씨가 대신할수 없는 지원이 있을 겁니다. 예를 들어 심리 치료 지원 같은 제도가 있을 수 있겠죠. 그동안은 휴가를 쓰도록 권하며 적절한 도움으로 연결해주는 역할만 해도 충분할 거예요. 어때요?"

윌은 그대로 실행했다. 일단 카리에게 공감하는 방법을 익힌 그는다른 업무에서도 공감을 더 발휘할 수 있는 부분들이 보이기 시작했다.물론 경계 안에서 그렇게 했다. 팀원과 동료의 경험을 깊이 이해하게 되자 마감 기한을 앞두고 팀원이 느끼는 압박감을 정확하게 파악할 수 있었다. 그는 필요할 때는 팀을 독려했고, 성과가 났을 때는 칭찬했다. 그결과 팀원들은 제대로 지원을 받는다고 느꼈고, 업무 생산성과 창의성도 함께 증가했다.

나를 돌보는 사람이
오래간다

타인을 향한 공감이 중요한 만큼 자기 내면을 향한 연민 역시 중요하다. 많은 사람이 특히 힘겨운 고난이나 실수에 직면했을 때 자기 자신을 가장 혹독하게 비난한다. 자기 연민이란 자신을 끈기 있고 상냥하게 대하고 불완전한 인간인 자신을 포용한다는 뜻이다. 자기 연민은 자기를 마냥 불쌍하게 여기거나 자신에게 도취돼 기준을 낮춘다는 말이 아니다.

실제로 한 연구에 따르면 자기 연민은 회복탄력성을 키우고 좌절에서 빠르게 회복하도록 돕는다.[16] 불안, 우울, 스트레스를 줄이고 행복, 삶의 만족도, 동기부여 수준을 높이는 것으로 나타났다. 자신에게 엄격하게 굴면서 결함이나 실패를 가혹하게 비판하면 좌절에 직면했을 때 의욕을 잃고 쉽게 낙담한다.

자신을 향한 공감이란 자기 감정을 있는 그대로 느끼고 어려운 순간을 극복하도록 뒷받침하며, 불완전함이 인간 경험의 일부라고 인정하는 것이다. 자기 연민을 기르기 위해 자주 자신에게 귀를 기울이고 마음챙김을 강화하자. 자신이 언제 가혹한 자기 대화나 비판을 하는지 주의를 기울이면서 친한 친구를 대할 때처럼 애정과 배려를 담아 자신을 대하려고 노력하자. 마음을 달래는 언어를 사용하고 자신이 최선을 다하고 있다는 사실을 인정하자. 그리고 자신을 미워해서 더 나은 사람이 되는 일은 절대 일어나지 않음을 기억하자.

자기 연민을 실천하려면 자신에게 상냥하게 말을 거는 데 그치지 않고 자신을 주의 깊게 보살펴야 한다. 힘들 때는 '지금 어떻게 하면 나를 위로하고 보살필 수 있을까?'라고 자문해 보자. 산책하거나 든든한 친구와 대화를 나눌 수도 있고, 책을 읽거나 좋아하는 음식을 만드는 등 마음이 편안해지는 활동을 하자. 자신에게 상냥하고 기운을 북돋아 주는 같은 편이 돼 준다면 지속해서 다른 사람도 배려할 수 있는 사람이 될 것이다.

내가 지우고 싶은 대중 심리학 상투 문구가 있다. 바로 자신을 사랑하는 법을 배우기 전까지는 누구에게도 사랑받지 못한다는 아주 유명한 말이다. 나는 심리 치료사로 일하면서 우리가 다른 사람에게 사랑받으면서(이상적으로는 어린 시절에 양육자에게 사랑받기 시작하면서) 자신을 사랑하는 법을 배운다는 사실을 알았다. 사실 사랑받아 본 적 없는 사람은 자신을 사랑할 수 없다. 사랑하는 능력은 홀로 생겨날 수 없다.

사회는 어떻게 해야 하는지 배운 적 없어도 스스로 일어나 원하는 바를 이루어야 한다는 생각을 강요한다. 하지만 사랑은 그렇게 일어나지 않는다. 자신을 사랑하는 법을 배우는 동안 자신을 사랑해 주는 사람에게 둘러싸여 있으라. 그렇게 자신을 사랑하는 마음이 깊어지면 다른 사람이 주는 사랑을 더 많이 끌어들이고 기꺼이 받아들인다.

공감 팔굽혀펴기:
감정 훈련 설문 조사

한 연구에 따르면 우리는 이해할 수 있는 상황에 쉽게 공감하는 경향을 보인다.[17] 최근에 친구나 동료 때문에 짜증 나거나 좌절했던 때를 떠올려 보자. 자주 투덜거렸거나 맡은 일을 늦게 끝냈을 수도 있고, 그저 기분이 나빠 보였을 수도 있다. 당신은 그 사람에게 완전히 진절머리가 났을 것이다.

그런데 그 사람의 가족이나 반려동물이 세상을 떠났다거나, 이혼 절차를 밟는 중이었다는 사실을 알았다. 이 사실을 알자마자 상대방의 행동이 이해된다. 자신도 힘든 시기에는 항상 바람직한 행동만 하지 않는다는 사실을 알기 때문이다. 그래서 상대방을 이해하고 공감하기가 더 쉬워진다. 따라서 상대가 어떤 사람인지, 그리고 그 사람에게 무엇이 필요한지 깊이 이해하면 공감 능력을 효과적으로 키울 수 있다.

그렇다면 동료나 사랑하는 사람이 무엇을 원하는지 어떻게 알 수 있을까? 나는 기업에서 일할 때 '감정 훈련 설문 조사'라는 도구를 자주 사용한다. 이 설문 조사의 목적은 가장 바람직한 자기 모습을 보여 주고 최선의 결과를 내는 데 무엇이 필요한지 알려 주는 정보를 수집하는 것이다.

공감 능력을 높이기 위해 직접 감정 훈련 설문 조사를 만들어 보자. 필요할 때 공감할 수 있도록 사람들의 욕구를 이해하고 예측하는 데 도움이 되는 참고 안내서라고 생각하면 된다. 이 설문 조사를 신입사원 오리엔테이션 과정에 포함할 수도 있고, 지금 당장 시작할 수도 있다.

- 1단계: 감정 훈련 설문 조사에 넣고 싶은 질문 목록을 작성해 보자. 함께 일하고 생활하는 사람들을 아는 데 도움이 될 정보가 무엇일지 생각하자. 예시를 몇 가지 소개한다.
  - 칭찬은 공개적으로 받는 것이 좋은가, 아니면 사적으로 받는 것이 좋은가?
  - 피드백은 직설적이고 단도직입적인 방식이 좋은가, 아니면 부드럽고 친절한 방식이 좋은가?
  - 힘든 시기에는 어떤 방식으로 보살핌이나 격려를 받는 것이 좋은가?
  - 당신이 마음 상했거나 상황을 감당하기 힘들어할 때, 주변 사람들은 어떤 신호를 통해 그 사실을 알 수 있는가?
  - 하루 중 어느 시간대에 집중이 가장 잘되고 생각이 또렷해지는가?
  - 생일은 어떤 방식으로 축하받고 싶은가?
  - 도움이 필요할 때 적극적으로 지원받는 것이 좋은가, 아니면 일정한 거리와 자유를 존중받는 것이 좋은가?
  - 그밖에 동료들이 당신에 대해 조금 더 알았으면 하는 점은 무엇인가?

'당신이 마음 상했거나 상황을 감당하기 힘들어할 때, 주변 사람들은 어떤 신호를 통해 그 사실을 알 수 있는가?'라는 질문은 공감 능력이 뛰어난 팀원, 관리자, 친구가 되는 데 도움이 된다. 예를 들어 누군가가 이 설문 조사에 스트레스를 받으면 끼니를 거르는 경향이 있다고 적었다. 그리고 당신은 그 사람이 지난 나흘간 연속으로 점심을 걸렀다는 사실을 깨달았다. 그럼 그 사람에게 무슨 일이 있는지 물어보거나 업무를 대신해 줄 수 있다.

'하루 중 어느 시간대에 집중이 가장 잘 되고 생각이 또렷해지는가?'라는 질문은 회의 일정을 정할 때 참고하기 좋다. '생일은 어떤 방식으로 축하받고 싶은가?'라는 질문은 생일을 사적인 일로 여기는 사람과 그렇지 않은 사람을 구분하는 단서를 준다. 함께 일하고 생활하는 사람에 대해 많이 알수록 상대방에게 다가가고 공감하는 데 도움이 된다.

- 2단계: 이 질문을 바탕으로 감정 훈련 설문 조사를 작성하자. 이 작업은 온라인으로도 할 수 있다. 구글 설문지Google Form 양식으로 간단하게 만들어서 전송할 수 있고, 답변도 쉽게 공유할 수 있다. 그다음 직접 설문 조사에 응답하자. 각 질문에 대답할 때 어떤 기분이 드는지 파악하면 다른 사람이 솔직하고 숨김없이 답변하도록 이끄는 설문 분위기를 만들 수 있다. 처음에는 이런 질문에 대답하고 자신의 감정 사용 설명서를

공유하는 일이 어색하게 느껴질 수 있다. 하지만 이런 순간에 필요한 특성이 바로 마음챙김, 자기인식, 호기심, 회복탄력성이다.

감정 훈련 설문 조사는 다른 사람이 무엇을 원하는지 알 수 있는 기회인 동시에 자신이 바라는 바를 알릴 기회이기도 하다. 예를 들어 나는 설문 조사에서 ADHD 때문에 의도하지 않게 다른 사람의 말을 가로막는 경우가 있다고 답했다. 그래서 같이 일하는 모든 사람에게 내가 말을 가로막으면 지적해도 괜찮다는 뜻으로 이렇게 썼다. "만약 제가 말을 가로막으면 제 말을 멈추게 하고 하던 말을 계속해 주세요." 이 당부는 아주 효과적이었다. 답변을 보낸 뒤, 이전에는 어물쩍 넘어가던 사람들이 거리낌없이 나를 멈추고 하던 말을 이어 가기 시작했다. 덕분에 훨씬 만족스럽고 생산적인 대화를 할 수 있게 됐다.

- 3단계: 설문 조사를 주변 사람에게 보내자. 직장에서 함께 일하는 동료, 가족, 친구가 그 대상이다. 몇 가지 조언하자면 투명성이 가장 중요하다. 설문 조사에 응답하기 전에 누가 답변을 확인할 수 있는지 분명히 알리자. 예를 들어 경영진만 확인 가능한지, 아니면 전 직원이 확인 가능한지 알려야 한다. 특정한 질문에 대답하기를 꺼리는 사람이 있을 수 있으므로 모든 질문에 대한 답변 여부는 답변자가 선택할 수 있어야 한다. 또한 답변자가 이후로도 응답을 추가하거나 삭제하고 변경할 수

있도록 답변을 편집할 권한을 부여해야 한다. 경영진 역시 설문 조사에 응답해야 한다.

나는 이 설문 조사가 도움이 되는 경우를 많이 봤다. 코아 직원이 소중한 사람을 잃었을 때, 우리는 그가 작성한 감정 훈련 설문 조사 답변을 살펴봤다. "힘든 시간을 견딜 때 무엇이 필요한가?"라는 질문에 그는 "우선은 혼자 있을 시간이 필요하고, 나중에는 누군가가 내 상태를 살펴줬으면 좋겠다"라고 대답했다. 그래서 우리는 며칠 동안은 그에게 혼자 있을 시간을 줬고, 적당한 시기라고 느껴질 때 연락했다. 미리 이런 정보를 알지 못한 채 곧바로 위로와 동정을 쏟아냈다면, 그는 관심을 부담스럽게 느꼈을 것이다. 우리는 혼자 있을 시간을 존중한 덕분에 그가 우리의 걱정을 느끼면서도 자기 방식으로 슬퍼할 수 있도록 도왔다.

이런 설문 조사를 보내는 것만으로도 배려와 지원을 보여 줄 수 있다. 물론 모든 순간을 각자의 선호에 맞게 조정할 수는 없다. 하지만 동료와 사랑하는 사람이 당신에게 무엇을 바라는지만 알아도 많은 문제를 예방할 수 있다.

이것이 공감에 접근하는 올바른 방법이다. 사람은 저마다 다르기 때문이다. 나는 "자기가 대우받고 싶은 대로 상대방을 대하라"라는 말을 그다지 좋아하지 않는다. 이 말은 모든 사람의 욕구와 선호가 자신과 같다고 가정하는데, 꼭 그렇지는 않기 때문이다. 사실 "상대방이 대우받고 싶어 하는 대로 대하라"라는 말이 더 맞다. 공감을 중요하게 여기면 인간관계는 달라진다. 자신의 욕구와 경계, 타인의 욕구와 한계를 깊이 이해하는 과정에서 우리는 문제를 해결하고 갈등을 극복해 협력하기에 훨씬 유리한 위치에 선다. 물론 이 과정에서 원활한 의사소통이 필요하다. 이제 좀 더 효과적인 **의사소통** 방법을 알아보자.

의사소통:
진실을 말하라

내가 너무 똑똑하다 보니 가끔은 나조차도
내가 무슨 말을 하는지 한마디도 이해하지 못한다.

__오스카 와일드Oscar Wilde

"카일Kyle 씨가 또 자기가 다음 캠페인을 맡아도 괜찮겠냐고 했을 때 스테퍼니Stephanie 씨는 뭐라고 하셨죠?"

스테퍼니는 죄책감 가득한 표정으로 나를 보더니 어색하게 자세를 고쳐 앉았다.

"음. 그 표정이 무슨 의미인지 알겠어요. 괜찮다고 하셨군요."

"네, 괜찮다고 했어요."

"하지만 실은 괜찮지 않은 거죠?"

"네, 괜찮지 않아요. 카일 씨는 일한 지 아직 1년도 안 됐는데 지난

2번의 캠페인을 이끌었잖아요. 왜 제가 카일 씨에게 양보해야 하죠?"

"스테퍼니 씨가 양보할 필요는 없어요. 스테퍼니 씨는 경력 덕분에 이미 승진까지 했으니까요. 그럼 카일 씨가 캠페인을 주도하고 싶다고 했을 때, 왜 그렇게 하라고 했나요?"

"그거야 거절하기 싫었으니까요."

"스테퍼니 씨가 거절하기 싫어하는 건 알아요. 하지만 밀려나고 싶지도 않잖아요. 게다가 이제는 카일 씨도 싫어하게 된 것 같아요."

"네, 그 말씀이 맞아요."

스테퍼니는 고급 화장품 브랜드에서 10년 넘게 근무했다. 신입 직원으로 입사해서 마케팅 부장까지 승진했고, 다른 회사로 옮길 생각은 해본 적도 없었다. 그녀는 이 업무에 잘 맞는 사람이었다. 야망 있고 똑똑하고 직관력이 뛰어났다. 그 덕분에 비교적 수월하게 승진했다. 동료들의 신임을 받았고, 그녀가 이끈 캠페인은 대부분 성공했다. 하지만 그녀에게는 치명적인 약점이 있었다. 평생 상대방 기분에 맞춰 살아온 탓에 좀처럼 거절하는 법을 몰랐다.

문제는 또 있었다. 동료 대부분이 스테퍼니만큼 오랫동안 같은 회사에서 근무했고, 여전히 그녀를 커피 심부름도 마다하지 않고 기분을 맞추던 어린 직원으로 기억했다. 상사와 팀 동료는 겉으로 드러나지는 않았지만 경계를 자주 넘었다. 예산 작성 때문에 야근을 하거나, 다음 날 아침 회의 자료의 맞춤법을 검토하거나, 연이은 토요일 근무를 하는 일은 그녀의 업무가 아니었다. 하지만 그녀는 부탁을 받을 때마다 승낙했다.

감정 훈련

스테퍼니는 누구도 실망시키고 싶지 않았다. 그래서 늘 웃는 얼굴로 무리한 요청을 받아들였다. 그리고 이 분노는 마음속에 차곡차곡 쌓였다. 시간이 지나면서 원망하는 마음이 커졌다. 어느 순간 그녀는 눌러 왔던 분노가 터져 나오면서 주변 사람을 심하게 몰아세웠고, 자신도 상대방도 이해할 수 없는 이유로 인간관계를 망쳐 버렸다. 사람들의 기대를 저버리지 않겠다는 마음으로 버티다가 오히려 더 큰 문제를 만들었다.

스테퍼니 같은 경우는 흔하다. 남의 말을 잘 듣고 협조적인 사람으로 길러진 많은 사람이 자기주장에 서툴다. 이들은 자신의 욕구를 억누르기 위해 합리화를 반복하다가 심리적으로 뒤틀리고 결국은 지쳐서 원망만 남은 상태가 된다. 기대를 명확하게 밝히고 경계를 설정하는 능력이 없으면 끝없이 다른 사람의 요구에 휘둘리고 만다. 이와 정반대의 문제가 있는 사람도 있다. 자기 욕구를 지나치게 노골적으로 드러내거나, 이것을 분명하고 상냥하게 전달하지 못해 말하더라도 늘 너무 늦었다. 다시 말해 상대방이 자기 욕구를 이해하거나 들어주고 싶다는 생각이 들도록 전달하지 못한다.

지금부터 살펴볼 특성인 의사소통은 자신의 감정, 경계, 욕구, 기대를 다른 사람에게 정확하고 직접적이고 사려 깊게 공유하는 능력을 말한다. 의사소통을 제대로 하지 못하면 어려운 대화를 피하게 되고, 갈등을 해결하거나 협력하며 일하기도 어렵다. 그런 상태에서는 깊고 지속적인 인간관계를 맺기란 거의 불가능하다. 의사소통이 없으면 연결도 생기지 않는다. 의사소통은 인간관계를 이어 주는 핵심 매개체다.

그럼에도 직접적인 의사소통은 쉽지 않다. 관계가 망가질지도 모른다는 불안, 자신감 부족, 자신의 욕구와 기대를 제대로 이해하지 못하는 상태 등 여러 이유가 겹치기 때문이다. 의사소통에 어려움을 겪는 사람이 많은 또 다른 이유는 훌륭한 의사소통이 무엇인지 보여 주는 역할 모델이 없다는 데 있다.

누구나 다 아는 사실이지만 지난 수십 년 동안 의사소통은 훨씬 복잡해졌다. 그리고 대부분이 가상 공간에서 이루어진다. 우리는 이제 대면으로 생산적인 대화를 나누는 능력뿐 아니라 화면이나 문자메시지로도 자기 생각과 감정, 욕구를 전달하는 방법을 알아야 한다.

현대인은 디지털 의사소통에 매주 평균 20시간을 소비한다.[1] 그리고 원활하지 않은 의사소통이 업무 효율을 떨어트린다고 말하는 사람이 50퍼센트에 달한다. 이런 흐름은 앞으로도 계속될 것이다. 이제부터 대면과 가상 환경에서 어떻게 의사소통해야 하는지 살펴보자.

허심탄회하게 터놓는 대화하기

말해야 하지만 말하지 않는 일이 많다. 나는 사직서를 내기 직전까지 승진 신청을 미루는 사람들을 봤다. 결혼 등으로 돈 문제가 법적 공동 책임이 되었음에도 돈 이야기를 피하는 커플도 있었다. 무엇을 바꿔야 하는지 단 한 번도 이야기하지 않은 채 관계를 끝내는 사람들도 봤다. 감정을 훈련할 때는 사후가 아니라 사전에 대처해야 한다. 의사소통도 예외는 아니다. 솔직한 의사소통은 불편하게 느껴지기에 마음챙김 근육이 충분히 단련되지 않은 사람일수록 이를 피하려 한다.

사람들은 대화를 회피하려고 '별일 아니야'라는 변명을 자주한다. '그냥 실망했을 뿐이야. 굳이 말할 가치는 없어'라고 생각하기도 한다. 하지만 이는 자기 감정과 욕구를 스스로 깎아내리고 무시하는 태도다. 표현하지 않은 실망은 원한으로 굳어지고, 원한은 실망보다 훨씬 더 지우기 어렵다. 예를 들어 배우자가 기념일을 기억하지 못했거나 직장 동료가 중요한 이메일을 보내면서 자신을 참조하지 않았을 때를 떠올려 보자. 보통 이런 경우에 자신의 감정을 알리지 않는 편이 상대를 배려하는 일이라고 생각한다. 그러나 이는 자신과 상대방, 그리고 모두에게 해를 끼친다.

문제가 생겼을 때 바로 전달해야 작은 문제가 큰 문제로 번지는 일을 막을 수 있다. 사전에 정기적으로 나누는 의사소통은 치석이 쌓이지 않도록 막는 양치질과 같다. 게다가 자신의 욕구, 경계, 기대를 말로 표현할 수 있다면 이를 충족할 가능성도 훨씬 높아진다. 주변 사람들이 모두 자기 마음을 읽어서 무엇이 필요한지 '알아서' 알아차려야 한다는 생각으로 의사소통을 피하는 사람도 있다.

"제가 남자 친구에게 데이트를 더 자주하자고 부탁해서 하는 데이트는 의미가 없어요. 제가 시켜서 하는 데이트일 뿐이니까요."

많이 들어 본 이야기 같은가? 사랑하는 사람도 함께 일하는 동료도 독심술사가 아니다. 무언가를 부탁해서 변화된 것이 있다면 그 자체로 이미 배려를 받은 것이다. 자신의 욕구가 무엇인지 이해하고(자기인식) 이를 요청하는 것은 인간관계를 돈독히 하는 가장 좋은 방법이다. 자기가 무엇을 바라고 원하는지 사람들에게 이야기하면 깜짝 놀랄 만한 것을 얻게 될 것이다.

의사소통은
감정 훈련의 실전이다

의사소통이 여섯 번째 특성인 데는 이유가 있다. 힘든 작업이기 때문이다. 자기 마음을 다른 사람에게 전하는 의사소통은 중노동이다. 그래서 마음의 준비가 필요하다. 의사소통은 전반적인 감정 훈련에 도움이 되지만, 지금까지 살펴본 다른 특성을 제대로 강화하지 않았다면 키우기 어려운 기술이기도 하다. 지금까지 단련한 각각의 근육이 의사소통 능력 향상에 어떻게 도움이 되는지 살펴보자.

- 마음챙김: 특히 갈등이 있는 상황에서는 효과적인 의사소통이 불편하기 마련이다. 의사소통을 실천하는 방법을 배운 적 없거나 스스로 그럴 권한이 없다고 느낀다면 더더욱 어렵다. 하

지만 의사소통하지 않으면 오히려 더 많은 불편을 견뎌야 한다. 동료와 더 나은 협력 방식을 두고 어색한 대화를 나누는 일이 침묵한 채 매일같이 동료를 미워하는 것보다 감당하기 쉬울 것이다. 마찬가지로 연인에게 함께 보내는 시간이 얼마나 중요한지 전달하는 불편함이 관계에 대한 불만을 계속 품고 있는 것보다 극복하기 쉽다. 어려운 대화를 나눠야 할 때는 자신이 이를 해낼 수 있고 자신의 욕구는 존중받고 충족돼야 한다고 다짐하자.

- 호기심: 효과적으로 의사소통하려면 먼저 방어벽을 낮춰야 한다. 솔직한 의사소통은 쌍방향이다. 당신과 의사소통 상대가 함께 추는 춤이다. 호기심이 있으면 대화는 자연스럽게 양방향으로 흐른다. 상대방의 처지를 이해하기 위한 질문을 던지거나 상대방이 건네는 말을 열린 태도로 받아들이는 데 도움이 된다. 진심 어린 호기심이 강할수록 의사소통 능력도 함께 향상된다.

- 자기인식: 자기도 모르는 욕구를 상대방에게 어떻게 전달할 수 있겠는가? 상대방에게 말하기 전에 먼저 자신의 의도를 분명히 아는 일이 중요하다. 지금 어떤 감정을 느끼는가? 그런 감정은 왜 생겼는가? 이 대화를 통해 무엇을 얻고 싶은가? 자신의 의사소통 방식이 어떤지, 그리고 그 방식의 장단점을 이해하는 것은 의사소통 방식을 개선하기 위한 중요한 첫걸음이다.

너무 소심한 편인가, 지나치게 공격적인가, 아니면 표현이 불분명하거나 무뚝뚝한가? 대화가 잘 풀렸던 순간과 그렇지 않았던 순간을 곰곰이 떠올려 보자.

- 회복탄력성: 모든 의사소통이 항상 긍정적인 방향으로 흘러간다는 보장은 없다. 대화 과정에서 문제나 갈등을 겪을 수도 있고, 상대방이 감정 훈련에 큰 관심이 없는 사람일 수도 있다. 회복탄력성은 이런 순간을 견디고, 상대방과 효율적으로 협력하는 데 필요한 내적·외적 자원을 활용하도록 도와준다.
- 공감: 상대방이 당신과 감정적으로 연결돼 있다고 느낄수록 당신의 말을 받아들이고 주의를 기울일 가능성이 훨씬 높아진다. 공감이 따르는 의사소통은 상대방의 감정과 욕구를 어느 정도 이해한다는 뜻이다. 자신의 경계를 알리는 의사소통은 욕구와 기대를 지키는 중요한 가드레일 역할을 한다. 자기 경계를 아는 사람은 결국 자신뿐이므로, 상대방에게 그 경계를 분명히 알리고 넘으려 할 때는 막아야 한다. 그렇지 않았을 때 생기는 부정적 감정은 상대방의 책임이 아니라, 경계를 분명히 하지 않은 자신의 책임이다.

말하지 않아도 전해지는 메시지

자기를 표현하기에 적절한 말을 찾는 것도 중요하지만 의사소통은 말로만 이루어지지 않는다. 비언어 의사소통은 말 이상으로 중요한 역할을 한다. 이 핵심 요소 4가지는 경청, 침묵, 말투, 몸짓 언어다.

- 말하는 만큼 경청하자. 호기심을 다루면서 경청의 중요성을 언급했듯, 경청은 효과적인 의사소통에서도 아주 중요한 역할을 한다. 말하려는 열의에 가려 쉽게 밀려나지만, 경청은 그 자체로 아주 많은 의미를 전달한다. 경청은 상대방에게 당신이 지금 이 순간에 집중하고 상대방의 말에 관심을 기울인다는 신호를 보낸다. 적극적 경청은 말을 듣는 데 그치지 않고 말의 의미와 말투, 맥락을 진정으로 이해하는 과정이다. 적극적으로 경청할 때 상대방의 생각과 감정, 바람, 욕구에 좀 더 정확하게 반응할 수 있다. 경청의 중요성은 심리 치료의 핵심이다. 20년 가까이 전문가로 일하며 경청을 실천했지만 나에게도 경청은 앞으로 꾸준히 개선해야 할 기술이다.

  말할 때와 들어야 할 때를 구분하는 일은 쉽지 않다. 상대방이 무엇을 원하는지 잘 모르겠다면 그냥 물어보는 편이 낫다. 누군가 상담을 요청할 때는 "해결책을 원하세요, 아니면 공감을 원하세요?"라고 물어보자. 때로는 그저 공감하는 마음으로 들어 주기를 바랄 수도 있다. 그런 경우라면 조언하고 싶은 충동이 올라와도 자제하자. 조언은 대개 개인의 경험을 바탕으로 나오기 마련인데, 같은 경험을 한 적 없는 사람은 이 조언에 공감하기 어렵다. 마찬가지로 누군가에게 자신의 문제를 털어놓을 때도 함께 해결책을 찾고 싶은지 아니면 단순히 이야기를 들어 주길 바라는지 미리 이야기하는 편이 바람직하다.

- 여유를 가지자. 마음챙김 훈련에서 소개한 메건의 사례에서도 침묵의 중요성을 언급했다. 그녀는 침묵을 견디지 못해 자신이나 타인과 의사소통할 때 어려움을 겪었다. 침묵은 의사소통의 부재가 아니라 대화를 효과적으로 이끄는 강력한 도구다. 침묵은 생각을 정리하고 정보를 처리하며, 차분하게 대답을 준비할 시간을 준다. 상대방이 말을 끝내자마자 끼어들지 않고 잠시 여유를 뒀을 때, 예상치 못한 깊은 이야기를 듣게 될지도 모른다. 사회적 상호작용에서 전략적인 침묵은 자기인식, 공감, 그리고 상대방에 대한 존중을 드러내는 신호가 된다.

- 말투에 유의하자. 말의 내용보다 말하는 방식이 더 크게 작용하는 순간도 많다. 디지털 시대에 가장 큰 타격을 받는 의사소통 요소가 바로 말투다. 문자메시지에 풍자를 담으려 했던 적이 있다면 말투가 전달되지 않을 때 얼마나 많은 의미가 사라지는지 알 것이다. 자신은 사려 깊게 말했다고 생각했지만 상대에게는 통제하려는 말처럼 들릴 수 있고, 농담이 비수처럼

꽂힐 수도 있다. 배려하려고 모른 척한 행동이 무관심으로 오해받는 일도 생긴다. 보내기 버튼을 누르기 전에 내가 메시지를 받는 사람이라고 상상해 보자. 이야기 후반에 소개할 '이모티콘' 활용법을 참고하자.

- 설명하지 말고 보여 주자. 날리니 암바디Nalini Ambady와 로버트 로젠탈Robert Rosenthal은 한 연구에서 학생들은 몇 초에 불과한 무음 동영상만 보고도 교사의 능력을 정확하게 예측할 수 있다는 사실을 발견했다. 이는 비언어 행동이 얼마나 큰 영향을 미치는지 보여 주는 결과다.[2] 몸짓 언어는 비언어 의사소통에서 매우 중요한 요소로 감정과 태도, 의도를 신체적 단서로 전달한다. 설렘과 현재에 충실한 태도를 논하면서 구부정한 자세로 팔짱을 끼고 고개를 숙이고 있다면 이는 상반되는 두 메시지를 전달하는 셈이다.

인류학자 레이 버드휘스텔Ray Birdwhistell에 따르면 상호작용에서 주고받는 의미의 약 65퍼센트가 비언어 단서에서 비롯된다. 몸짓 언어는 표정과 눈 맞춤, 자세와 제스처 등 다양한 요소를 포함하며, 말로 표현하지 않은 생각과 감정을 드러낸다. 자신이 어떤 몸짓 언어를 사용하는지 알고 싶다면 동료나 친구에게 다음 회의나 대화를 녹화해도 괜찮을지 물어보자. 녹화한 영상을 다시 보면서 말하지 않아도 드러나는 자신의 몸짓과 표정, 미묘한 신호들에 의식적으로 주의를 기울이자.

회피한 갈등이 관계를 망친다

스테퍼니가 거절을 어려워하는 이유를 살펴보던 중 우리는 그 행동의 밑바닥에 갈등을 두려워하는 마음이 있다는 사실을 발견했다. 그녀는 인생의 거의 모든 영역에서 갈등을 회피하려고 안간힘을 썼다. 친구와 사랑하는 사람에게 느끼는 짜증은 좌절로 바뀌었고, 그 좌절은 곧 원망으로 굳어졌다가 결국에는 사소한 일로 폭발했다.

스테퍼니는 자신의 욕구를 눌러서라도 동료와 원만하게 지내려 했다. 그러던 중에 카일이라는 자신만만하고, 솔직히 말해 다소 거만한 직원이 팀에 합류했다. 그리고 그는 곧바로 스테퍼니의 판단에 의문을 제기하며 결정을 깎아내리기 시작했다. 어느 날 스테퍼니가 불만을 털어놓았다.

"카일 씨가 나쁜 사람은 아니에요. 그냥 자신만만하고 열심히 하는 사람 같아요. 하지만 제가 캠페인을 이끌어 갈 방향을 제시할 때마다 매번 반대 의견을 내면서 완전히 다른 아이디어를 밀어붙여요. 심지어 제가 점심 식사를 어디에서 주문할지 제안할 때도 끼어들어서 다른 곳에서 주문하자고 해요. 카일 씨와 제가 1:1로 이야기해서 해결해야 할 상황인 건 아는데, 아시다시피 전 거절을 잘 못하고 어떤 종류든 간에 갈등이 너무 싫어요."

한동안 스테퍼니는 카일이 회의할 때마다 끼어들어서 반박해도 아무런 말도 하지 않았다. 그러나 그런 침묵은 대화를 피하게 만들었고,

두 사람 사이의 나쁜 관계 패턴을 되풀이했다. 시간이 흐르면서 그녀의 분노는 점점 커졌다. 어느 날 그녀는 살짝 웃으며 농담하듯 말했다.

"이 자식을 목 졸라 죽이고 싶다는 망상을 하곤 해요. 어처구니없는 생각이라는 건 알아요. 하지만 제 생각에 카일 씨는 제가 얼마나 화가 났는지도 모를 것 같아요. 그래서 더 화가 나요."

"음, 말하기는커녕 내색도 하지 않으니 어떻게 알 수 있겠어요?"

스테퍼니의 이런 반응은 그녀가 벗어나고 싶어 했던 바로 그 모습과 닮아 있었다. 오래전에 입사해 자기주장을 펼치지 못하던 신입 시절의 그녀 모습이었다. 업무는 점점 풀리지 않았고, 문제를 정면으로 다루는 대신 속으로 삼키다 보니 스트레스도 커졌다. 그러나 그녀가 갈등을 회피하지 않고 마주한다면, 이 문제는 충분히 해결될 수 있었다.

갈등의 미학: 파탄에서 돌파구로

갈등을 떠올리기만 해도 진저리를 치는 사람은 흔하다. 대부분의 사람들은 갈등을 불편하게 여긴다. 상대가 사랑하는 사람, 소중한 사람, 의지하는 사람이라면 특히 더 힘들다. 성장기 동안 갈등이 어떻게 해결되는지를 제대로 보고 자란 사람은 드물다. 어떤 사람은 분명 평소와 다른 기류가 흐르는데도 자녀 앞에서는 절대 싸우지 않는 부모 밑에서 자랐다. 또 어떤 사람은 갈등을 수없이 목격했지만 해결되는 과정은 거의 보지 못했다. 이런 다양한 이유로 우리와 갈등의 관계는 복잡하다.

연애든 가족이든 직장이든, 어떤 인간관계에서든 갈등을 근육운동과 같다고 생각해 보자. 운동을 하면 근육에 아주 미세한 파열이 생긴다. 역기를 들어 올릴 때마다 사실은 근육에 조금씩 손상을 주는 셈이다. 같은 근육을 계속해서 단련하기만 하고 휴식하지 않으면 영구적인 손상이 발생한다. 하지만 휴식을 취하고, 수분과 단백질을 섭취하고, 숙면하면서 회복할 시간을 주면 근육은 전보다 더 강해진다. 그렇게 회복한 근육은 다음 운동에서 받는 자극을 더 잘 견딘다. 시간이 흐르면 예전보다 더 무거운 역기를 들 수 있을 뿐만 아니라 신체에 미치는 다른 스트레스에도 더 잘 대처할 수 있게 된다.

이것이 내가 생각하는 인간관계의 갈등이다. 핵심은 회복이다. 갈등을 잘 극복하면 관계는 이전보다 더 단단해지고 스트레스 대처 능력도 함께 발전한다. 실제로 인간관계에는 갈등을 극복했을 때만 생기는 강인함과 친밀함이 있다. 분명 당신의 삶에도 힘든 일을 함께 견디면서 이전보다 더 가까워진 관계가 있을 것이다.

그렇다면 어떻게 회복할 수 있을까? 여기에서 의사소통이 중요해진다. 회복은 일어난 일을 돌이켜 보고, 대화하고, 감정을 공유하고, 자기 책임을 인정한 뒤, 다음에는 무엇을 다르게 할 수 있을지 함께 생각하는 과정이다. 솔직하게 다가가자. 자신의 느낌과 욕구를 이야기한다고 해서 무너질 관계라면 사실 그 관계는 오래갈 가능성이 없다.

두 사람 사이의 갈등은 언제나 서로의 행동이 맞물려 만들어진 결과다. 그래서 의견 차이가 생긴 이유를 상대에게서만 찾기보다 각자가 자신의 책임부터 인정하는 태도가 필요하다. 이는 상대방도 똑같이 할 것이라는 믿음이 있을 때만 가능하다. 그래서 나는 두 사람이 동시에 서로를 향해 한 걸음씩 물러나는 상태를 '배의 한가운데'라고 부른다.

의견 차이가 발생하면 상대방에게 대항하려고 극단적인 태도를 취한다. 둘 다 속내를 너무 터놓으면 배가 뒤집힐까 봐 걱정한다. 이런 기미가 보일 때일수록 용기를 내어 한가운데로 나아가 자신이 문제에 어떤 원인을 제공했는지 인정하자. '이 문제에서 내가 잘못한 건 이거야'라고 말하면 상대방도 자연스럽게 자신의 책임을 돌아보게 된다.

갈등을 관리하는 리더의 대화 전략

문제를 극복하고 해결책을 찾으면 배우자, 친구, 가족, 동료 사이의 유대가 강화되고, 신뢰를 바탕으로 더 건강하고 열린 관계를 쌓을 수 있다. 그냥 싸움으로 끝났을지도 모를 일의 결과치고는 꽤 좋지 않은가? 갈등이 생겼을 때 상황이 어떻게 흘러갈지는 자신이 어떤 의사소통 도구를 갖췄는지에 따라 달라진다. 지금부터 유용한 의사소통 도구를 살펴보자.

나와 너의 대결을 우리와 문제의 대결로

어려운 대화를 앞두고 있는가? 대화 시작 전에 자신의 의도를 명확하게 정리하자. 자기인식 훈련에서 소개한 '주먹 쥐기' 활동을 기억하는가?

이 활동은 모두가 같은 편인 상황에서도 사람들이 얼마나 쉽게 방어적인 태도로 대화를 시작하는지를 잘 보여 준다. 의도하지 않았거나 스스로 인식하지 못한 채로 '나와 너의 대결'이라는 사고방식에 빠지는 일은 매우 흔하다.

'나와 너의 대결'이라고 생각하면 협력 관계가 아니라 적대 관계가 만들어지고 상대방이 문제처럼 보이기 시작한다. 반대로 '우리와 문제의 대결'로 사고방식을 전환하면 문제를 당신과 상대방이 함께 마주해야 할 외부의 과제로 재정의할 수 있다. 그렇게 되면 상대방이 문제가 아니라 문제 자체가 문제인 상황이 된다. 서로에게 맞서는 대신 문제를 향해 힘을 합칠 때, 의사소통이 훨씬 수월해지고 해결책을 찾을 가능성도 훨씬 높아진다.

예를 들어 동료 한 사람이 자기 몫의 일을 늘 마감 직전에 처리하는 습관이 있고, 그로 인해 당신은 담당한 업무를 마무리할 시간이 부족해 스트레스를 받는다고 해 보자. 이 상황에서는 '나와 너의 대결'이라는 사고방식, 즉 상대와 상대의 업무 처리 방식이 문제라고 여기기 쉽다. 하지만 이렇게 시작하면 대화는 비난과 방어로 흘러갈 뿐이다.

상황을 '우리와 업무 마감 기한의 대결'에서 생각해 보자. 완성도 높은 작업물을 기한에 맞춰 마감한다는 공동의 목표를 전달하면서 대화를 시작하자. 그리고 동료가 직면한 어려움을 인정하고, 이를 극복하는 데 도움을 주겠다고 제안하자. 문제를 공동의 과제로 접근하면 동료는 도움을 받는다고 느끼고 함께 해결책을 찾으려는 분위기가 만들어진다. 예를 들면 이렇게 말할 수 있다.

"우리는 서로 업무 처리 방식이 다른 것 같아요. 당신은 마감 직전에 집중하는 편이고, 저는 미리 끝내는 편을 선호하거든요. 그렇지만 프로젝트가 순조롭게 진행되도록 함께 해결책을 찾아보면 좋을 것 같아요. 지금 어떤 점이 가장 어려운지, 제가 어떻게 도와드리면 좋을지 이야기해 주실래요?"

스테퍼니는 카일과 대화하기 전에 나와 이 사고방식 전환을 연습했다. 처음에 그녀는 카일과의 상황을 '나와 너의 대결'로 받아들였다. 그녀의 머릿속에서 이 상황은 아이디어 싸움이자 권한 싸움이었다. 그녀는 자신의 의견이 존중받길 바랐지만, 카일은 자기주장을 밀어붙여 이기려 한다고 느꼈기 때문이다. 그러나 그녀는 대화를 준비하면서 이 상황을 '우리와 캠페인의 대결', '우리와 아이디어를 나눌 시간이 제한된 회의 시간과의 대결'이라고 사고방식을 바꿨다. 그 결과 그녀는 훨씬 덜 방어적인 태도로 카일에게 다가갈 수 있었고, 두 사람의 대화도 더 생산적이고 협력적으로 흘러갔다.

이 방법은 사적인 관계에서도 효과적이다. 배우자와 집안일 분담 문제로 다투는 상황을 떠올려 보자. 당신은 집안일의 많은 부분을 맡았으며, 이 사실을 상대방이 알아주기를 바란다. 이 문제를 '나와 너의 대결'로 보기보다는 '우리와 불균형한 가사 분담의 대결'로 바라보자. 조화롭고 공평한 가정을 꾸리고 싶다는 공동의 바람에 초점을 맞춰 대화를 시작하자. 예를 들면 이렇게 말할 수 있다.

"요즘 우리 둘 다 정말 바쁘고 해야 할 집안일이 많잖아. 그래도 서로 의지하고 인정하는 집안 분위기를 만들고 싶어. 어떻게 하면 가사를 좀 더 공평하게 분담하고 우리 둘에게 맞는 방식을 찾을 수 있을지 같이 이야기해 보자."

문제를 공동의 과제로 제시하면 배우자에게 협력을 요청하면서도 두 사람의 관계에 도움이 되는 해결책을 찾을 수 있다.

비폭력 대화

2014년, 마이크로소프트 CEO로 취임한 사티아 나델라Satya Nadella는 첫 번째 임원 회의에서 심리학자 마셜 로젠버그Marshall Rosenberg가 쓴 《비폭력 대화Nonviolent Communication》라는 책을 건넸다.[3] 장담컨대 임원들은 눈썹을 치켜 올리고 조용히 이의를 제기하거나 희미한 조소를 지었을 것이다. 당시 전임 CEO가 지휘하던 마이크로소프트에 노골적인 적의와 내분이 만연했다는 사실은 널리 알려져 있었다. 그는 자신이 독기가 넘치는 지뢰밭에 발을 들였다는 사실을 알고, 이를 바꾸겠다고 결심했다.

나델라는 비폭력 대화를 통해 기업이 더 성장할 수 있고 직원들에게도 도움이 될 수 있다고 믿었다. 치열한 경쟁과 독설이 난무하는 기업 세계에서 그는 좀 더 상냥하고 온화하고 협조적인 업무 수행 방식을 실천하고자 했다. 10여 년이 지난 지금, 그는 마이크로소프트의 기업 문화를 재구축하고 망가진 기업 이미지를 되살렸다는 평가를 받는다.

비폭력 대화 방법을 창시한 로젠버그 박사는 1960년대 미국 남부의 학교와 여러 조직에서 인종 간 통합을 추진하며 이 개념을 발전시켰다. 그는 서로 전혀 다른 삶을 살아온 아이들이라도 여전히 유대하고 함께 갈등을 극복할 수 있다는 사실을 모두에게 보여 주고 싶었다. 비폭력 대화nonviolent communication, 줄여서 NVC는 감정과 욕구를 바탕으로 문제를 전달할 수 있다면 비슷한 감정과 욕구를 경험해 본 상대방도 이해하고 공감할 가능성이 훨씬 높다는 이론에 근거한다.

시간이 흐르면서 로젠버그의 철학이 지닌 힘이 드러났다. 그것은 삶의 경험과 무관하게 모든 이에게 평등한 기회를 보장하는 가치 체계를 구축하는 데 효과적이었다. 비폭력 대화의 핵심은 갈등을 해결하는 언어다. 비폭력 대화는 사람들의 방어벽을 낮추고 오해를 줄인다. 그는 우리 모두의 밑바탕에는 서로 닮은 감정과 욕구가 있다고 설명한다.

여기에서 비폭력 대화를 모두 설명하기는 어렵다. 대신 로젠버그의 책을 읽고 더 깊이 배워 보기를 권한다. 기본 원칙은 다음과 같다. 갈등이 생길 때마다 되풀이되는 관계의 상호작용 방식을 바꾸고 싶다면 다음 문장을 활용하자.

나는 ＿＿＿＿＿＿＿＿을 관찰했을 때,

＿＿＿＿＿＿＿에 대한 욕구가 채워지지 않아서

＿＿＿＿＿＿＿라고 느꼈습니다.

앞으로는 ＿＿＿＿＿＿＿해 주시겠어요?

네 칸 채우기 문제(단어 채우기 게임)는 특정한 상황에서 대응해야 할 4가지 요소를 제시한다. 중요한 고객에게 후속 조치하는 일을 잊어버린 팀원을 예시로 들어 보자.

1. 관찰(나는 …을 관찰했을 때)

   무엇을 봤고 무엇을 들었는가? "당신은 정말 신뢰할 수 없어요"라는 말은 관찰이 아니라 판단이다. 대신 "당신은 화요일에 그 고객에게 후속 조치를 하겠다고 말했는데 실제로는 하지 않았어요"처럼 일어난 일을 정확하게 전달하자. 누군가 항상 어떤 일을 한다는 말은 거의 진실이 아니기에 관찰을 말할 때는 항상이나 절대 같은 표현을 피하자. 사실만 전하는 것이 중요하다.

2. 감정(…라고 느꼈습니다)

   이 상황에서 어떤 감정을 느꼈는가? 생각이 아니라 느낌을 말하자. "당신이 무책임하다고 느꼈습니다"는 느낌이 아니라 생각이다. 대신 "저는 실망했고 불안했습니다"라고 말하자.

3. 욕구(…에 대한 욕구가 채워지지 않아서)

   이 상황의 결과로 어떤 욕구가 채워지지 않았는가? 로젠버그는 안전, 사랑, 이해, 창의성, 자율성, 의미 등 보편적인 인간의 욕구를 예로 든다. 이 상황에서는 "든든한 지원을 바라는 욕구가 채워지지 않았습니다"라고 말할 수 있다.

4. 부탁(앞으로는 …해 주시겠어요?)

앞으로 상대방이 어떻게 행동하거나 말했으면 좋겠는가? 이는 요구가 아니다. 상대방이 당신의 부탁에 응하든 응하지 않든 받아들여야 한다는 뜻이다. 예를 들면 이렇게 말할 수 있다. "앞으로는 후속 조치 메일을 보낼 때 저를 참조 수신인으로 넣어 주실 수 있나요? 그러면 진행 상황을 더 잘 파악할 수 있을 것 같아요."

비폭력 대화를 실천할 때는 "고객과 약속을 지키지 않다니 정말 무책임하네요. 다음에는 말한 대로 해야 합니다"라고 말하는 대신 "화요일에 그 고객에게 후속 조치를 하겠다고 말했는데, 실제로는 하지 않아서 저는 실망했어요. 이 프로젝트에서 든든하게 지원받는다는 느낌을 받고 싶고, 고객과의 관계에 악영향을 미칠까 봐 불안하거든요. 앞으로는 후속 조치 메일을 보낼 때 저를 참조 수신인으로 넣어 주실 수 있나요? 그러면 진행 상황을 더 잘 파악할 수 있을 것 같아요"라고 말하자.

이렇게 의사소통한 뒤에는 상대방이 당신의 부탁에 응할지 말지 결정한다. 만약 상대방이 응하지 않는다면 그다음에 무엇을 할지 결정할 주도권은 당신에게 돌아온다. 예를 들어 상대방에게 의존하는 정도를 줄이거나 경영진에게 보고하거나 팀을 바꿔 달라고 요청할 수 있다.

비폭력 대화는 생활 전반에서 아주 유용하다. "싱크대에 사용한 그릇을 그대로 두지 않으면 좋겠어. 나는 우리가 서로 배려하면서 지내는

게 중요하다고 생각해. 앞으로는 잠자리에 들기 전에 설거지해 줄래?"
라는 말은 "싱크대에 그릇 좀 치워. 이 배려심 없는 멍청한 놈아"라는
말보다 효과적이다.

스테퍼니와 나는 카일과의 대화에서 비폭력 대화 언어를 어떻게 사
용할지 논의했다. 그녀가 하고 싶었던 말은 아마도 "카일 씨, 당신은 오
만하고 거슬리는 사람이에요. 제가 낸 아이디어마다 꼬투리를 잡고, 잘
난 척하며 나서지 마세요"에 가까웠을 것이다. 만약 이렇게 말했다면 카
일은 곧바로 방어 태세를 취했을 것이고, 대화는 아무런 성과 없이 끝
날 것이다. 이 상황에서 비폭력 대화가 돌파구가 된다.

1. 관찰: 카일 씨, 지난번 팀 회의에서 제 말을 가로막고 제가 설
   명을 끝내기도 전에 제 아이디어가 왜 형편없는지 이야기했잖
   아요.
2. 감정: 그때 짜증이 나고 허탈했어요.
3. 욕구: 함께 일을 잘하려면 서로 협력하고 같은 팀이라고 느껴
   야 해요.
4. 부탁: 앞으로는 회의 시간에 제가 낸 아이디어를 바로 깎아내
   리기보다는 제 아이디어를 발전시킬 수 있을지 먼저 고민해 줄
   래요? 함께 고민하면 더 좋은 아이디어가 나올 것 같아요."

스테퍼니의 말에 카일은 충격을 받았다. 카일은 자신의 말이 그녀의

아이디어를 헐뜯는 것처럼 보일 수 있다는 사실조차 인식하지 못했다. 이후 두 사람은 서로의 의견을 적대하지 않고, 편안하게 주고받을 수 있는 관계가 어떤 모습일지 이야기했다.

입장 바꿔 생각하기

누군가와 인생을 바꿀 수 있다면 좋겠다고 생각해 본 적 있는가? 하루만 유명인이나 운동선수가 되고 싶을 수도 있다. 다른 사람의 눈으로 세상을 바라본다는 발상은 아주 솔깃한 구석이 있지만, 정작 꼭 필요할 때는 선뜻 그렇게 하지 않는다. 의견 차이를 해결할 때, 즉 대립하는 상대와 좀처럼 결정을 내리지 못할 때는 입장 바꿔 생각하기가 아주 효과적인 방법이다. 이는 공동 창업자, 동료, 연인, 친구 사이 등 교착 상태에 빠진 사람에게 폭넓게 활용할 수 있다.

배우자, 동료, 친구와 의견이 엇갈려 결정을 내리지 못할 때는 다시 대화를 나누면서 서로의 입장을 바꿔 보자. 즉, 상대방의 편을 들면서 주장을 펼치는 것이다. 이 방법은 다음과 같은 효과가 있다.

1. 양쪽의 의견을 모두 생각하게 되므로 내가 옳다는 집착을 누그러트릴 수 있다.
2. 서로의 관점을 이해하는 데 도움이 된다.
3. 상대방이 생각하지 못했던 새로운 아이디어를 내놓을 수 있고, 그 결과 최선의 선택이 무엇인지 분명해진다.

카일이 스테퍼니의 아이디어에 딴지를 걸었을 때, 두 사람은 이 방법을 활용해 좀 더 장난스러운 접근법을 시도했다. 대화는 이런 방향으로 흘러갔다.

스테퍼니: 이번 신규 캠페인에 관해 생각해 봤어요. 자연스러운 아름다움이라는 개념에 초점을 맞춰서 이 브랜드가 사람들이 타고난 특징을 어떻게 돋보이게 하는지 강조해야 한다고 생각해요. 이 제품이 타고난 매력을 최대한 끌어내는 모습을 보여 주려면 메이크업을 최소화한 모델을 사용하는 게 좋을 것 같아요. 그러면 자연스러운 모습을 추구하는 고객에게 더 잘 어필할 수 있을 거예요.

카일: 음, 글쎄요. 그 방법은 무리예요. 이 브랜드는 고급스러움과 화려함으로 잘 알려져 있어요. 고객들은 어느 정도 세련된 이미지를 기대할 거예요. 자연스러운 모습은 너무 격식 없게 보일 수도 있고요.

스테퍼니: 네, 무슨 말인지 알겠어요. 그런데 잠깐 게임 하나 할래요? 서로 입장을 바꿔 보는 거예요. 저는 자연스러운 아름다움을 강조하는 전략이 통하지 않는 이유를 생각해 볼 테니, 카일 씨는 제 입장이 돼서 이 전략이 통하는 이유를 생각해 보는 거죠.

카일: 좋아요, 그렇게 해요. 자연스러운 아름다움이 통하는 캠페인은 이렇게 접근하면 가능할 것 같아요. 이 제품이 워낙 고품질

이라서 메이크업을 많이 하지 않아도 아름답게 보인다는 인식을 심어 주면, 자연스러운 아름다움을 강조하는 전략이 통할 수도 있겠네요. 다양한 피부색과 특징을 가진 모델을 섭외해서 누구나 고급스러운 이미지를 가질 수 있다고 강조하는 거예요. 애쓰지 않는 아름다움이라는 개념을 강조할 수도 있고요. 그냥 자고 일어나도 이만큼 멋지다는 걸 보여 주는 거예요.

스테퍼니: 정말 좋은 아이디어예요! 그럼 이번에는 제 차례네요. 기존 브랜드 이미지에 충실해야 한다는 말은 일리가 있어요. 고객들이 기대하는 고급스러움과 화려함을 놓치고 싶지는 않으니까요. 그렇다면 이 제품으로 낮과 밤의 모습을 어떻게 바꿀 수 있는지 보여 주는 캠페인은 어떨까요? 모델이 낮에는 자연스러운 모습이었다가 밤에는 화려하게 변신하는 모습을 보여 주는 거죠. 전부 이 제품을 사용해서요. 브랜드의 다양성을 보여 주면 자연스러운 모습과 세련된 모습을 모두 원하는 고객에게 어필할 수 있을 거예요.

카일: 정말 좋은 생각이에요! 업무, 주말, 특별한 행사처럼 다양한 상황에 어울리는 스타일을 시리즈로 기획해도 좋겠네요. 그렇게 하면 고객들이 일상 속 여러 상황에서 이 제품을 어떻게 활용할 수 있는지도 보여 줄 수 있어요. '자연스러운 아름다움을 한층 높인다' 같은 문구를 활용하면 자연스러움과 화려함을 동시에 강조할 수 있겠어요.

스테퍼니와 카일은 입장 바꿔 생각하기 방법을 활용해서 서로의 관점을 이해했다. 그리고 한발 더 나아가 새로운 아이디어를 나누고, 두 사람이 모두 만족하는 해결책을 찾았다. 결국 두 사람은 브랜드 이미지를 유지하면서도 더 폭넓은 고객의 관심을 끄는 매력 있는 캠페인 콘셉트를 제시했다.

관점 전환

좋든 나쁘든 간에 자신과 전혀 다른 성향의 친구, 배우자, 동료가 있는가? 당신은 불안해하는데 그 사람은 느긋하다. 당신은 무엇이든 상관없는데 그 사람은 까다롭다. 그 사람은 정리의 대명사로 알려진 곤도 마리에Kondo Marie도 저리 가라고 할 정도로 꼼꼼하지만, 당신은 그냥 흘러가듯이 자연스럽게 계획에 따르는 편이다. 자신과 근본적으로 다른 성향을 지닌 사람과 원활하게 의사소통하고 싶다면 그 사람의 관점에 서서 그 사람이 원하는 방식대로 생각해 보자.

예를 들어 나의 가장 친한 친구와 나는 여러모로 아주 다른 사람이다. 나는 외향적이고 친구는 내향적이다. 친구는 일정이 취소되면 좋아하고 예기치 못한 일을 싫어한다. 반면 나는 예기치 못한 일을 좋아하고 사람들과 어울리기를 좋아한다. 대부분은 서로 적당하게 균형을 맞추지만 타고난 성향 차이 때문에 자연스럽게 공감하고 소통하기가 어려울 때도 있다.

오래전 친구가 나와 함께하기로 했던 계획을 직전에 취소했고(자주 있는 일이었다), 나는 화가 났다. 친구는 왜 내가 화를 내는지 이해하지 못했다. 저녁 시간을 혼자 보낼 수 있으니 느긋하고 좋지 않냐고 했다. 나는 친구가 이해할 만한 말로 설명했다.

"네가 약속을 직전에 취소하면 마음이 상해. 우리가 같이 저녁을 먹기로 한 자리에 내가 너한테 말도 없이 다른 사람들을 초대했다면 어떨 것 같아? 그때 네가 느낄 법한 기분이 들어."

친구는 바로 이해하고 이렇게 대답했다.

"내 잘못이야. 널 배려한다고 한 행동이 오히려 너를 배려하지 않은 것처럼 느껴졌다는 걸 이제야 알겠어."

정확했다. 감정은 같지만 관점이 다르다. 친구가 이해할 만한 사례를 들려주니 내가 어떤 기분인지 친구도 느낄 수 있었다. 이는 공감 능력 덕분이다. 물론 이 방법을 쓰려면 자기인식뿐만 아니라 깊은 공감 능력과 상대방에 대한 이해도 필요하다.

탓하지 않고 불평하기

대화할 때 쓸 수 있는 질문으로 "탓하는 건 아니고 불평 좀 해도 될까요?"를 기억해 두자. 이 질문은 은연중에 상대방의 잘못이라는 분위기를 풍기지 않으면서 누군가에게 불만을 털어놓고 싶을 때 유용하다. 이는 '나와 너의 대결'에서 '우리와 문제의 대결'로 전환하면서 상대방이 비난받는다고 느끼거나 방어벽을 세우는 상황을 막는다.

예시:

👩: 탓하는 건 아니고 잠깐만 불평해도 될까?

👨: 물론이지, 무슨 일이야?

👩: 이번 달 지출이 예산을 크게 초과했어.

👨: 음, 어떻게 하면 지출을 줄일 수 있을까?

다른 예시:

👩: 있잖아, 탓하는 건 아니지만 불만이 있어.

👨: 응, 무슨 일인데?

👩: 요즘에 우리 외출을 거의 안 하잖아. 예전에는 같이 신나는 일을 정말 많이 했는데.

👨: 그러네, 요즘은 주로 소파에서 뒹굴었지. 밤에 나가서 놀 계획을 좀 세워 볼까?

조언을 하나 하자면, 이 질문은 뒤에 비난이 이어지지 않을 때만 효과가 있다. "탓하는 건 아니고 불평 좀 해도 될까요? 당신은 일을 정말 못해요!"라고 말하면 안 된다. 이 질문을 협력과 성장을 위한 의사소통 도구로 사용하자.

불편한 이야기도
미리 꺼내면 덜 아프다

물론 의사소통에는 사전 접근법이 이상적이다. 작은 문제가 큰 문제로 번지는 사태를 막을 수 있다면 시간을 아끼고 다툼을 줄일 수 있다. 무엇보다도 의사소통은 투명하고 단도직입적이면서 조금은 취약한 부분을 드러내는 것이 중요하다. 그리고 타이밍이 핵심이다. 듣기 힘든 이야기를 해야 한다면 듣는 사람의 마음 상태가 적절한 때를 골라야 한다. 상대가 회의나 마감에 쫓기는 상황이 아닌지 확인하자. 또는 미리 분위기를 조성하는 것도 좋다.

"제가 고민 중인 문제가 있는데 지금 이야기할 여유가 있나요? 무거운 이야기일 수도 있어요. 지금이 곤란하면 오늘 중에 다른 시간을 잡아도 될까요?"

비교적 심각하지 않은 상황에서부터 의사소통하는 연습을 해 두면 더 큰 문제가 생겼을 때 더 잘 대처할 수 있다. 이미 그 문제를 해결할 도구를 갖춘 셈이다. 사전 의사소통에 유용한 2가지 도구를 소개한다.

인간관계 반성 시간

자주 상호작용을 하는 사람과 인간관계 반성 시간을 마련하자. 주별, 월별, 또는 분기별로 동료, 배우자, 동거인, 가족, 친구와 함께하는 시간을 계획해서 대화를 나누자. 이 만남에서 각자가 다음 질문에 대답한다.

1. 지난 일주일/한 달/한 분기 동안 내가 고마움을 느꼈던 순간, 당신이 내 곁에 있어 줬다고 느꼈던 순간, 내가 이해받고 있다고 느꼈던 순간은 언제였는가?

2. 지난 일주일/한 달/한 분기 동안 소외됐다고 느꼈던 순간, 걱정이 많아졌던 순간, 답답함이나 좌절을 느꼈던 순간은 언제였는가?

3. 다음 일주일/한 달/한 분기 동안 우리가 서로를 지원할 수 있는 1가지 방법은 무엇인가?

인간관계를 반성하는 시간을 사전에 정기적으로 실시하자. 그렇게 하면 각자가 자신의 욕구를 구체적으로 말하고 이해받는 연습을 할 수 있는 안전한 공간이 생긴다. 그리고 이 과정에서 서로가 의사소통 근육을 강화할 수 있다.

시각을 활용하는 이모티콘

기술 발전 덕분에 의사소통 속도와 효율성이 기하급수적으로 증가했으니 효과도 그만큼 커졌을 것이라고 생각한다. 하지만 감정 정보를 전달할 때 문자메시지로 소통하는 과정에서 많은 정보가 사라진다(자동 수정 기능이 뭐라도 정확하게 수정한 적 있는가?) 그래도 문자메시지, 이메일, 메신저는 앞으로도 계속 써야 하므로 우리 생각을 명확하게 전달할 더 확실한 방법이 필요하다.

감정 훈련

사실 이에 대한 색다른 해결책은 이미 있다. 바로 이모티콘이다. 나는 생각을 자주 시각적으로 표현하는 친구 덕분에 자연스럽게 이모티콘을 자주 사용하게 됐다. 그러면서 이 작은 아이콘이 복잡한 정보를 전달하는 데 얼마나 효과적인지 실감했다. 예를 들어 다음 두 메시지의 차이를 살펴보자.

예시 1:

👩: 그런 짓을 하다니 믿을 수가 없어.

👦: 어머, 미안해, 기분 상하게 할 생각은 아니었어!

예시 2:

👩: 그런 짓을 하다니 믿을 수가 없어. 😂

👦: 그렇지? 진짜 웃겼어!

두 메시지의 차이는 이모티콘 하나뿐이다. 이모티콘은 순식간에 메시지의 분위기를 바꾼다. 전달하려는 의미에 맞게 이모티콘을 미리 정해 두면, 문자메시지를 주고받을 때 생길 수 있는 어색함이나 혼란을 줄일 수 있다. 나는 이런 이모티콘을 '원격 이모티콘'이라고 부르는데, 직장뿐만 아니라 가족, 친구에게도 사용한다.

코아에서는 문자메시지를 주고받다가 오해가 발생할 때마다 같은 일이 다시 일어나지 않도록 그 상황에 맞는 이모티콘을 미리 정해 둔다. 예를 들어 풍자할 때는 뒤집힌 얼굴 이모티콘🙃을 사용한다. 문자메시지로 표현하면 유머가 전달되기 어렵다는 사실을 모두가 알기 때문이다. 붕대를 감은 하트 이모티콘💙은 오늘은 예민한 날이니 부정적 피드백을 주기에 적당한 날이 아니라는 뜻이다. 나는 친구에게도 이 이모티콘을 쓴다. 😟😫 이모티콘은 오늘은 최악이었지만 이유를 이야기하고 싶지는 않다는 뜻이고, 👀💕이모티콘은 방금 보낸 메시지는 어처구니없지만 그래도 사랑한다는 뜻이다. 📱이모티콘은 잠시 휴대전화를 보지 않겠다는 의미다. 이모티콘 하나는 말 천 마디를 담는다.

채팅할 때 유용한 이모티콘이 또 있다. 공동 창업자와 내가 회사 문제로 문자메시지를 주고받을 때 상대방이 그 문제 때문에 화가 난 건지, 아니면 단순히 문제 해결을 도와 달라는 건지 구분하기 어려웠다. 그런 순간에는 문제 해결에 집중해야 할지, 아니면 관계를 먼저 살펴야 할지 판단하기가 쉽지 않았다. 그래서 우리는 화가 난 경우에는 고추 이모티콘🌶을 사용하기로 정했다. 메시지 끝에 고추 이모티콘이 있으면 '이 문제로 짜증이 나요'라는 뜻이다. 고추 이모티콘이 없으면 '이 문제를 해결할 수 있도록 도와주세요'라는 뜻이다.

이모티콘이 실없게 보일 수도 있지만, 지금까지 이모티콘을 사용한 덕분에 얼마나 많은 문제를 예방하고 부정적 감정을 줄일 수 있었는지 떠올려 보면 그 효과는 확실하다. 어떤 언어든 처음에는 조금 억지스럽다고 느껴질 수도 있다. 하지만 시간이 흐르면 메시지를 주고받는 모두가 자연스럽다고 느낀다. 이모티콘을 몇 가지 소개한다.

👯 = 응원해요, 당신은 멋져요, 열심히 하세요.

⏰ = 메시지는 확인했고, 나중에 답장할게요.

🙄 = 풍자를 담은 말이에요.

🧠 = 행동하기 전에 생각합시다.

💙 = 오늘은 예민한 날입니다.

👌 = 일단 진행해도 되지만 다시 한번 확인해 주세요.

🚨 = 긴급 사항이니 즉시 회신하세요.

🙂 = 긴급한 일이 아니니 천천히 하세요.

🙇 = 오늘은 정신없이 바빠요.

🌶 = 이 상황에 짜증이 나요.

생활 속 어떤 상황에서 이모티콘 사용으로 의사소통을 개선할 수 있을까? 일주일 동안 문자메시지로 뜻이 제대로 전달되지 않았거나 오해를 일으킨 말을 기록해 보자. 일주일이 지난 후 목록을 다시 검토해 보자. 같은 문제가 재발하는 상황을 방지하기 위해 제안할 만한 이모티콘이 있을까? 직장과 가정에서 공유할 이모티콘 목록을 만들자. 즐겁게 하자! 이모티콘은 당신과 주변 사람들이 공유하는 사적 언어가 될 것이다. 사람들이 얼마나 빨리 빠져드는지 보면 깜짝 놀랄지도 모른다.

내가 정한 경계 안에서
솔직해지기

나는 의사소통과 관련해서 특히 직장에서 자신에 대해 얼마나 이야기해야 할지 고민하는 질문을 자주 받는다. 업무에 지장을 주지 않으면서 솔직하고 열린 태도를 보이는 것이 가능할까? 이 문제에서 적절한 균형을 찾기 위해 '경계를 설정한 취약성'을 이야기하고자 한다. 경계를 설정한 취약성이란, 상대와 유대감을 만들 만큼만 자신의 이야기를 나누되 동료를 심리 치료사처럼 대하며 과도하게 털어놓지 않는 태도를 말한다.

직장에서 자기 이야기를 할 때 우리는 대부분 너무 숨기는 경우와 너무 많이 말하는 경우를 양극단으로 하는 스펙트럼 어딘가에 속한다. 상사가 회의 시간에 심하게 당황하거나 동요했다. 이때 당신이 상사에게 괜찮은지 물어본다. 너무 많이 말하는 사람은 이렇게 대답한다.

"사실 안 괜찮아요. 지금 신경 쇠약을 일으키기 직전이에요. 회계 부서의 피터가 이번 주 내내 그 예산 건으로 저를 들볶았는데 도저히 끝낼 수가 없어요. 집에도 문제가 생겼는데 아내가 이혼하자고 하네요. 사실 아내는 저랑 말도 안 해요. 일도 못 하고 밥도 못 먹고 잠도 못 자서 엉망이에요. 어떻게 해야 하죠?"

당황스럽지 않은가? 상대가 이렇게 감정에 북받쳐 이야기하면 뒷감당은 당신의 몫이 된다. 너무 많이 말하는 사람은 안 해도 될 말까지 털어놓고 상대방이 자신의 심리 치료사가 되길 기대한다. 그러면 상대방은 감당할 능력도 책임도 없는 상황에서 그 사람을 돌보려 애쓰는 어색한 처지에 놓인다. 반면 상사가 너무 숨기는 사람이라면 이렇게 말할 것이다.

"아무렇지도 않아요. 모두 순조롭습니다."

이렇게 감정을 철저히 감추는 대답은 취약성을 조금도 보여 주지 않아 결과적으로는 타인과의 관계를 끊어 버린다. 보통 사람은 무언가 잘못됐을 때 바로 알아차릴 수 없도록 어딘가 숨기는 듯한 대답은 거짓으로 느낀다. 당신 주변에도 분명 오랫동안 같이 일했지만 개인사는 거의 모르는 사람이 있을 것이다.

가장 바람직한 수준은 이 스펙트럼의 정중앙이다. 이곳에 경계를 설정한 취약성이 있다. 이는 과학이라기보다는 기술에 가깝고, 얼마나 공유할지는 상황에 따라 다르다. 이야기하는 상대가 누구인지, 어떤 환경에 있는지에 따라 달라진다. 이 사례에서 경계를 설정한 취약성을 지닌 사람이라면 이렇게 대답할 것이다.

"물어봐 줘서 고마워요. 오늘은 힘든 날이네요. 해결할 일이 많이 생겼어요. 개인적인 문제도 있는데 필요한 도움은 받고 있어요."

그렇다면 자신이 너무 숨기는 쪽인지, 너무 많이 말하는 쪽인지는 어떻게 알 수 있을까? 다음 3가지 질문에 대답해 보자. 이 3가지 질문에 대답하려면 자기인식과 공감 능력이 필요하다. 그러니 이런 과정을 거칠 때는 이 특성을 충분히 발휘하도록 하자.

1. 이 사람이 고개를 끄덕이고 바로 대화를 끝낸다면 나는 그것으로 만족할까? 아니면 괜히 말했다고 후회할까?

2. 이 사람이 나의 정보를 공유하기에 적합한 상대인가? 아니면 친한 친구나 심리 치료사, 배우자에게 이야기하는 편이 나을까?

3. 이 이야기를 하며 상대방에게 해결이나 위로를 떠넘기지 않을 수 있을까?

스테퍼니는 카일에게 자신을 표현하는 방식을 바꾸기 위해 의사소통 도구를 모두 활용했다. 그녀는 관계가 더 바람직하고 단단해지려면 갈등이 어느 정도 필요하다는 사실을 받아들였다. 그리고 이 과정에서 두 사람의 관계가 다소 어색해질 수 있다는 점도 감수했다. 그녀는 자신의 불만에 정면으로 맞서고 자기 욕구를 인정하고 표현했다. 그리고 놀이를 곁들이는 과정 속에서(이 부분은 다음 '장난기' 훈련에서 자세히 다룬다) 두 사람은 이전보다 훨씬 편안한 관계가 됐고 진실한 친구 관계로 발전했다.

마지막으로 스테퍼니는 대립을 효율적으로 헤쳐 나가는 법을 배웠다. 자신의 진짜 감정에 귀를 기울이고 적절한 경계를 설정하며, 그 경계를 다른 사람에게 잘 전달하는 법을 배웠다. 그 결과 일상과 업무에서의 인간관계가 빠르게 개선됐다. 이용당하거나 부당하게 대우받는다는 느낌이 사라지자 원망과 소외감도 함께 사라졌다.

의사소통 팔굽혀펴기: 자기표현

이제 의사소통을 훈련할 시간이다. 이번 팔굽혀펴기는 살면서 욕구나 욕망을 무시하려고 했거나 누군가가 '그냥 알아주기'를 바랐던 사람에게 꼭 필요한 훈련이다.

- 1단계: 직접 부탁한 적 없으면서 동료나 상사, 친구, 배우자가 알아서 말하거나 해 주기를 바랐던 일을 하나 떠올려 보자. 당신의 업무 태도를 인정해 주기를 바랐을 수도 있고, 전화를 좀 더 자주 해 주면 좋겠다고 생각했을 수도 있다. 좀 더 구체적인 피드백을 원했다거나 가족과 더 많은 시간을 함께 보내기를 바랐을 수도 있다.

- 2단계: 자신의 욕구를 충족하기 위해 이 사람에게 어떻게 부탁할지 써 보자. 비폭력 대화 양식을 활용하자.

  "당신이 알 것이라고 단정하기보다는 내게 무엇이 필요한지 좀 더 구체적으로 말해 볼게요. 사실 저는 당신이 …해 주기를 바라요. 하지만 지금까지 말하지 않았어요. …라서 이 일은 저에게 중요해요. 당신이 이 일을 해 줄 수 있을까요?"

  잠시 시간을 내서 누군가가 당신에게 이런 부탁을 했다고 상상해 보자. 합리적인가? 구체적인가? 실제로 가능한 부탁인가?

이 부탁을 들어줬을 때 상대방 기분이 어떨지, 반대로 부탁을
거절한다면 상대방 기분이 어떨지 생각해 보자.

- 3단계: 마지막 단계는 실제로 부탁하는 것이다. 물론 상대방이
  거절할 수도 있다. 혹은 일단 알겠다고 했다가 결국에는 해 주
  지 않을 수도 있다. 이것이 인간관계의 현실이다. 하지만 적어
  도 자신의 바람을 인정하고, 이를 분명히 전달했다는 점이 중
  요하다.

이제 의사소통까지 단련했으니 마지막으로 살펴볼 특성이 하나 남
았다. 결승선을 통과할 준비가 됐는가? 좋다. 지금까지 열심히 했으니
드디어 **놀이**를 할 시간이다.

장난기:
유연함을 연습하라

'놀이는 새로운 것이 어떻게 생겨나는가?'라는
질문에 대한 대답이다.

__장 피아제Jean Piaget

"이제 그 직원도 실없는 일은 그만하고 회사에 이익을 가져다줄 일에 집중해야 해요. 솔직히 이제 지긋지긋해요. 내 편이 되든지 적이 되든지 이제 정해야죠."

금융 기업의 기술 전략가로 근무하는 안젤로Angelo는 회의 중에 어떤 동료에게 너무 진지하다고 놀림받은 이야기를 했다. 그는 내게 몇 달 동안 심리 치료를 받았고, 나는 그를 무척 좋아했다. 하지만 그 동료가 한 말에는 수긍했다.

좌뇌형 인간인 안젤로는 논리와 규칙을 중시하는 성향이 강하기에 생각이 늘 한 방향으로만 흐르는 선형 사고방식에서 벗어나지 못했다. 그는 직장에서 기강을 바짝 다잡는 사람이었다. 회의는 항상 정각에 시작하고 안건에만 집중했다. 그는 일과 자신을 무척 진지하게 생각했고 주변 사람도 그럴 것이라 기대했다. 그는 군사령관도 부러워할 효율성을 지녔지만 냉랭하고 엄격한 방식 때문에 팀원들이 유연한 사고나 즉흥적인 아이디어를 제안하기 어려웠다.

일상에서도 마찬가지로 안젤로는 상대방에게 화가 나는 순간 곧장 관계를 정리했다. 그는 사소한 의견 불일치를 필요 이상으로 부풀려 과장한 탓에 몇몇 친구들과 사이가 틀어졌다. 그의 마음속에는 미묘한 뉘앙스나 다른 관점이 비집고 들어갈 틈이 없었다. 그의 확고한 생각에 친구가 이의를 제기하면 그 방식이 정중했더라도 이를 배신으로 받아들였다. 그는 두 사람의 의견이 다르더라도 서로 존중하고 좋아할 수 있음을 이해하지 못했다.

이런 흑백논리는 연애까지 이어졌다. 안젤로는 처음에는 상대방을 모두 운명의 상대로 여겼지만 조금이라도 불완전한 모습이 보이면 관계를 끝냈다. 그는 타인의 결점을 좀처럼 받아들이지 못했고, 이로 인해 모든 인간관계가 껄끄러웠다. 직장에서나 가정에서나 놀이가 끼어들 틈이 없었다.

일하는 어른에게
놀이가 필요한 이유

'놀이'라는 말을 들으면 무엇이 떠오르는가? 아이들이 놀이터를 뛰어다니거나 역할 놀이하는 모습이 떠오르는가? 우리 사회에서 놀이는 아이들만 하는 것으로 여기는 경향이 강하다. 그렇게 놀던 아이들도 자라서 어른이 되면 놀이를 비생산적이거나 불필요한 요소로 여긴다. 카페인의 힘을 빌려 빽빽한 일정을 소화하며 극심한 스트레스에 시달리는 일상에서 누가 놀 시간을 낼 수 있겠는가? 결과 중심적인 기업 세계에서 놀이의 긍정적 측면을 파악하기란 어려운 일이다.

그렇다면 놀이와 장난기란 어떤 의미일까? 감정 건강의 일곱 번째이자 마지막 특성인 장난기는 구체적인 결과에 집착하지 않고 상상력을 동원해 가능성의 영역을 탐구하는 능력이다. 이 세상에서 지금까지 창조된 모든 것은 놀이의 결과물로 생겼다. 놀이는 진지한 일이다.

의욕이 넘치는 사람과 A유형 성격인 사람은 놀면서도 경쟁한다. 하지만 감정 건강에 관한 한 놀이에서 결과나 승리는 중요하지 않다. 엄격한 규칙과 점수판이 있는 구조화된 게임도 놀이의 한 형태이지만 순수한 놀이는 제한 없이 자유롭게 흘러가는 실험이다. 놀이에서는 목적보다 수단이 중요하다. 노는 행위 그 자체가 가능성의 세계를 열고, 직장이나 가정 환경에서도 아주 중요하다. 장난기는 주의를 흐트러트리는 것이 아니라 열정에 불을 지핀다.

　심리학자 마이클 파슨스Michael Parsons는 "놀이는 사물이 진짜인 동시에 진짜가 아닌 역설적 현실을 유지하는 기능을 한다"라고 설명한다.[1] 그는 심리 치료에서 놀이의 중요성을 설명하며 가라테를 비유로 사용한다.

　"가라테 훈련은 진짜 싸움이 아니다. 진지하게 싸우는 척할 뿐이다. 진짜 싸우는 중이 아니라는 사실을 알기에 가능한 한 진짜처럼 보이도록 최대한 진지하고 온 힘을 기울여서 공격한다."[2]

　다시 말해 놀이는 '마치'라는 감각을 만든다. 마치 현실인 것처럼 시도할 기회이지만 실제로 일어날 때와 같은 위험을 감수할 필요는 없다. 이런 '마치'라는 감각이야말로 창의성 그 자체다. 이 감각 덕분에 대체 현실을 상상하고 그 안을 살아가면서 제약에서 벗어나 새로운 아이디어를 만들 수 있다. 놀이는 현실 세계에서 구현하고 결과를 얻기 전에 즉흥적으로 리허설할 수 있는 공간과도 같다.

　주변을 둘러보자. 아마도 당신은 이미 직장과 가정에서 이런 방식으로 놀이에 참여하고 있다. 첫 데이트나 취업 면접을 볼 때 우리는 놀이하는 것과 같다. 두 경우 모두 시나리오를 가정하고 행동한다. 아직 연인 사이도 아니고 입사하지도 않았다. 하지만 현실인 동시에 현실이 아닌 방식으로 연인 사이가 됐거나 입사한 듯이 행동한다. 서로를 시험하면서 연인관계가 되거나 함께 일하면 어떤 기분일지 알아본다.

　스타트업은 기본적으로 이를 구체화한 버전이다. 실제로 기업을 시작하기 전에 회사를 차린 것처럼 시험한다. 놀이는 '브레인스토밍에서 나쁜 아이디어란 없다'라는 원칙에 따르거나 복권에 당첨되면 무엇을 할지 생각나는 대로 떠올리는 것처럼 단순한 일이다. 이 모든 시나리오에서 우리는 장난기를 발휘한다.

이미 많은 기업이 장난기라는 개념을 도입했다. 사무실에 설치한 탁구대부터 회의 분위기 전환용 게임까지, 그 방식도 다양하다. 장난기는 창의성을 높이고 생산성을 끌어올리며,[3] 공동체 의식을 강화해 사내 정치를 줄이는 데 기여한다.[4] 그 결과 전반적인 업무 만족도가 높아지고 이직률도 낮아진다. 기술업계만 놀이를 도입하는 것은 아니다. 언론과 게임업계도 업무 공간에 놀이를 접목하고 있다. 놀이가 감정 건강에 얼마나 중요한 역할을 하는지 보여 주는 정보가 늘어나면서 점점 많은 업계가 놀이의 힘을 받아들이고 있다.

대성공을 거둔 TV 프로듀서 숀다 라임스Shonda Rhimes는 제작사 숀다랜드에서 협력과 창의성을 키우는 환경을 조성하기 위해 장난기 활용을 적극 권장했다. 예를 들어 '그레이 아나토미Grey's Anatomy' 드라마 작가들은 참신한 극의 전개를 구상하는 과정에서 색칠 놀이를 하거나 점토로 조각품을 만들거나 퍼즐을 맞추곤 했다.[5]

결국 장난기를 발휘한다는 말은 다양하게 생각하고 새로운 관점을 시도하고 참담한 결과를 만들지 않는 한 실패해도 된다고 자신에게 허락하는 일이다. 역설적으로 놀이는 현재 순간에 더욱 깊이 몰입하도록 이끄는 동시에 마음속으로 다른 미래를 그리는 능력을 키운다. 놀이는 복잡한 현대사회를 헤쳐 나가기 위한 도구 가운데 가장 과소평가된 요

소다. 장난기는 삶 전반에서 창의성과 회복탄력성을 키우고, 감정의 만
족감을 키운다.

놀이에는 보상이 따른다

놀이는 인간 경험의 근본이다. 놀이를 통해 의도적으로 일상 속 스트레
스에서 벗어나 상쾌하고 기운 넘치는 정신으로 복귀할 수 있다. 가족이
나 친구, 동료와 함께 놀고 나면 관계가 깊어지고 유대감이 강해진다.
놀이를 꼭 해야 하는 활동이 아니라 하면 좋은 활동으로 생각하는 사
람도 있지만, 놀이가 평생에 걸쳐 인간의 사회적·인지적·정서적·신체
적 발달에 중요한 역할을 한다는 과학적 증거가 점점 늘어나고 있다.

예를 들어 보스턴 칼리지의 피터 그레이Peter Gray를 비롯한 진화 심
리학자는 인류의 초기 조상이 어린 시절에 놀이를 통해 성인이 될 때까
지 살아남는 데 필요한 협동과 공유 기술을 익혔을 것이라고 말한다.[6]
놀이가 모든 연령층의 감정적 행복감에 영향을 미친다고 증명하는 연
구는 이미 충분하다. 심리학자 브라이언 서턴 스미스Brian Sutton-Smith와
다이애나 켈리 번Diana Kelly-Byrne은 놀이 이론을 다룬 중요한 연구에서
놀이가 인지 능력부터 사회성, 감정 회복탄력성에 이르기까지 다양한
능력을 어떻게 형성하는지 보여 주는 수십 년간의 연구를 종합해 분석
했다.[7]

놀이는 단순히 노는 행위가 아니라 안전하게 실험하고 위험을 감수하고 경계를 확장함으로써 유연한 사고, 문제 해결 능력, 혁신을 일으키는 활동이다. 이 역동은 여러 사회적 동물의 놀이 의식에서도 잘 드러난다.

개는 '플레이 바우play bow'(앞발을 뻗어 가슴을 낮추고 엉덩이를 드는 자세.—옮긴이) 자세로 같이 놀자는 의사를 표시한다. 갈까마귀와 까마귀는 서로 울음소리를 흉내 내면서 논다. 수달은 진흙 언덕에서 즐겁게 미끄럼을 탄다. 꿀벌은 공중에서 작은 공을 장난감처럼 굴리면서 논다. 다양한 동물 사회에서 놀이는 사회적 접착제 역할을 하며 집단 내 신뢰감과 연대감을 키운다. 놀이는 지능을 지닌 모든 동물 사회에서 사회적 계약의 필수 요소다.

오늘날에도 놀이는 아이가 사회화에서 자기 조절에 이르기까지 다양한 기술을 익히는 데 중요한 역할을 한다. 또한 아이가 안정적인 인간관계를 구축하는 데 필요한 안전한 공간을 제공한다.[8] 잘 노는 아이는 더 빨리 배우고 타고난 호기심을 바탕으로 학습한 내용을 더 많이 기억한다.[9] 놀이는 자립심과 자신감을 기르고,[10] 신체를 움직이는 놀이는 전반적인 신체 건강 개선에도 도움을 준다. 놀이의 중요성을 연구한 정신분석학자 도널드 위니컷Donald Winnicott은 이런 공생 관계를 인상적으로 표현했다.

"인간은 놀이할 때만 창의성을 발휘하고 전체 인격을 활용할 수 있으며, 창의성을 발휘할 때만 자기를 발견할 수 있다."[11]

반대로 어린 시절에 놀이 경험이 부족하면 성장한 뒤 반사회적 행동을 보일 위험이 높아진다. 미국 국립놀이연구소National Institute for Play 설립자이자 소장인 스튜어트 브라운Stuart Brown 박사는 수감된 청소년을 포함해 수천 명을 수년에 걸쳐 인터뷰했다. 그는 놀이가 결핍된 어린 시절과 성인이 된 이후의 범죄행위 및 폭력 성향 사이에 상관관계가 있음을 발견했다.[12] 이러한 범죄와 폭력의 원인은 다양하지만, 이 연구 결과는 어린 시절의 건강한 심리적·사회적 발달과 사회화 과정에서 놀이가 차지하는 중요한 역할을 보여 준다.

놀이는 어린 시절을 훌쩍 지난 뒤에도 정신 건강에 유익한 영향을 미친다. 심리학자이자 놀이 연구자인 스미스는 놀이에 대해 이렇게 말했다.

"놀이의 반대말은 일이 아니라 우울이다."[13]

놀이는 위기 상황에서 장기간 이어지는 불확실성과 정서적 부담에 대처하는 중대한 압력 해소 장치다. 놀이에는 치료 효과가 있어 긴장을 완화하고 스트레스를 줄이는 데 도움이 된다.[14] 경우에 따라서는 놀이 활동에 참여하는 것이 불안과 우울증을 비롯한 여러 정신 건강 문제를 완화하는 데 일부 약물요법보다 더 효과적인 것으로 나타났다. 예를 들어 한 연구에서는 중독 수준이 아니라는 전제하에 온라인 게임이 불안과 우울증 치료에 약물 요법보다 더 큰 효과를 발휘했다.[15]

놀이를 바라볼 때는 장기적인 관점이 필요하다. 공원에서 체스를 두는 어르신은 이를 이미 체득한 셈이다. 나이가 들어도 놀이는 여전히 중요한 역할을 한다. 연구에 따르면 정기적으로 놀이를 즐기는 어른은 더 행복하고 창의적이다.[16] 많은 요인이 장기적인 건강에 영향을 미치지만, 놀이는 인지 기능과 기억력은 물론 신체적·정신적 건강을 개선하고 수명에도 긍정적인 영향을 준다. 놀이의 산물인 웃음은 수명을 늘리는 효과가 있다.[17] 한 연구에서는 유머가 수명을 최대 8년까지 늘릴 수 있다는 결과가 나왔다.[18] 많이 놀수록 더 오래 더 행복하게 살 수 있다는 말은 웃고 넘길 이야기가 아니다. 결국 우리는 나이가 들어서 놀지 않는 것이 아니라, 놀지 않기에 나이 든다.

물론 다른 모든 분야와 마찬가지로 일상 속 상호작용이 대면에서 화면으로 옮겨 가면서 기술은 놀이의 의미도 바꿨다. 우리가 살아가는 가상 세계와 디지털 세계에서는 특정한 유형의 의사소통과 연결을 이전보다 쉽게 할 수 있다. 하지만 어른이나 아이 할 것 없이 놀 기회를 잃었다. 메신저, 이메일, 문자메시지로 끊임없이 다른 사람과 연락하더라도 이런 매체로는 직접 만났을 때와 같은 놀이를 즐기기는 어렵다. 많은 내담자가 원격 근무의 장점을 즐기면서도 예전에 사무실에서 자연스럽게 오가던 뜻밖의 즐거운 교류를 그리워한다고 말한다. 우리는 어느 때보다도 더 놀아야 한다. 디지털 환경에서 함께 어울리는 일은 어렵지만, 그렇다고 불가능한 일은 아니다.

장난기는
리더의 경쟁력이다

놀이는 어린이의 전유물이 아니라는 점을 이해했는가? 좋다. 놀이는 분명 재미있고 즐거운 활동이지만, 어른이 된 뒤 장난기를 되찾는 일은 의외로 어렵다. 감정 건강의 7가지 특성을 처음 조사했을 때 나는 장난기를 첫 번째 특성으로 꼽아야 할지 고민했다. 놀이는 방어벽을 낮추고(호기심), 다른 사람과 이어 주며(공감), 어려운 순간을 극복하는(회복탄력성) 데 도움이 되기 때문이다. 하지만 진정한 의미의 놀이를 하려면 이런 기술을 단련한 상태여야 한다. 마음챙김, 호기심, 자기인식, 회복탄력성, 공감, 의사소통 능력이 강할수록 장난기도 자연스럽게 증가한다. 궁극적으로 노는 능력은 이런 연습을 거듭했다는 증거이기도 하다. 물론 장난기가 늘어날수록 다른 특성 역시 강해진다.

그렇다면 우리는 왜 더 놀지 않을까? 놀 시간이 없다고 생각하거나 인생에서 놀이가 최우선이 아니라고 생각하기에 놀이의 중요성을 무시하는 사람이 많다. 하지만 이런 변명의 밑바탕에는 더 복잡한 진실이 있다. 제대로 놀려면 취약성을 드러내야 한다. 놀 때는 자연스럽게 경계심이 낮아진다. 경계심을 강하게 유지하려는 사람에게 이는 무서운 일이다.

놀이에 대한 우려는 놀이 방법에 관한 자신감 부족(나는 놀 줄 몰라), 거절당할지도 모른다는 불안(밖에 나갔는데 같이 놀자는 사람이 없으면 어찌지?), 타인의 시선에 관한 걱정(사람들이 내가 전문가답지 못하다고 생각할 거야) 같은 형태로 나타난다. 다른 사람과 놀려면 취약한 상태에서 버림받을지도 모른다는 사실을 각오해야 한다. 농담으로 한 말이었는데 무표정이나 비판하는 듯한 시선을 받아본 사람이라면 이 느낌이 얼마나 끔찍한지 알 것이다. 또한 놀이는 자신의 숨은 부분을 들여다보는 행위(자기인식)이기도 한데, 무엇이 숨었을지 모른다면 이 역시 두려울 수 있다.

오랫동안 아이들과 놀이 치료를 하고 어른들과 장난기 어린 대화 치료를 한 경험에 비춰 보건대, 사람은 안전하다고 느낄 때만 자유롭게 놀 수 있다. 놀기 위해서는 그 과정과 함께 상대를 깊이 신뢰해야 한다. 놀이는 매우 중요하지만 동시에 무척 어렵다. '만약'의 세계에 발을 들인다는 말은 미지의 세계에 몸을 맡긴다는 뜻(마음챙김)이다. 이는 어디에서 끝날지 정확히 모른 채 어떤 일을 시작할 각오를 다져야 한다는 뜻이다. 취약성을 드러내기에 안전한 공간이 아니라면 선뜻 놀이에 참여할 수 없다. 놀이에 참여하려면 불안을 감수해야 하고 어디로 향하는지는 몰라도 분명히 중요한 장소에 도달하리라는 확신이 필요하다.

장난기가 리더십에서 중요한 역할을 하는 이유가 여기에 있다. 장난기가 풍부한 리더는 새로운 관점을 받아들일 여지를 만들고, 창의성에 열린 자세로 대처할 수 있다. 반대로 장난기 근육이 약한 리더는 융통성 없고 엄격하고 닫힌 사람처럼 보인다(안젤로처럼). 의도치 않게 놀이를 차단하는 이런 경향은 인간관계를 해치고 리더십의 잠재력을 약화

한다. 이런 리더는 유연성과 독창성이 가장 필요한 순간에 오히려 더 강하게 통제하려 든다. 놀이가 안전하고 받아들여질 수 있다는 사실을 리더가 보여 주지 않으면, 누구도 진정으로 안심하고 놀 수 없다.

안전한 공간에서 장난기가 자란다

심리적 안전감psychological safety이라는 말을 한번쯤은 들어 봤을 것이다. 이는 사람들이 처벌이나 굴욕, 거절 같은 부정적 결과를 두려워하지 않고 자기 생각을 표현하거나 질문하거나 우려를 제기할 수 있다고 믿는 환경이다. 심리적으로 안전하다고 느낄 때 우리는 위험을 감수하고 창의성을 발휘하고 다른 사람과 효과적으로 협력한다. 다시 말해 장난기를 발휘할 가능성이 높다.

심리적 안전감의 중요성은 구글의 획기적인 연구 아리스토텔레스 프로젝트Project Aristotle에서 뚜렷하게 드러났다.[19] 회사 내 180여 개 팀에서 수집한 데이터를 분석한 이 연구는 성공적인 팀 성과에 기여하는 핵심 요소를 밝히고자 했다. 놀랍게도 연구팀은 가장 중요한 요소가 팀원 개인의 재능이나 전문 지식이 아니라 집단 내 심리적 안전감이라는 사실을 발견했다. 심리적 안전감 수준이 높은 팀은 이 요소가 부족한 팀보다 일관되게 더 뛰어난 성과를 보였으며, 문제 해결 능력과 혁신성이 높고 전반적인 생산성도 향상됐다.

직장에서나 가정에서 심리적 안전감을 느낄 수 있는 공간을 만드는 일은 자신과 주변 사람이 장난기를 발휘하도록 돕는 첫 번째 단계다. 사람들이 놀 수 있을 만큼 충분한 안정감이 형성되면 놀라운 선순환이 시작된다. 다른 사람과 장난치며 어울리는 경험 자체가 심리적 안전감을 만들기 때문이다. 이 공간에서 자신을 드러내고 주변 사람을 진실하게 마주하면 관계는 자연스럽게 깊어진다.

잘 모르는 사람에게 시시한 농담을 했는데, 상대방이 비난하기는커녕 농담으로 맞받아치면서 대화를 이어 갔던 때를 떠올려 보자. 장난기를 발휘하면 주변 사람의 긴장이 풀리고 창의성이 살아난다. 그리고 나아가 서로 연결되고 함께 성장할 수 있는 심리적 안전감이 형성된다.

잘 노는 사람이 결국 성공한다

안젤로 같은 사람을 대상으로 심리 치료를 하는 기분이 어떨지 궁금한 사람도 있을 것이다. 솔직히 말하면 처음에는 힘들었다. 어쩌다 내가 다른 관점을 제시하면 그는 불만스러워했고, 명확한 답을 주지 못하면 나는 '형편없는 심리 치료사'가 됐다. 그럼에도 그는 매주 빠짐없이 치료에 참여했다. 그리고 나는 그가 변화를 시작할 바로 그 자리에 와 있다고 확신했다.

심리 치료는 본질적으로 내담자가 노는 방법을 배우는 공간이다. 심리 치료는 '만약'으로 시작하는 시나리오를 함께 생각하는 과정이다. 나와 내담자 사이의 치료 관계는 내담자가 살아가는 삶의 축소판이자 결과를 두려워하지 않고 다양한 아이디어와 접근법을 실험할 수 있는 안전한 공간이 된다. 치료실은 내담자가 다양한 역할을 시도하고 새로운 전략을 실제 세계에서 실행하기 전에 리허설할 수 있는 실험실이 된다. 내담자는 노는 법을 배우면서 경외심과 호기심을 가지고 삶에 접근하는 법을 익힌다. 그리고 개인의 성장과 성취로 가는 길이 하나만은 아니라는 사실을 깨닫는다.

그렇다면 이 강력한 특성을 어떻게 개발할 수 있을까? 놀이에 익숙하지 않은 사람이라면 시작이 어려울 수도 있다. 하지만 장난기는 비교적 쉽게 기를 수 있는 특성이다. 이제 이 중요한 도구를 당신의 장난감 상자에 추가하는 방법을 알아보자.

내면을 들여다보자

장난기 많은 사람이 되려면 먼저 놀이와 자신의 관계를 돌아봐야 한다. 성장 과정에서 놀이와 장난기는 인생에 어떤 역할을 했는가? 놀이를 장려하는 환경에서 자랐는가? 과정보단 결과가 중요했는가? 함께 신나게 놀아 줄 사람이 있었는가? 현재 놀이는 당신의 삶에서 실제로 중요한 자리를 차지하는가?

경쟁이 없어도 혹은 경쟁하고 있지만 자신이 이기지 않아도 놀이를 즐길 수 있는가? 더 논다고 생각하면 설레는가, 불편한가, 아니면 둘 다인가? 잠시 시간을 내서 이런 질문을 곰곰이 생각하고, 생각하는 동안 마음속에서 피어오르는 감정에 주의를 기울이자.

안젤로를 더 잘 알게 되면서 그의 완고한 방식이 어디에서 비롯됐는지 보이기 시작했다. 엄격하고 신앙심이 깊은 가정에서 자란 안젤로는 겨우 6살에 남학생 전용 기숙학교에 보내졌다. 기숙사에서 학생들은 정해진 기준에 맞춰 침대를 정리해야 했고, 허락 없이는 말도 할 수 없었다. 불복종하면 가혹한 처벌이 따랐다. 질서와 학업 성취가 무엇보다도 중요했다. 이런 성장 환경은 규율과 규칙적인 생활 습관을 기르는 데는 도움이 됐겠지만, 창의성과 놀이가 끼어들 여지는 없었다.

학교생활이 어땠는지 묻자 안젤로가 이렇게 대답했다.

"자로 셀 수 없이 많이 맞았지만, 어릴 때부터 훈육과 성과의 중요성을 배운 덕분에 여기까지 올 수 있었다고 생각해요."

"그렇군요. 훈육은 분명 중요하죠. 정말 탄탄한 교육을 받았겠네요. 그렇다면 운동은 했나요? 쉬는 시간은 어떻게 보냈나요? 그냥 장난을 치거나 웃고 떠드는 일은 없었나요? 그런 경험은 어땠는지 궁금해요"

"아, 그런 건 전혀 없었어요. 휘파람으로 노래를 불렀다는 이유만으로 벌을 받은 적도 있는걸요."

안젤로가 마음 놓고 놀지 못했던 것이 당연했다. 이 사실을 이해하는 것이 첫걸음이었다. 나는 그에게 아이들에게는 놀 공간이 있어야 하고, 어린 시절에 할 수 없었던 방식으로 놀이에 참여할 기회를 가져 보는 게 어떻겠느냐고 제안했다.

회색 지대를 찾자

세상은 자신이 생각하는 것처럼 흑백으로만 나뉘지는 않는다. 나는 감정 건강의 7가지 특성을 연구하고 20년 가까이 심리 치료사로 일했다. 그 과정에서 정신적·정서적 건강을 나타내는 아주 중요한 특성이 회색 지대에 존재하는 능력이라는 사실을 깨달았다.

내 전문 분야인 분석 심리학은 극단적으로 생각하지 않는 능력을 핵심으로 하는 정서 발달 유형을 설명한다. 다시 말해 어떤 일이나 사람도 전적으로 선하거나 악하지 않다는 사실을 받아들이는 능력이다. 사실 이는 상당히 어려운 일이며, 동시에 좋은 점과 나쁜 점을 받아들이기란 누구에게나 만만하지 않은 일이다. 선을 한곳에서 찾아 그곳을 향해 나아가고, 악을 다른 곳에서 찾아 그곳에서 멀어질 수 있다면 인생은 훨씬 더 간단하고 단순할 것이다. 받아들이기 어렵겠지만 사실 우리 안에는 선과 악이 공존한다. 〈인사이드 아웃 2Inside Out 2〉의 결말은 이 개념을 잘 보여 준다.

이렇게 양극단으로 생각하는 경향은 다양한 방식으로 나타난다. 그중 하나가 이분법적 사고다. 건강한 식생활을 하려고 노력하던 중 어느 날 몸에 나쁜 음식을 먹었다고 상상해 보자. '괜찮아, 내일은 건강한 음식을 먹을 거야'라고 생각하는 대신 '뭐, 이제 다 망쳤으니 끌리는 대로 먹을래'라고 생각할 수도 있다. 나는 집안 정리에서 이런 경향을 자주 보인다. 아주 깨끗하거나 완전히 난장판이거나 둘 중 하나다. 하지만 이런 양극단적 사고는 행복에 악영향을 미친다. 그렇다면 지금 내가 이런 이야기를 하는 이유는 무엇일까? 흑백논리는 본질적으로 장난기를 발휘할 수 없는 상태다. 아이디어를 가지고 놀려면 회색 지대로 발을 들여야 한다.

흑백논리에서 벗어나고 싶다면 이 방법을 연습하자. 먼저 삶에서 이렇게 극단적으로 생각했던 순간을 떠올려 보자. 좋은 습관을 이분법적 생각으로 바라봤을 수도 있고, 어떤 사람을 선하거나 악하거나 둘 중 하나로만 판단했을 수도 있다. 완벽주의는 이런 사고 유형의 대표적 예다. 완벽하거나 아니면 아예 쓸모없다고 여기는 태도다. 배우자에게 '항상' 혹은 '절대' 같은 표현을 자주 사용하는 경우도 여기에 속한다.

다음으로 이런 예시에서 회색 지대로 몇 걸음 다가간다면 어떤 모습일지 생각해 보자. 내 경우에는 발 디딜 틈도 없을 때까지 집안을 방치했다가 천장부터 바닥까지 미친 듯이 청소하는 대신, 일단 가볍게 정돈하는 연습부터 할 수 있다. 완벽주의자라면 완벽하게 해낼 수 없다는 걸 알면서도 어떤 일을 해 보는 것이 회색 지대로 한 걸음 다가가는 과정이 된다. 예를 들어 오타가 있는 상태로 보고서를 제출할 수도 있다(사실 나라도 이렇게 하기는 쉽지 않다). 혹은 배우자에게 "항상 일을 우선시한다"라거나 "청소를 절대 하지 않는다"라고 말했다는 사실을 깨달으면 하던 말을 멈추고 "사실 이 말은 틀렸어. 항상, 절대 그런 건 아니지. 내 기분을 다시 설명해 볼게"라고 말하자. 그리고 다시 시도하자.

마지막으로 그 걸음을 내디뎠을 때 어떤 기분이 들었는지 돌아보자. 집안을 가볍게 정돈했을 때는 불편하고 불만스러웠을지도 모른다. 하지만 나중에 집으로 돌아왔을 때 집이 심하게 어지럽지 않은 상태라는 사실이 반가울 수 있다. 회색 지대로 나아가다 보면 세상을 좀 더 현실적인 관점에서 바라볼 수 있게 된다.

아이디어를 키우자

사람들에게 최근에 어떻게 놀았는지 물어보면 대개 보드게임이나 비디오게임, 스포츠게임을 언급한다. 물론 이런 게임도 모두 훌륭한 놀이다. 하지만 나는 일상생활에서 장난기를 발휘할 때 즉흥극에서 영감을 얻는다. 즉흥극은 사람 사이의 장난기를 활용해 계획되지 않은 즉흥적이고 종종 웃음이 터져 나오는 창의성과 즐거움의 순간을 만들어 내는 희극 예술이다.

즉흥극에서는 누군가가 아이디어를 제시했을 때 '싫어요'라고 말하지 않는다. '좋긴 한데'라고도 말하지 않는다. '좋아요'라고 말하는 대신 진심을 담아서 '좋아요, 그리고'라고 말을 이어 간다. 상대방의 아이디어에 공감하고, 이 아이디어를 바탕으로 새로운 제안을 덧붙이면서 각자가 혼자서는 갈 수 없는 곳에 함께 도달한다.

세상에는 '싫어요'라고 말하는 사람도 많고, '좋긴 한데'라고 말하는 사람도 많다. 살면서 내가 가장 좋아하는 사람, 함께 보내는 시간이 즐거운 사람, 내 모습을 있는 그대로 보여 줄 수 있는 사람, 함께 일하기 즐거운 사람에게는 공통점이 하나 있다. 이들은 바로 '좋아요, 그리고' 라고 말하는 사람이다. 이들은 농담을 끊임없이 이어 가고, 어디에 가든 즐겁게 어울릴 준비가 됐으며, 있는 그대로의 별난 모습도 지지한다. 누군가 조금 이상한 말을 하더라도 이들은 자신의 엉뚱한 면을 먼저 꺼내며 불편한 상황을 유머가 흐르는 순간으로 바꾼다. 이런 식으로 지지받으며 어울려 본 경험이 있다면, 그것이 얼마나 큰 힘과 위안이 되는지 알 것이다.

오래전에 서로 다른 두 사람과 나눴던 대화가 기억난다. 나는 심리학을 주제로 레스토랑을 시작하자는 아이디어를 냈다. 이야기한 상대는 심리학자 친구 2명이었다. 한 친구는 "그거 좋은데! 그런데 레스토랑을 운영하려면 돈이 많이 들어"라고 말했다. 그것으로 대화는 끝이었다. 그는 내 아이디어가 마음에 들었던 것 같지만, 분명히 '좋긴 한데'에 해당하는 반응이었다. 그래도 괜찮았다.

그 후 같은 아이디어를 다른 친구에게 이야기했다. 심리학을 주제로 레스토랑을 열고 싶다고 하자, 이 친구는 "와, 진짜 좋은 생각이야! 메뉴판 뒷면에 심리학의 주요 개념 설명을 설명해도 좋겠다"라고 말했다. 나는 이 제안이 마음에 들었고 "좋아! 메뉴 이름에 켄터키 프로이트 치킨 같은 식으로 장난을 쳐도 재밌을 것 같아"라고 말했다. 우리는 한동안 이런 식으로 대화를 이어 갔다. 정말 즐겁고 서로를 인정해 주는 대화였다. 친구와의 유대감도 깊어졌다. 게다가 정말 그럴듯한 음식 아이디어도 떠올랐다. 오이디푸스 요리에는 닭고기에 달걀을 곁들이고, 로르샤흐 요리에는 오징어 먹물 파스타가 어울릴 듯했다.

이처럼 '좋아요, 그리고'라고 대화를 이어 가는 태도는 가정은 물론이고 직장에서도 중요하다. 대기업이 즉흥 연기자를 초빙해 리더에게 '좋아요, 그리고'라고 말하는 법을 가르치는 데는 이유가 있다. 이런 사고방식은 새로운 것을 만드는 데 핵심적인 협업과 상상력을 저해하는 상황을 막는다. '좋긴 한데'에서 '좋아요, 그리고'로 넘어가는 간단하지만 중요한 전환은 모든 상호작용을 바꾼다.

새로운 아이디어와 경험에 마음을 열지 못하면 스스로를 좁고 꽉 막힌 세상에 가두게 된다. 하지만 마음을 열고 '좋아요, 그리고'로 나아가면 혁신과 협력을 이룰 수 있다. 상대방의 생각을 이해하고 함께 나아가다 보면 자신이 찾는지도 몰랐던 것을 발견하게 될 것이다. '좋아요, 그리고'로 대화를 이어 가는 상사는 부하 직원이 새로운 일을 시도하도록 허락하고 함께 탐구하며 결과뿐 아니라 과정까지 칭찬한다.

이를 잘 보여 주는 사례가 애플의 컴퓨터 마우스 개발이다. 잡스가 디자인 회사 아이디오에 첫 번째 매킨토시 컴퓨터용 탐색 장치 개발을 의뢰했을 때, 처음 제시한 프로토 타입은 조이 스틱을 닮은 상자 모양 장치였다. 아이디오 팀은 이 아이디어를 바로 거절하는 대신 '좋아요, 그리고'라는 사고방식으로 시작했다. 그들은 다양한 재질과 형태, 기능을 실험한 끝에 애플 특유의 날렵하고 인체 공학적인 마우스 디자인을 완성했다.

장난기를 강화하려면 '좋아요, 그리고'라고 말하는 사람이 되기 위해 의식적으로 노력해야 한다. 이 근육을 단련하기 위해 '좋아요, 그리고' 사고방식에 도전하기를 권한다. 일상에서 주변 사람에게 '좋아요, 그리고'라고 말할 수 있는 순간에 주의를 기울이자. 누군가가 아이디어나 제안을 내놓으면 그 말을 출발점으로 '좋아요, 그리고'라고 대화를 이어 가는 것이다. 이때는 판단을 잠시 미루고 상대가 제시한 가능성을 받아들이는 연습이 필요하다.

또 자신이 목표에 이르는 과정보다 최종 결과에만 집착하는지도 잘 살펴보자. 창의성은 열린 태도에서 자란다. 동료와 브레인스토밍을 하거나 친구와 주말 계획을 세울 때도 열린 마음으로 장난기를 담아 상대를 대하면 도움이 된다. 하루를 마무리하며 그날 있었던 일을 돌아보자. '좋아요, 그리고' 사고방식이 삶의 다양한 측면에서 창의성과 즐거움을 어떻게 높였는지 잘 살펴보자.

생활에 게임 요소를 더하자

장난기를 강화하는 가장 좋은 방법은 바로 노는 것이다! 업무와 일상, 그리고 사람들과 나누는 대화에 게임 디자인 요소와 원칙을 적용해서 삶을 게임처럼 한번 만들어 보자. 그러면 더 흥미롭고 의욕이 넘치며 즐겁게 할 수 있을 것이다. 삶에 게임 요소를 더하는 방법을 몇 가지 소개한다.

- 첫 데이트가 잡혔는가? 나도 잡담은 싫어한다. 하지만 적절하게 분위기를 전환하는 질문은 겉으로만 친절한 대화에서 관계를 구축하는 탐색으로 바꿀 수 있다. "무슨 일을 하시나요?" 같은 뻔한 질문 대신 창의적인 질문을 해 보자. 예시는 이번 장 끝에 실은 목록을 참고하자.

- 식당에서 식사 중인가? 친구들과 종이로 오목을 두자.

- 친구와 공원 벤치에 앉았는가? 주변에 보이는 사람들로 이야기를 만들어 보자(예시: 저기 보이는 두 사람은 세 번째 데이트 중인 것 같아. 서로 좋아하는지는 아직 확신이 없지만, 지인에게 소개받은 터라 진지하게 사귀어 보려는 것 같아).

- 친구와 긴 줄을 기다리는 중인가? 함께 밸런스 게임을 해 보자.

- 집안일을 끝내야 하는가? 집안일을 게임으로 바꿔 보자. 누가 더 빨리 빨래를 개는지 경쟁하거나 진공청소기 돌리기를 댄스 경연 대회로 만들어 보자.

직장에도 놀이를 도입할 기회는 얼마든지 있다. 일터에서 놀이를 더 하고 장려할 방법을 몇 가지 소개한다.

- 회의를 시작할 때 분위기를 전환하는 질문이나 게임으로 창의력을 자극하자. 이렇게 하면 시작부터 장난기와 유대감이 생긴다. 예시는 이번 장 끝에 실은 목록을 참고하자.

감정 훈련

- 브레인스토밍 시간에 장난기 있는 태도를 보이도록 팀을 격려하자. '좋아요, 그리고' 접근 방법을 강조해 서로의 아이디어를 발전시키자. 종이와 펜을 준비하고 창의성을 발휘하는 데 도움이 된다면 쓰면서 들어도 좋다고 알리자.

- 지루한 업무나 프로젝트를 즐거운 도전으로 바꾸자. 우호적인 경쟁이나 점수판을 마련해 의욕을 북돋우고 목표 설정에 재미 요소를 더하자. 보상과 인센티브를 활용해 참여 의욕과 성취감을 높이자.

- 장난기를 자연스럽게 끌어내고 팀원 간 유대감을 키우는 팀 활동을 기획하자. 장벽을 허물고 동료 의식을 키울 수 있도록 야외 활동이나 방 탈출 게임, 즉흥 워크숍을 검토하자. 팀원을 대상으로 설문 조사를 실시해 흥미롭거나 지루하다고 느끼는 활동이 무엇인지 알아보는 것도 좋다.

- 성공 사례를 소개하고 배운 교훈을 공유하며 지속적인 학습과 개선 문화를 장려하자. 이로써 놀이가 안전하고 보람 있는 활동이라는 인식이 자리 잡는다. 팀원이 창의적인 성과를 보여 주고, 다른 동료에게 자유로운 사고를 자극할 기회를 만들어 보자.

이런 원칙과 실천을 일상에 들이면 창의성, 협업, 혁신을 키우는 놀이 문화를 만들 수 있다. 장난기에는 전염성이 있다. 당신이 장난기를

많이 발휘할수록 주변 사람들도 안심하고 장난기를 드러낸다. 놀이는
단순히 일을 하지 않는 휴식이 아니라, 일상을 풍요롭게 하는 강력한
도구다.

성과는 놀이에서 나온다

안젤로는 질서와 장난기가 서로 배타적인 특성이라고 배웠고, 마음 놓
고 놀 수 없는 환경에서 자랐기에 이 작업을 천천히 시간을 들여서 해
야 했다. 나와 주변 사람에게 취약성을 드러내려면 사람들이 자신을 지
지해 주고, 함께 어울려 줄 것이라는 믿음이 필요했다.

이 작업은 우선 안젤로와 나 사이에서 시작했다. 그가 상황을 이분
법이나 흑백논리로 재단할 때마다 나는 회색 지대에 무엇이 있는지 한
번쯤은 생각해 보라고 권했다. 나는 그에게 더 자주 농담을 건넸고, 그
가 웃음을 참는 모습을 발견할 때면 "딱 걸렸어요!"라고 말하곤 했다.
가장 장난스러운 내 모습을 일부러 드러내며, 당신도 똑같이 할 수 있다
고 알려 줬다. 그가 아주 잠깐이라도 다른 사람의 관점에서 생각하면
칭찬했다. 또한 규율을 지키면서도 장난기를 발휘할 수 있는 삶의 예시
를 최대한 많이 제시했다.

안젤로는 직장에서도 장난기를 발휘할 수 있도록 팀 내에 심리적 안
전감을 쌓는 데 힘썼다. 먼저 주간 회의를 시작할 때 분위기 전환용 질

문을 던지려고 노력했다. 첫 번째로 했던 질문은 "다들 주말은 어떻게 보냈어요?"였다. 이 뜬금한 질문은 눈앞의 회의 주제와 직접적인 관련이 없었기에 그는 어색함을 느꼈다. 하지만 몇 주가 지나자 질문에 즐겁게 대답하는 팀원들의 모습이 눈에 들어오기 시작했다. 그는 "이것 없이는 못 산다 싶은 물건이 있나요?"처럼 좀 더 깊이 있는 질문을 하기 시작했고, 마침내 "당신 인생을 바꿔 놓고도 정작 본인은 그 사실을 모르는 사람이 있나요?" 같은 질문까지 하게 됐다.

안젤로는 회의 시간에 분위기를 바꾸는 데서 나아가 더 자유로운 브레인스토밍을 장려하려 했다. 예전에는 정해진 안건을 제시하고 체계적으로 회의를 진행했다. 그러나 이제는 팀원에게 과제나 질문을 제기하고 실없거나 엉뚱한 아이디어가 나오더라도 곧바로 비판하지 않고 자유롭게 논의할 시간을 주려고 애썼다. 그는 가능한 한 '좋아요, 그리고'라는 말로 대화를 이어 가려고 노력했다. 이 과정에서 그는 사람들이 자유롭게 가능성을 탐색할 때 가장 창의적인 해결책이 나온다는 사실을 깨달았다.

안젤로는 직장 밖에서도 긴장을 내려놓고 자연스러운 흐름에 따르기 시작했다. 어느 주말, 친구들이 한 번도 가 본 적 없는 근처 마을로 자동차 여행을 가자고 갑자기 제안했다. 평소라면 이런 계획 없는 여행은 망설였을 것이다. 하지만 그는 우리가 놀이에 관해서 나눴던 대화를 떠올리며 흐름에 몸을 맡기기로 했다. 그는 개성 넘치는 가게를 둘러보고 현지 음식을 맛보면서 뜻밖에 멋진 하루를 보냈다. 그는 평소의 딱

딱함을 내려놓자 이렇게까지 자유롭고 즐거운 기분을 느낄 수 있다는
사실에 스스로 놀랐다.

장난기를 발휘하는 일은 평생에 걸쳐 이어 가야 할 과제이지만 안젤
로는 그 변화의 물결이 자신의 삶에 빠르게 퍼져 나감을 느꼈다. 팀 분
위기가 눈에 띄게 좋아졌고, 팀원들은 더 혁신적인 아이디어를 내놓기
시작했다. 친구나 사랑하는 사람과의 관계도 한층 더 따뜻하고 너그러
워졌다. 그는 의견 차이가 있더라도 모든 일을 지나치게 기분 나쁘게 받
아들이지 않았다. 무엇보다도 중요한 변화는 그가 훨씬 더 편안하고 가
벼운 마음으로 일상을 누렸다는 점이다.

이전에는 자신의 진중함이 답답하게 느껴졌다면 이제는 장난기를
받아들이며 즐거움, 유대감, 창의성으로 향하는 새로운 길이 열렸다. 안
전지대에서 벗어나기까지 얼마나 많은 용기가 필요했는지 알기에, 나는
그가 이렇게 변해 가는 모습을 기쁜 마음으로 지켜봤다. 그는 놀이가
시시하거나 비생산적인 것이 아니라 삶을 살아가는 데 꼭 필요한 방식
이라는 사실을 배웠다.

혼자 놀기

혼자서도 놀 수 있을까? 물론이다. '좋아요, 그리고'라고 말하듯 자기
아이디어를 펼쳐 보자. 자기 자신을 재단하거나 비판하지 않는 연습을
하자. 혼자서 영화관이나 음식점, 미술관에 가거나 여행을 떠나 보자.
어떤 일은 단체로 해야 한다는 사회적 제약에 얽매이지 말자. 물론 꼭

나가서 놀아야 하는 것도 아니다.

세계적으로 유능한 축구 선수 데이비드 베컴David Beckham은 말 그대로 공놀이가 직업인 사람이지만, 여전히 혼자 노는 시간을 따로 마련한다. 열심히 연습하거나 경기를 뛴 후에는 레고 블록을 조립하면서 긴장을 풀고,[20] 큰 경기 사이에도 알록달록한 블록을 조립하면서 스트레스를 해소한다.[21] 그는 레고를 조립하면서 하루 동안 쌓인 긴장과 스트레스를 날린다.

가능할 때마다 자연스러운 즉흥성을 받아들이자. 이는 인생에 '좋아요, 그리고'라고 말하는 방법이다.

장난기 팔굽혀펴기:
게임 시작

놀 준비를 마쳤는가? 지금부터가 본론이다. 장난기 근육을 강화하려면 곧장 놀이로 뛰어들어야 한다. 1:1로 하거나 여러 사람이 함께 즐길 수 있는 게임을 몇 가지 소개한다. 이는 즉흥 기술을 연마하고, 협동심을 기르고, 잠재적인 창의성을 발휘하도록 고안한 게임이다. 이제부터 이 게임 중 하나를 해 보자(가능하다면 3가지 모두 해도 좋다).

좋아요, 그리고

이 즉흥 게임은 '좋아요, 그리고' 대화법을 좀 더 의식적으로 실천하도록 돕는다(나와 친구가 펼친 레스토랑 아이디어와 비슷하다). 일단 팀원이나 친구, 배우자, 형제자매 등 이 게임을 함께할 사람을 찾자. 그다음 타이머로 3분을 설정한다. 한 사람이 문구나 설정을 활용해서 이야기를 시작한다. 예를 들어 누군가가 "옛날 옛적에"로 말문을 연 다음 이야기를 한두 문장 이어 간다. 내용은 무엇이든 상관없다! 두 번째 사람이 "좋아요, 그리고"로 말문을 연 다음에 이야기를 몇 줄 덧붙여서 말한다.

예를 들어 보자.

"옛날 옛적에 어떤 사자가 사고로 우주로 날아가 버렸습니다."

"좋아요, 그리고 사자는 몸집이 큰 가젤이 많이 사는 행성에 착륙했습니다."

"좋아요, 그리고 가젤을 본 순간 묘한 예감을 느낀 사자는 계획을 짜기 시작했습니다."

"좋아요, 그리고……."

3분이 지날 때까지 서로 주고받거나 돌아가면서 이야기를 만든다. 시간이 다 되면 그다음 차례인 사람이 마음대로 이야기를 마무리할 수 있다. 이 게임은 즐겁고 우스꽝스러울 뿐 아니라 사람들이 서로의 말에 맞춰 가며 이야기를 이어 갈 때 브레인스토밍이 얼마나 끝없이 확장될

　　　　　　　　　　　　　　　　　　　　　　　감정 훈련

수 있는지 보여 준다. 나는 이 게임을 진행한 뒤 참가자들에게 처음 이야기를 시작했을 때 결말을 예측할 수 있었는지 물어본다. 그러면 대부분 웃으면서 설마 이런 방향으로 전개될 줄은 꿈에도 몰랐다고 말한다. 멋진 아이디어는 대개 이렇게 뜻하지 않게 함께 만들어 가는 흐름 속에서 생긴다.

함께 게임할 사람 찾기

이 게임에는 상대가 1명 필요하다. 두 사람은 3분 동안 서로의 특이한 공통점 3가지를 찾는다. 공통점을 찾으려면 "생일이 언제인가요?", "사람들 대부분은 싫어하지만 당신이 좋아하는 것은 무엇인가요?", "반대로 당신은 싫어하지만 사람들 대부분이 좋아하는 것은 무엇인가요?", "고등학교에서 어떤 특별활동을 했나요?" 같은 호기심 넘치는 질문을 많이 해야 한다.

나는 이 게임을 수없이 많이 하고 진행했지만 사람들이 발견하는 공통점에 늘 놀라곤 한다. 같은 대학교에 다녔던 사실을 안 두 사람도 있었고, 16살이 되기 전에 부모 중 한 분이 돌아가셨다는 공통점이 있는 두 사람도 있었다. 또 어떤 두 사람은 뉴욕에서 처음 만났지만 아이오와주의 같은 마을 출신이라는 공통점을 발견했다(두 사람의 나이 차는 스무 살이었다).

이 게임을 함께할 사람을 찾아보자. 오래된 지인이라도 괜찮다. 이 경우에는 서로가 몰랐던 공통점을 찾아야 한다. 막 알게 된 사람이라도 괜찮다. 새로운 팀원과 함께 즐기기에도 좋은 게임이다.

생각났어 게임

내가 제일 좋아하는 게임을 해 보겠는가? 나는 이 게임을 여름 캠프에서 배웠지만 소셜 미디어에서도 인기를 끌고 있다. 이 게임을 수렴이나 교감이라고 부르기도 하지만, 나는 '생각났어' 게임이라고 부른다. 이 게임은 우리의 생각이 근본적으로 얼마나 비슷한지 보여 주고, 사고 과정에서 서로 깊이 이어졌다고 느끼게 한다. 때로는 여러 라운드 동안 이어지기도 하지만 대개는 빨리 결판난다. 참고로 말하자면 나는 모든 라운드를 성공적으로 끝냈다.

이 게임은 2명이 할 수도 있고 100명이 할 수도 있다. 게임 방법은 간단하다. 게임 참가자 전원이 임의로 한 단어나 흔한 문구를 떠올린다. 어떤 말이라도 좋다(예시: 선사시대, 바나나, 타일랜드, 브래드 피트, 속임수). 독특한 단어나 흔한 문구를 먼저 떠올린 사람이 손을 들고 "생각났어요"라고 말한다. 먼저 "생각났어요"라고 말한 두 사람이 함께 "셋, 둘, 하나"라고 말한 다음 각자가 생각한 단어를 동시에 외친다.

이제 이 두 단어를 중심으로 진행한다. 그다음에는 모두가 두 단어와 관련이 있는 새로운 단어를 떠올린다. 정해진 올바른 방식은 없다. 뇌가 어떤 식으로 단어를 연결하든 상관없다. 만약 처음 두 단어가 '코끼리'와 '비행기'였다면 머릿속에서 '크다', '회색', '강력하다' 같은 단어와 연결 지을 수 있을 것이다.

이번에도 처음 두 단어를 연결하는 단어를 먼저 떠올린 사람이 "생각났어요"라고 말한다. 먼저 "생각났어요"라고 말한 두 사람이 다시 "셋, 둘, 하나"라고 말한 다음 동시에 새로 떠올린 단어를 외친다. 이런 식으로 함께 숫자를 말한 두 사람이 동시에 같은 단어를 외칠 때까지 게임을 계속한다(이 게임은 대개 예상보다 훨씬 일찍 끝난다). 이 게임을 온라인에서 하는 방법도 있다. 화상회의 중에 두 사람이 채팅창에 단어를 입력한 뒤, 셋부터 거꾸로 센 다음 엔터키를 누른다.

이 책에서 소개한 모든 훈련과 마찬가지로 팔굽혀펴기의 진정한 가치는 훈련 뒤에 이어지는 조용한 성찰에 있다. 자신에게 한번 물어보자. 예상치 못한 것을 배웠는가? 평소 대화 방식에서 벗어나 보니 어떤 기분이 들었는가? 당신이나 상대방, 혹은 모두가 불편함을 느꼈는가? 더 깊이 이어졌다고 느꼈는가? 만약 불편함을 느꼈다면 그런 기분이 계속 이어졌는가? 왜 불편했다고 생각하는가? 많이 연습할수록 더 능숙해질 것이다.

분위기 전환용 질문

때로는 창의적인 질문만으로도 장난기를 발휘할 수 있다. 참신한 분위기 전환용 질문이 필요하다면 독특한 질문을 모아 놓은 다음 목록을 참고하자. 친밀도 수준에 따라 다양하게 준비했으니 상황에 맞는 질문을 선택하도록 하자.

- 당신의 인생을 바꿔 놓고도 정작 본인은 그 사실을 모르는 사람이 있는가?

- 당신이 조리 기구라면 무엇이었을 것 같은가? 그 이유는 무엇인가?

- 고등학교 시절 당신에게 가장 중요한 것은 무엇이었는가?

- 최근 들어 바뀐 생각이 있다면 무엇인가?

- 당신 인생이 지금 2장이라면, 1장에서 2장으로 넘어간 때는 언제인가? 다시 말해, 지금까지 인생에서 가장 큰 변화의 순간은 언제였는가?

- 당신이 자서전을 낸다면 제목은 무엇으로 하겠는가?

- 지금까지 만난 모든 사람이 모여 있는 방으로 들어간다면 누구를 찾겠는가?

- 지금까지 만났던 모든 연인의 성격이나 특징을 봉투에 넣고, 그중 3가지만 돌려준다면 어떤 것을 고를 것인가?

- 당신의 흥을 북돋우는 노래(경기장에 들어설 때 틀 노래)는 무엇인가?

- 자신의 성격 특성 중 성적 매력이 있는 특성, 결혼하고 싶은 특성, 없애고 싶은 특성은 무엇인가?

- 다른 사람보다 한참 늦은 나이에 배운 것은 무엇인가?

- 죽기 전에 마지막으로 먹고 싶은 음식은 무엇인가? 메인 요리, 곁들이는 음식, 음료, 디저트를 골라 보자.

- 어린 시절을 돌이켜 봤을 때 현재 직업을 예측할 만한 일화는 무엇인가?

- 당신이 '제퍼디!Jeopardy!'(미국의 유명 퀴즈 프로그램.—옮긴이)에 출연해 최종 라운드 출제 카테고리를 고를 수 있다면 어떤 분야를 고르겠는가?

- 누구에게나 해당된다고 믿었는데 나중에 알고 보니 당신이나 당신 가족에게만 해당했던 것은 무엇인가?

- 평생 동안 단 하나를 무료로 공급받을 수 있다면 무엇을 선택하겠는가?

- 항상 갖고 싶었는데 이제야 갖게 된 것은 무엇인가?

- 친한 친구가 당신을 설명하는 데 사용할 법한 단어 3가지는 무엇인가?

- 부모님이 잘했다고 생각하는 일과 다르게 하기를 바랐던 일을 1가지씩 꼽는다면 무엇인가?

- 하루 동안 무적의 신체가 된다면 무엇을 하면서 보낼 것인가?

- 자신의 큰 장점 중에 때로는 약점이 되기도 하는 특성은 무엇인가?

- 내일 눈을 떠 보니 인생이 마법처럼 한 단계 상승했다면 어떻게 알 수 있을까? 어떤 부분이 달라졌을까?

- 좀비 대재앙이 닥친다고 가정할 때 당신의 팀에 데려오고 싶은 사람 3명은 누구인가?

- 사람들 대부분은 싫어하지만 당신이 좋아하는 것과 당신은 싫어하지만 사람들 대부분이 좋아하는 것은 무엇인가?
- 마법처럼 어떤 능력을 하나만 익힐 수 있다면 무엇을 선택하겠는가?
- 당신이 지닌 사소하지만 남다른 능력은 무엇인가?(예시: 언제 비가 올지 안다, 후각이 뛰어나다, 언제나 병뚜껑을 열 수 있다 등).
- 어디에 있을 때, 무엇을 할 때, 누구와 있을 때 가장 편안한가?

브리운 박사는 《놀이, 즐거움의 발견Play: How It Shapes the Brain, Opens the Imagination, and Invigorates the Soul》에서 놀이를 산소에 비유한다.

"놀이는 우리를 일상에서 벗어나게 한다. 놀이는 늘 우리 주변에 있지만 사라지기 전에는 대부분 알아차리지 못하거나 인정받지 못한다."

산소와 호흡이 눈에 띄지 않지만 신체 건강에 필수적이듯, 장난기는 감정을 건강하게 다루기 위해 반드시 강화해야 하는 중요한 기술이다. 장난기를 삶의 우선순위에 두고 일상에서 실천하자.

지금까지 감정 건강의 일곱 번째 특성을 살펴봤다. 이 책을 읽으면서 당신은 감정 마라톤을 달렸다고 할 수 있다. 이제 조금 더 놀이의 감각을 더해 이런 특성들이 어떻게 서로 어울리면서 감정을 강화하고 정서적으로 건강해지는 데 도움이 되는지 알아보자.

3장

감정 훈련의
마지막 과제

감정 건강 유지하고
퍼트리기

이제 감정적으로 좀 단단해진 기분인가? 좋다! 결승선에 선 지금 아직 화끈거림이 가시지 않았을 수도 있지만 동시에 의욕과 활기, 자부심도 느끼리라 생각한다. 감정 건강은 쉽게 이룰 수 있는 일이 아니며, 마음이 약한 사람은 해내기 어렵다. 이제 잠시 자신, 나아가 자기와 관련된 모든 이에게 투자한 성취감을 느끼는 시간을 가져 보자.

이제부터 어디로 가야 할까? 진짜 마라톤을 뛴 다음이라면 기념으로 아침 식사를 하러 가거나 그냥 집에 가서 목욕용 소금을 푼 뜨거운 물에 몸을 푹 담그고 근육을 풀지도 모른다. 하지만 그렇게 체력을 보충하고 회복한 후에도 달리기를 그만두지는 않는다. 다음 5킬로미터, 10킬로미터, 혹은 철인 3종 경기를 목표로 훈련을 계속 이어 나간다.

한 경주의 결승선은 다음 경주의 출발선이다.

달리는 기쁨과 건강만을 위해서 계속 달리는 사람도 있겠지만 달리기를 그만두면 모처럼 열심히 노력해서 얻은 성과를 잊게 된다는 사실도 안다. 달리기는 평생에 걸친 건강 관리이며, 감정 건강도 마찬가지다. 이 책을 다 읽었다고 해서 그만두면 안 된다. 사실 이제 막 시작했을 뿐이다.

마라톤 이야기가 나온 김에 1장에서 소개했던 데이비드를 기억하는가? 그는 신체 건강에서는 초인이었지만 감정 건강은 불안정했다. 상사가 그를 실적 개선 계획 대상자로 정하면서 그는 미래에 불안을 느꼈다. 하지만 그는 감정 건강에 정면으로 부딪치기로 결심했다. 그리고 현재 그는 다행히도 잘 지낸다. 그가 노력하고 나와 그의 동료, 주변 사람들이 조금씩 도와준 덕분에 그는 지속 가능하면서도 활력이 넘치는 감정 생활을 만들었다.

데이비드는 어떻게 건강한 감정 생활을 이뤘을까? 그는 업무하는 데 필요한 불편을 받아들이고(마음챙김), 정기적으로 피드백을 요청하기 시작했다(호기심). 어려움을 겪는 분야에서 자기 책임인 부분을 인정했고(자기인식), 장애물이 나타났을 때도 실적 개선 계획에 충실했다(회복탄력성). 회사 동료의 욕구를 이해하는 법을 배웠고(공감), 좀 더 효과적으로 말하고 듣는 법을 익혔다(의사소통). 그리고 궁극적으로 팀원들에게 훨씬 더 협력적인 태도로 대했다(장난기). 모두가, 특히 상사가 그 사실을 알아차렸다. 그는 불과 1년 만에 실적 개선 계획 대상에서 제외되고 승진까지 했다.

데이비드의 성과는 일상에서도 나타났다. 우리가 처음 만났을 때 그의 친구 관계와 연애 관계는 직장에서의 인간관계와 마찬가지로 불안정했다. 하지만 그는 이 상황을 바꾸기 위해 열심히 노력했다. 그 결과 뜻깊고 보람찬 인간관계를 맺고 유지하게 됐으며 현재 생활과 나아갈 방향에 새로운 만족감을 느꼈다. 심리 치료 후반에 그는 연인과 함께 살기로 결정했고, 친구들과 파타고니아 지방을 하이킹하는 여행 계획을 세웠다고 이야기했다.

"예전에는 감정을 제대로 느끼기는커녕 생각조차 한 적이 없어요. 당연히 성장 과정에서 정신 건강이나 감정 건강을 이야기해 본 적도 없고요. 하지만 이제는 모든 일과 모든 사람을 완전히 다른 방식으로 이해할 수 있어요."

데이비드는 감정 훈련 프로그램의 결과를 실감했지만, 그렇게 되기까지는 시간이 걸렸다. 그리고 그는 이 과정을 스스로 믿어야 했다. 거울로 자기 체형을 확인하거나 정확한 측정 결과를 추적할 수 있는 신체 건강과 달리, 감정 건강을 훈련하는 여정은 정량화가 어렵다. 많은 사람이 감정 건강 훈련을 시작하지 못하고, 계속 이어 나가지 못하는 이유가 여기에 있다. 어떤 일을 열심히 하면서도 변화가 있는지 확신할 수 없을 때는 짜증스럽기 마련이다. 인간은 무엇이든 정량화하려는 경향이 있다. 얼마나 오래 뛰었는지, 몇 킬로미터나 달렸는지, 얼마나 빨리 달렸는지 궁금해한다.

하지만 감정 건강에 관한 한 양보다 질이 중요하다. 감정적으로 건강해졌다는 증거를 숫자로 측정하기란 쉽지 않겠지만, 이 영향은 사실 엄청나다. 갈등이 해결됐을 때, 면접을 잘 봤을 때, 인간관계가 발전했을 때, 두려움을 극복했을 때처럼 인생에서 일어나는 작지만 아름답고 확실한 변화의 순간에 관심을 기울이자. 당신이 하는 모든 일에서 느리지만 확실하게 나타날 것이다. 인생이 완전히 다르게 느껴질 것이다.

나는 내담자에게 감정 건강과 관련해서 내가 기울이는 노력은 그들이 돈을 많이 벌거나 성공하도록 돕는 일이 아니라고 말한다. 물론 감정 건강 수준이 높아지면 이런 결과가 따르는 경우가 많다. 나는 내담자가 최대한 나답고 만족스럽게 살아갈 수 있도록 돕는다.

자기인식을 탐색하면서 불편한 진실을 직면할 때 사람들은 바뀌어야 한다고 깨닫는다. 다른 직업을 알아보거나 새로운 도시로 이사하거나 더 건강한 인간관계를 찾아야 한다고 느낀다. 이 과정이 그동안 당연하게 여겼던 진정한 성공의 의미를 다시 생각할 계기가 되기도 한다. 그래도 괜찮다. 용감하게 자기가 살고 싶은 삶으로 나아가자.

데이비드는 감정적으로 가장 건강했던 시기에 메달이나 빛나는 트로피를 받지 못했다. 대신 직장과 가정, 자기 자신과 주변 사람들과의 관계에서 분명한 변화를 느꼈다. 감정을 훈련하는 과정에서 당신도 어떤 작지만 분명한 성장을 마주하게 될까?

과민하게 반응하거나 안절부절못하는 때가 줄어들었다는 사실을 알아차리게 될 수도 있다. 인생이 자신에게 일어나는 일이라기보다는

 감정 훈련

자기가 적극적으로 참여하는 과정으로 느껴질 것이다. 예전에는 하루를 망치거나 인간관계를 해쳤던 말다툼이나 오해가 성장하고 관계를 심화할 기회로 바뀐다. 불안과 번아웃, 피로가 줄어든다. 좀 더 차분해지고 냉철해지고 의욕이 넘칠 수도 있다. 인간관계가 더 건강하고 보람찬 양상을 띠고 전반적인 인생 선택에 더 만족감을 느끼게 된다.

결국 이 모든 노력은 아리스토텔레스가 제시한 흥미로운 개념인 '에우다이모니아eudaimonia'를 추구하는 과정이다. '잘 삶'으로 번역할 수 있는 에우다이모니아는 행복과 성취로 이어지는 개인 성장과 관계가 충만한 삶이다. 시대를 초월하는 이론을 제시한 위대한 그리스 철학자에게 경의를 표한다.

이 책에서 소개한 7가지 특성은 앞에서 만난 AI 컨설턴트 데이비드, 마케팅 부장 스테퍼니, 기술 전략가 안젤로라는 사람들의 삶에 에우다이모니아를 가져다줬듯이 당신 삶에도 이를 가져오도록 도와줄 것이다. 이들은 하나같이 야심 차고 높은 성취를 이룬 사람들이었지만, 감정 건강에서는 어려움을 겪었다. 하지만 열심히 참여하고 성실히 훈련을 거듭한 결과, 이제는 좀 더 원만하고 감정적으로 건강한 삶의 혜택을 누린다.

현재 상태 점검

감정 훈련 진행 상태를 완벽하게 정량화할 수는 없지만 시간에 따른 성장 정도는 추적할 수 있다. 이 여정을 시작한 이래로 어떻게 변화했는가? 감정 팔굽혀펴기를 열심히 했는가? 이 책을 읽기 시작한 당시의 상태와 현재 상태를 비교할 수 있도록 1장의 퀴즈로 돌아가 보자.

이전에 했던 답변은 보지 말고 퀴즈를 다시 풀어 보자. 1점은 '이 특성이 큰 약점이다', 5점은 '이 특성이 큰 강점이다'를 의미한다. 7가지 특성에 이세 당신은 얼마나 감정적으로 건강하다고 느끼는가?

마음챙김: 나는 불편을 피하기보다는 받아들이고 감당하는 편인가? 마음챙김을 실천하는 사람은 성장하기 위해서라면 불편도 감수한다.

1　　　**2**　　　**3**　　　**4**　　　**5**

호기심: 나는 배우려는 태도를 지녔는가? 냉정한 피드백을 받아들이고 곤란한 질문을 던질 수 있는가? 호기심 많은 사람은 자신과 타인에 대해 더 깊이 알고자 노력한다.

1　　　**2**　　　**3**　　　**4**　　　**5**

자기인식: 나는 나의 성격 특성, 감정을 자극하는 요인, 편향을 잘 아는가? 자기인식이 높은 사람은 자신의 강점과 약점, 그리고 반복되는 행동 경향을 분명히 안다.

1　　　**2**　　　**3**　　　**4**　　　**5**

회복탄력성: 나는 인생의 난관에 맞서 이를 배움과 성장의 기회로 삼는가? 회복탄력성을 갖춘 사람은 좌절에 오래 붙잡혀 있지 않는다.

1　　　**2**　　　**3**　　　**4**　　　**5**

공감: 나는 내 감정을 느끼는 동시에 다른 사람의 관점을 이해하려고 노력하는가? 공감 능력이 뛰어난 사람은 상대방 입장에서 생각하고 실제로 그렇게 행동한다.

1　　　**2**　　　**3**　　　**4**　　　**5**

의사소통: 나는 내 욕구와 기대를 명확하게 표현하고, 타인의 욕구와 기대에도 똑같이 귀를 기울이는가? 의사소통 능력이 뛰어난 사람은 아이디어와 생각을 효과적으로 주고받는다.

1　　　**2**　　　**3**　　　**4**　　　**5**

장난기: 나는 긍정적이고 협조적인 태도로 삶을 대하고, 관계 속에서 안전하게 창의성을 발휘할 여유가 있는가? 장난기가 풍부한 사람은 폭넓게 생각하고 회색 지대에서도 유연하게 살아간다.

1　　　**2**　　　**3**　　　**4**　　　**5**

이제 1장으로 돌아가 처음에 했던 대답과 비교해 보자. 변화가 있었는가? 어느 부분이 가장 발전했고, 그 이유는 무엇일까? 어느 부분이 변화가 없거나 오히려 후퇴했는가? 그 이유는 무엇일까? 이 책을 읽으면서 어떤 특성이 생각했던 만큼 강하지 않다는 점을 깨달았을 수도 있다. 하지만 만약 그런 경우라면 호기심과 자기인식이 뛰어나다고 볼 수 있다. 의외였던 특성이 있는가? 혼란스러운 특성은 있었는가? 짜증 나는 특성은 있었는가? 그밖에 자신에 관해 새롭게 알게 된 점이 있는가?

크게 발전했다고 느낀다면 축하할 일이다. 하지만 감정 건강은 평생에 걸쳐서 해야 할 일임을 기억하자. 수치에 큰 변화가 없었더라도 포기하지 말자. 인생에서 가장 중요한 변화는 느리게 일어난다.

감정 건강 유지하기

평생에 걸쳐 추구한 아름다움을 한 편의 시처럼 보여 주는 일화가 있다. 20세기 위대한 오스트리아계 미국인 바이올리니스트 프리츠 크라이슬러Fritz Kreisler가 공연을 마쳤을 때 한 여성이 달려와 말했다.

"선생님처럼 아름답게 연주할 수 있다면 제 평생을 바치겠어요."

그녀가 대답했다.

"저는 실제로 제 평생을 바쳤습니다."

감정 건강 역시 평생에 걸쳐 다듬어 가는 여정이다. 마지막 게임은 없다. 사람들은 정신 건강 문제에 손쉬운 해결책이 있기를 바란다. 정신 건강 관련 기업 대다수도 손쉬운 해결책이 있다는 듯이 말한다. 하지만 가장 쉬운 해결책은 사실 평생 매일같이 자신과 마주하는 일이다. 그 사실을 받아들이면 길은 열리기 마련이다. 꾸준하게 노력을 기울이면 감정과 신념, 태도에 변화가 나타나는 모습을 보게 될 것이다.

살아가다 보면 예기치 못한 사건이 계속해서 일어나지만, 규칙적으로 미리 훈련하면 앞으로 닥쳐올 피할 수 없는 어려움에 맞설 정신적 회복탄력성을 키울 수 있다. 또한 여느 훈련 프로그램과 마찬가지로 규칙적이고 지속적인 관리는 나중에 더욱 심각한 문제가 발생하는 사태를 예방할 수 있다. 몸과 마음을 유연하고 단단하게 유지한다면 예기치 못한 상실부터 감당하기 힘든 인생의 변화에 이르기까지 닥쳐올 새로운 어려움에 자신 있고 침착하게 맞설 수 있다. 신체 근육을 단련할 때와 마찬가지로 감정 건강을 단련할 때도 반복 훈련이 필요하다. 지금부터 훈련을 강화하고 유지하는 데 도움이 되는 중요한 방법을 몇 가지 소개한다.

정기적으로 확인하자

신체가 원활하게 기능하는지 확인하기 위해 정기적으로 건강 검진을 받듯이 감정 건강도 주기적으로 확인해야 한다. 삶의 어려움을 극복하는 과정에서 이를 견디는 힘은 자연스럽게 오르내리기 마련이다. 또한 사소한 문제라고 해서 방치하다 보면 걷잡을 수 없는 증상이나 문제로 번진다. 주기적으로 상태 점검 퀴즈를 다시 풀어 보면서 수치에 변화가 있는지 확인하자. 이는 감정 훈련 프로그램을 어떻게 조정할지 생각할 수 있는 아주 좋은 기회다.

함께 훈련하자

어떤 일을 하든 간에 같은 뜻을 가진 사람들이 모인 공동체는 커다란 자산이 된다. 회사를 차리든 가정을 꾸리든 인생에서 새로운 시기를 맞이하든 당신을 이해하고 지지해 줄 사람들이 주변에 있다면 상황은 완전히 달라진다.

감정 훈련은 개인의 여정인 동시에 공동체의 여정이기도 하다. 자기만 할 수 있는 노력이라는 점에서 보면 개인의 여정이다. 체육관에 가면 누구도 당신을 대신해서 역기를 들어 주지 않는다. 아무리 부유하고 똑똑하고 유명하고 영리하고 강하더라도 더 강해지려면 역기는 스스로 들어 올려야 한다.

하지만 우리가 모두 같은 길을 걷는다는 점에서 공동체의 여정이기도 하다. 신체 훈련에 몰두하는 사람들이 주변에 있으면 체육관에서 역기를 드는 일이 훨씬 더 할 만하게 느껴진다. 트레이너가 있으면 더 많이 들어 올릴 수 있다. 조금 더 세게, 조금 더 빨리, 조금 더 오래 노력하도록 격려하는 사람이 있으면 효과적으로 운동할 수 있다. 경험이 풍부한 보디빌더를 보면서 자기가 향하는 목표가 어디인지 영감을 얻을 수도 있고, 초보자를 보면서 자신이 얼마나 성장했는지 떠올릴 수도 있다.

감정 훈련도 마찬가지다. 누구도 대신해 줄 수 없다. 하지만 주변에 감정 훈련에 힘쓰는 같은 뜻을 가진 사람들이 있다면 훨씬 더 할 만하고 즐겁게 느껴질 것이다. 당신을 지원하고 도와주고 응원하고 새롭고 독특한 훈련 방법을 알려 주는 공동체가 있으면 혼자서는 결코 도달하지 못했을 곳까지 갈 수 있다.

이런 공동체를 찾으려면 자신을 드러내야 한다. 자기가 하는 훈련을 편안하게 느끼는 범위 내에서(혹은 조금쯤 불편하다고 느끼더라도) 터놓고 이야기해 보자. 이렇게 이야기하면 당신과 같은 길을 걷는 동료를 끌어당기게 되고, 나아가 새로운 사람이 함께 여정을 시작하도록 초대하는 계기를 만들 수 있다.

새로운 관계를 찾기 어렵다고 느낀다면 당신만 그런 것은 아니다. 연구에 따르면 자연스럽게 새로운 우정을 쌓는 데는 3가지 조건이 있다.[1] 근접성(같은 장소에 있을 것), 계획하지 않은 상호작용 반복, 경계를 풀 수 있는 환경이다. 고등학교나 대학교, 사회 초년생 시절이 지금보다 친구를 사귀기 수월했던 이유가 무엇인지 생각해 본 적 있는가? 이렇게 친밀하고 일관된 환경에서는 우정이 싹트기 쉽다. 장기간에 걸쳐 같은 사람을 계속 반복해서 만나면 자연스럽게 인간관계가 형성된다. 점심 식사와 짜증스러운 상사에 대한 불만을 늘어놓는 대화 역시 유대감을 돈독하게 쌓는 경험이다.

어른이 되면 친구를 사귀기가 어려워진다. 자영업이나 원격 근무를 한다면 더욱 힘들다. 그런 경우에는 좀 더 의식적으로 친구를 사귀어야 한다. 공동체 만들기에 열심인 친구에게 이런 조언을 받았다. 감정 훈련에 힘쓰는 지인 2~3명을 찾아서 저녁 식사에 초대하자. 저녁 식사 입장료는 감정 훈련에 관심 있는 사람들을 데려오는 것이라고 전하자. 이는 같은 뜻을 가진 새로운 사람을 만나는 훌륭한 방법이고, 거기서부터 공동체를 계속 키울 수 있다. 그리고 가능하다면 직접 만나서 교류하자. 나는 온라인 교류를 패스트푸드에 비유한다. 온라인 교류로는 원하는 만큼 많은 사람을 빨리 사귈 수 있지만 실제 관계만큼 깊거나 오래가지는 않는다.

직장 역시 새로운 관계를 맺기에 훌륭한 장소다. 특히 감정을 훈련하기 위해 의도해서 마련한 공간이 있다면 더할 나위 없다. 펩시코의 전 CEO 인드라 누이Indra Nooyi는 직원들과 소통하기 위해 노력했다.

"출근할 때 개인적인 일은 문밖에 두고 오라고 말하지만 출근하는 모든 사람은 여전히 어머니, 아버지, 아들, 딸, 형제, 자매입니다. 집에서 생긴 문제를 마냥 잊을 수는 없죠."[2]

직원에게 일 외의 삶이 있음을 인정한 누이는 회의를 시작할 때 직원들에게 일상이나 가족 이야기를 나누도록 권하곤 했다. 그는 사람들이 직장에서나 일상에서나 온전한 한 인간으로서 존중받을 때 관계가 더 깊이 이어진다는 것을 알았다.

균형 있게 키우자

신체를 단련하는 데 지름길은 없지만 장기적인 혜택은 넘친다. 코어 근육을 강화하면 팔다리 근육을 단련하기가 쉬워질 뿐만 아니라 심장과 폐도 더 강해지고 회복력도 증가한다. 감정 건강도 마찬가지다.

감정 건강의 7가지 특성은 서로 영향을 주고받으며 다양한 형태로 얽혔다. 한 특성을 강화하면 다른 특성도 자연스럽게 발전한다. 체육관에서 운동할 때처럼 여러 특성을 조합해 훈련해야 한다. 예를 들어 신체를 단련할 때 일주일 동안 하루는 달리기, 또 다른 하루는 근력 운동, 주말에는 요가를 한다. 이렇게 하면 근육이 휴식하고 회복할 수 있다. 감정 근육 역시 서로 지지하는 관계이므로 각각을 강화하고 단련하되, 필요할 때는 휴식 시간도 가져야 한다.

몸과 마음을 함께 단련하자

이 책에서는 감정 건강을 신체 건강에 비유했지만, 정신적·정서적 건강을 유지하는 데 신체 단련이 얼마나 중요한지는 분명히 짚고 넘어가야 한다. 하루에 4시간밖에 자지 못한다면 어떻게 공감 능력과 회복탄력성, 장난기를 갖춘 사람이 될 수 있겠는가? 생존 모드에서는 잠재력을 꽃피울 수 없다. 우리 몸과 마음은 서로 깊이 얽혀 있어서 하나를 소홀히 하면 나머지 하나가 부족함을 보충하려고 과로한다.

감정 억압이 수많은 신체 문제를 일으킨다는 사실이 드러났듯이[3] 신체 건강 습관이 불량한 사람은 불안과 우울을 비롯한 여러 심리 문제에 시달릴 가능성이 높다.[4] 운동이 항우울제와 불안 관리 도구로서 발휘하는 힘을 과소평가하지 말자. 하루 30분만 운동해도 기분이 좋아질 수 있다.[5] 운동에 필요한 활성화 에너지를 쥐어짜기 힘들다는 사실은 알지만, 우울하거나 불안할 때는 특히 더 어렵다. 그래도 일단 시작할 수만 있다면 그만한 보상을 얻게 될 것이다.

나만의 감정 훈련
프로그램

감정 건강을 추구하는 과정은 사람마다 다른 독특한 여정이다. 당신의 감정 훈련 과정은 어떤 모습인가? 의사소통 능력은 뛰어나지만 장난기를 발휘하는 데는 서투를 수 있다. 자신의 감정과 욕구는 잘 파악하지만 다른 사람의 감정과 욕구를 이해하는 데는 미숙할지도 모른다. 감정 훈련 프로그램은 생활 방식에 맞게 조정해야 한다.

다만 각 특성을 적어도 일주일에 1번은 의도적으로 훈련하는 편이 바람직하다. 다행히도 일주일은 7일이고, 훈련해야 할 특성도 7가지다. 매일 1가지 특성을 골라 연습하자. 짧게 끝나는 가벼운 훈련(감사한 일 하나 떠올리기)도 괜찮고, 고강도 훈련(그동안 회피했던 어려운 대화 시도하기)도 좋다. 어떤 속도라도 괜찮으니 꾸준하게 하자. 시간이 흐르면 반드시 변화가 드러날 것이다.

감정 팔굽혀펴기를 일상생활에 들여놓고 싶다면 창의성을 발휘하자! 지금까지 배운 내용을 응용할 방법은 무수히 많다. 각 특성을 계속 강화하는 데 도움이 될 팔굽혀펴기 아이디어를 몇 가지 소개한다.

- 마음챙김
    - 일부러 불편함이 따르는 일을 골라 과감하게 도전해 보자. 거절이 두려운가? 절대 합격할 일이 없어 보이는 일자리에 지

원하자. 또는 소셜 미디어의 유명인에게 메시지를 보내 대화를 신청해 보자.

- 몸이 불편한 상태를 싫어하는가? 찬물 샤워를 하거나 매운 양념 치킨 먹기에 도전해 보자.

- 혼자 있는 시간을 싫어하는가? 혼자 저녁 식사를 하고 영화관에 가서 있는 그대로의 자신과 오붓한 시간을 보내자.

- 스마트폰 중독인가? 만족을 미루는 연습을 하며 스마트폰을 눈에 띄지 않는 곳에 두자. 지루함과 함께 올라오는 감정에 주의를 기울이자.

• 호기심

- 칭찬 기차를 시작하자. 주변 사람 5명에게 그들의 장점을 알려 주는 메시지를 보내자. 그리고 그들에게도 같은 칭찬을 해 달라고 부탁해 칭찬 기차를 계속 달리게 하자. 받은 칭찬은 자존감을 키우는 재료로 삼자.

- 힘든 대화를 나눈 뒤, 그 대화에서 새롭게 알게 된 흥미로운 사실을 2~3가지 적어 보자.

- 가정을 깨트리자. 논란이 있는 주제와 관련해 자신이 믿고 있는 생각 3가지를 적고, 이를 반박할 수 있는 신뢰할 만한 자료를 찾아보자.

- 자신을 인터뷰하자. 매력을 느끼는 사람에게 물을 법한 질문 10가지를 적고 스스로 대답해 보자.

- 자기인식

  - 자기 마음과 자신을 살피는 탐정이 되자. 오래된 일기를 읽거나 어린 시절 그린 그림을 다시 들여다보며, 그때 어떤 기분이었을지 생각해 보자.

  - 자신의 강점과 약점을 적은 목록을 만들어 보자.

  - 오래전에 자신이 저지른 실수를 용서하자.

  - 다른 사람의 시선을 빌려 자신을 바라볼 준비가 됐는가? 부모, 형제자매, 선생님, 오래된 친구에게 당신에 대해 더 말해 달라고 부탁해 보자. 그 이야기를 현재 삶에 어떻게 적용할 수 있을지 곱씹어 보자.

- 회복탄력성

  - 암벽등반, 회화, 악기 연주처럼 인내와 학습이 필요한 새로운 취미나 운동을 시작하자.

  - 일부러 실패해 보자. 위험이 적은 게임에서 최선이 아닌 선택을 하며 지는 연습을 해 보자. 예를 들어 스크래블Scrabble(알파벳 철자로 단어를 만들어 점수를 따는 보드게임.—옮긴이) 할 때 일부러 점수가 낮은 단어를 고르자.

  - 과거의 어려움이 지금의 삶을 어떻게 단단하게 만들었는지 일기로 적어 보자.

  - 큰 역경을 극복한 주변 사람(가상 인물이라도 좋다)에 대해 써 보자. 그들의 사고방식에서 영감을 얻어 보자.

감정 훈련

- 공감

  - 뜻밖의 친절을 베풀어 보자. 여유가 있을 때 사랑하는 사람
    이나 팀원에게 "오늘 내가 도와줄 수 있는 게 있을까요?"라고
    물어보자.

  - 공원이나 카페 같은 공공장소에서 사람들을 관찰하자. 그들
    이 어떤 생각을 하는지, 그들이 어떤 생활을 하고 있을지, 어
    떤 어려움에 맞서고 있을지 상상해 보자.

  - 자신과 다른 문화와 경험을 다룬 소설을 읽고, 등장인물의
    시선으로 세상을 바라보는 자신을 떠올려 보자.

  - 최근 의견 차이가 있었던 일을 떠올려 보자. 상대방의 관점
    에서 다시 써 보거나, 그 감정과 동기를 담은 짧은 글을 쓰거
    나 그림을 그려 보자.

- 의사소통

  - 오늘 나눈 대화 속에서 자신의 감정을 분명하게 전한 순간을
    떠올려 보자. 예를 들어 '지금까지 우리가 함께 일한 방식이
    자랑스럽습니다' 등이 있다.

  - 친구나 동료와 감정 제스처 놀이를 해 보자. 표정과 몸짓으
    로 감정을 표현하고 상대가 이를 맞히게 하자.

  - 말이 많은 편인가? 다음 회의나 모임에서는 일부러 발언을
    줄이고 경청에 집중해 보자. 반대로 과묵한 편이라면 아이디
    어 하나를 꼭 말해 보자.

- 자신의 전문 분야에서 자주 쓰는 용어를 골라 누구나 이해
  할 수 있도록 풀어 설명해 보자. 한발 더 나아가고 싶다면 이
  런 개념을 설명하는 자신의 모습을 녹화해 시청해 보자.

- 장난기
  - 직장에서 단체 채팅방을 만들어 음악을 좋아하는 사람들을
    초대하자. 매주 주제를 정해 한 곡씩 추천하고, 가장 잘 어울
    리는 곡에 투표하자. 우승자가 다음 주 주제를 정한다. 예를
    들어 90년대 노래, 원곡보다 좋은 리메이크곡, 좋은 의미로
    눈물 나는 노래 등이 있다.
  - 즐거운 활동 아이디어를 쪽지에 적어 병에 넣어 두었다가 장
    난기가 필요한 순간에 하나씩 뽑아 보자. 예를 들어 실내 소
    풍 가기, 미술관 가기, 쿠키를 구워 친구에게 선물하기 같은
    아이디어를 쓰면 된다.
  - 자신이 사는 도시를 관광객처럼 돌아다니면서 풍경과 소리
    를 새롭게 느껴 보자.
  - 하루를 정해 친구나 가족이 부탁하는 합리적이면서도 장난
    스러운 요청을 들어주자.

이 목록은 시작일 뿐이다. 호기심과 장난기를 발휘한다면 얼마든지
확장할 수 있다. 훈련을 마친 뒤 어떤 경험이 힘들었는지 어떤 연습이
더 필요한지 살펴보면 다음 단계로 나아갈 실마리를 얻을 수 있다.

감정 훈련

감정 건강 퍼트리기

주변 사람에게 미치는 파급효과는 감정 건강을 훈련하면서 얻을 수 있는 가장 큰 성과 중 하나다. 당신이 자신을 발견하는 길을 걷는 모습을 보면서 친구, 동료, 사랑하는 사람들은 자연스럽게 흥미를 느낀다. 대부분은 긍정적인 반응을 보이지만, 한편으로는 당신의 변화가 두렵거나 불안하게 느껴질 수도 있다. 인간관계에서 한 사람이 변하면 관계 자체도 함께 달라진다. 상대방이 성장하는 모습을 보면서 자신의 약점과 마주하게 되기도 한다.

당신도 그들에게 불만을 느끼게 될 수도 있다. 열심히 노력한 끝에 눈에 띄게 성장하면 자기만큼 발전하지 않는 사람에게 짜증을 느끼기도 한다. '나는 이만큼 노력하는데 너는 왜 못 해?'라는 생각이 드는 단계다. 이럴 때일수록 인내심과 배려심이 필요하다. 당신 역시 한때는 그들과 같은 자리에 있었다.

나는 "어떻게 하면 남편이 심리 치료를 받게 할 수 있을까요?"라거나 "어떻게 하면 상사가 감정 건강을 훈련하게 할 수 있을까요?" 같은 질문을 자주 받는다. 나는 항상 똑같이 대답한다. 상대방이 자신을 훈련하도록 이끄는 가장 좋은 방법은 자신을 먼저 훈련하고, 그 여정을 최대한 개방적이고 투명하게 알리는 것이다.

나는 오랫동안 수백 명이 심리 치료를 받도록 이끌었지만, 이는 심리 치료사로서 조언했기 때문이 아니라 내담자로서 경험을 솔직하게 나눴기 때문이다. 심리 치료를 받으면서 내 인생이 얼마나 달라졌는지 직접 겪었기에 주변 사람들도 같은 경험을 하면 좋겠다고 생각했다. 그러나 사람들에게 심리 치료를 받아야 한다고 말하는 건 소용이 없었다. 그 대신에 나는 이렇게 말했다.

"오늘 심리 치료를 받으면서 나 자신에 대해 흥미로운 사실을 알게 됐어요. 어떤 깨달음을 얻었냐면요……. 그래서 내 삶에 이런 변화가 생겼어요."

이런 식으로 이야기를 시작하면 듣는 사람은 자연스럽게 관심을 보였고 "어떻게 하면 나도 심리 치료를 받을 수 있을까요?"라고 물었다. 감정 건강을 훈련하다 보면 자연스럽게 감정적으로 건강한 사람이 주변에 모이기 시작한다. 그리고 그 과정에서 다른 사람들 역시 감정 건강을 훈련하도록 격려하게 된다. 이 접근 방법은 리더에게 특히 중요하다.

B2B 소프트웨어 기업 창립자인 라지Raj는 회사의 성공이 전적으로 자신의 노력에 달렸다고 느꼈다. 직원들은 번아웃에 시달리고 쉽게 화를 냈으며 업무 의욕도 낮았다. 그는 그들을 의지할 수 없다고 생각했다. 그래서 그는 늘 야근을 했고, 주말에도 일했고, 하루도 쉬지 않고 일했다. 그러면서도 직원들에게는 일과 삶의 균형을 잘 유지하라고 말했다. 감정 건강을 훈련하는 과정에서 그는 마침내 문제가 자신에게서 시작됐다는 사실을 깨달았다. 그리고 그가 자신을 잘 돌보기 시작하면서 직원들도 안심하고 같은 선택을 할 수 있었다. 감정 건강을 우선시해도 괜찮다는 허락을 받자 직원들은 일에 몰입했고, 그 결과 회사의 방

향도 바뀌었다.

결국 감정 건강을 훈련하면 주변의 모든 사람이 처한 환경이 개선된다. 건강한 감정과 행동은 해로운 감정과 행동만큼이나 전염력이 있다. 눈에 보이는 형태로 감정 건강에 투자하면 다른 사람도 자신의 습관과 경향을 들여다보게 된다. 우리는 사람들이 하는 말이 아니라 행동을 따라 한다. 공감하면서 의사소통하면 상대방도 비슷한 방식으로 반응하기 쉽다. 장난기를 보여 주면 상대방도 쉽게 긴장을 풀 수 있다. 휴가를 내거나, 이메일과 업무용 메신저를 근무 시간에만 사용하거나, 공유 캘린더에 심리 치료 시간을 표시하는 간단한 행동만으로도 상대방이 자신의 욕구를 점검하는 계기가 될 수 있다.

그런 의미에서 다른 사람을 돕는 가장 직접적인 방법은 바로 자기 자신을 바꾸는 것이다. 비록 자신이 옳다고 하더라도 상대방의 감정적 약점을 진단하기보다는 변화를 일으키는 주체가 되는 편이 훨씬 바람직하다. 인간관계에서 우리는 "당신이 나를 돌본다면 나도 당신을 돌볼 것"이라는 식의 약속을 자주 한다. 이보다는 "당신이 나를 위해 당신을 돌본다면, 나도 당신을 위해 나를 돌볼 것"이라고 말해야 한다.

이런 태도는 직장과 일상에 파급효과를 불러일으킨다. 특히 기술 산업이 문화와 공동체의 중심인 실리콘밸리에서 이런 경향이 두드러진다. 감정적으로 건강한 기업가와 리더는 사회에 진출하는 젊은 세대에 큰 영향을 미친다. 다음 세대는 그런 모습을 보며 배우고 의사소통과 투명성, 공감을 중시하는 환경에서 자란 사람들은 훗날 리더가 되었을 때 그 가치를 다시 전한다.[6] 이렇게 감정 건강은 다음 세대로 이어지는 선순환을 만든다.

그렇다고 해서 감정 건강이 모든 관계를 통제할 수 있는 것은 아니다. 오히려 감정 건강에서 가장 중요한 교훈은 자신이 다른 사람에게 미칠 수 있는 영향에는 분명한 한계가 있다는 사실을 받아들이는 것이다. 우리는 다른 사람을 지지할 수는 있지만 바꾸거나 통제할 수는 없다. 대부분의 사람은 이 사실을 이성적으로는 이해하지만 감정적으로 받아들이기는 쉽지 않다.

이런 문제로 고민하고 있다면 팟캐스트 진행자 멜 로빈스Mel Robbins가 소개한 '그들을 내버려두기let them' 철학을 시도해 보자. 이 개념은 삶을 통제하고 있다는 감각을 되찾는 가장 쉬운 방법이 다른 사람의 인생을 통제하려는 시도를 멈추는 것이라고 말한다. 많은 사람, 특히 불안 성향이나 통제 욕구가 강한 사람은 상대방이 특정한 감정을 느끼게 하거나 특정한 행동을 하게 만들려고 애쓴다.

그러나 그렇게 애쓰는 동안 우리는 자신의 에너지를 다른 사람에게 쏟아붓는다. 결국 상대방의 말과 행동, 감정에 매달린 나머지 그 사람에게 휘둘린다. 우리가 할 수 있는 최선은 집착을 내려놓고 그들을 내버려두는 것이다. 상대가 선택하게 두고 느끼게 두자. 그러면 훨씬 큰 해방감을 경험하게 될 것이다.

마무리 팔굽혀펴기

이제 마지막으로 마무리 팔굽혀펴기를 할 시간이다. 잠시 멈춰 지금까지 걸어온 길을 되돌아보면서 지금부터 어디로 갈지 생각할 시간을 가져 보자.

자신이 만든 변화와 얻은 통찰을 단단히 다지는 데 도움이 되는 효과적인 방법이 하나 있다. 바로 미래의 나에게 편지를 쓰는 것이다. '미래의 나'는 지금보다 더 단단해져 있겠지만, 그래도 '현재의 나'에게서 꼭 듣고 싶은 말이 있을지도 모른다.

이 편지에 담을 내용을 소개한다.

- 이 책을 읽게 된 계기와 당시 마주했던 어려움, 희망, 두려움.
- 지금까지 감정 훈련 여정을 거치며 크든 작든 구체적으로 이룬 변화.
- 현재의 정서적·신체적 상태.
- 앞으로 6개월 또는 1년간의 인생 목표.
- 미래의 나에게 전하고 싶은 격려나 조언.

시각적인 방식이 더 익숙한 사람이라면 글 대신 미래의 나에게 보내는 그림을 그려도 좋다. 어떤 방식을 택하든 솔직하고 열린 마음으로 가능한 한 구체적으로 접근하자. 이 편지는 '미래의 나'만 읽을 사적인 기록이다. 그러니 부담을 가질 필요는 없다. 편지를 다 썼다면 미래의 나에게 전달하는 방법은 2가지가 있다.

- 종이 편지 보내는 방법: 종이에 편지를 썼다면 봉투에 넣고 우표를 붙인 다음 수신인란에 자신의 주소를 쓴다. 봉투 뒷면에는 6개월 혹은 1년 뒤 받고 싶은 날짜를 적는다. 그런 다음 이 편지를 믿을 수 있는 친구나 가족에게 맡기고, 그 날짜에 보내 달라고 부탁한다. 알람을 설정해 주는 것도 잊지 말자.
- 디지털로 보내는 방법: 디지털 방식으로 작성한 경우라면 미래 전송 기능을 제공하는 무료 온라인 서비스를 이용할 수 있다. 예를 들어 FutureMe 같은 서비스에서는 편지를 쓴 다음 전송 날짜만 지정하면 시스템이 알아서 그 날짜에 이메일을 보내 준다.

어떤 방법을 선택하든 편지가 도착하는 순간 아마도 깜짝 놀랄 것이다. '과거의 나'에게 뜻밖의 메시지를 받는 경험은 생각보다 큰 힘을 지닌다. 그것은 안도감이나 영감을 줄 뿐 아니라 자신이 얼마나 성장했는지를 또렷하게 떠올리게 한다.

멈추지 말고
계속 노력하라

감정 건강을 훈련하다 보면 아무리 노력해도 좋은 날도 있고 나쁜 날도 있기 마련이다. 인생은 좋을 때도 있고 끔찍한 때도 있으며, 다시 좋은 날이 찾아오기도 한다.

내가 정말 좋아하는 히브리 설화가 있다. 고대의 왕이 한 제자에게 불가능한 임무를 맡겼다. 제자는 슬픈 사람을 행복하게 하고 행복한 사람을 슬프게 하는 물건을 만들 때까지 왕국에서 추방당했다. 제자는 왕국을 떠나 몇 년 동안 자취를 감췄다가 어느 날 작은 돌을 들고 성문을 통과했다. 그는 돌을 왕에게 건네면서 이렇게 말했다.

"슬픈 사람을 행복하게 하고 행복한 사람을 슬프게 하는 물건을 찾았습니다."

왕은 건네받은 돌을 내려다봤다. 그 돌에는 감 쩨 아야보르Gam zeh ya'avor, **"이 또한 지나가리라"**라고 새겨져 있었다.

괴로움이나 고통이 없는 인생이란 없다. 난관이 없는 하루조차 드물다. 그러나 중요한 것은 이 난관에 어떻게 반응하느냐다. 감정의 체력이 단단할수록 삶이 정면으로 던지는 어려움에 더 잘 대응할 수 있다. 감정을 움직이고 매일 감정의 땀을 흘려 보라. 그러면 얼마나 많은 가능성이 열리는지 스스로 놀라게 될 것이다.

우리가 완벽해질 수 있을까? 물론 그럴 수는 없다. 하지만 우리의 목표는 완벽이 아니다. 우리의 목표는 한 걸음씩, 더 진실하고 더 만족스러운 삶을 향해 계속 나아가는 것이다. 마지막으로 이 말을 전하고 싶다. 이 책을 집어 든 순간 당신은 이미 그 삶을 향해 커다란 한 걸음을 내디딘 셈이다. 그리고 읽으면서 한 걸음 더 내디뎠다. 그런데 왜 여기서 멈추겠는가?

감정 건강에 대해 더 깊이 읽어 보고 싶다면 다음 목록을 참고하자. 아직 완결된 목록은 아니다. 나 역시 지금도 계속 읽고 배우는 중이다. 여기에 소개한 책들은 내 생각의 틀을 형성하는 데 큰 영향을 줬거나 내담자와 동료들로부터 추천받은 책들이다.

Step 1 마음챙김: 불편함과 함께 있으라

The Comfort Crisis: Embrace Discomfort to Reclaim Your Wild, Happy, Healthy Self by Michael Easter.

Peace Is Every Step: The Path of Mindfulness in Everyday Life by Thich Nhat Hanh.

The Pivot Year: 365 Days to Become the Person You Truly Want to Be by Brianna Wiest.

Reach: A New Strategy to Help You Step Outside Your Comfort Zone, Rise to the Challenge, and Build Confidence by Andy Molinsky, PhD.

Step 2 호기심: 성장을 향해 나아가라

사실 보데인의 책이라면 무엇이든 좋지만, 그중 몇 권을 꼽자면 다음과 같다.

No Reservations: Around the World on an Empty Stomach; World
    Travel: An Irreverent Guide; and A Cook's Tour: Global
    Adventures in Extreme Cuisines.
Think Again: The Power of Knowing What You Don't Know by
    Adam Grant.
Zen Mind, Beginner's Mind: Informal Talks on Zen Meditation and
    Practice by Shunryu Suzuki.

Step 3 자기인식: 나를 제대로 알라

The Artist's Way: A Spiritual Path to Higher Creativity by Julia
    Cameron.
Burn After Writing series by Sharon Jones.
The Mountain Is You: Transforming Self-Sabotage Into Self-Mastery
    by Brianna Wiest.

Step 4 회복탄력성: 넘어져도 다시 일어서라

Grit: The Power of Passion and Perseverance by Angela Duckworth
Man's Search for Meaning by Viktor E. Frankl.
Resilient: How to Grow an Unshakable Core of Calm, Strength, and
    Happiness by Rick Hanson, PhD.
The Upside of Shame: Therapeutic Interventions Using the Positive
    Aspects of a "Negative" Emotion by Vernon C. Kelly Jr. and Mary
    C. Lamia, PhD.

Step 5 공감: 타인의 감정을 이해하라

Empathy: Why It Matters, and How to Get It by Roman Krznaric.

The War for Kindness: Building Empathy in a Fractured World by
    Jamil Zaki.
Self-Compassion: The Proven Power of Being Kind to Yourself by
    Kristin Neff, PhD.
Leading with Empathy: Understanding the Needs of Today's
    Workforce by Gautham Pallapa.

Step 6 의사소통: 진실을 말하라

Crucial Conversations: Tools for Talking When Stakes Are High by
    Kerry Patterson, Joseph Grenny, Ron McMillan, and Al Switzler.
Nonviolent Communication: A Language of Life by Marshall B.
    Rosenberg, PhD.
Supercommunicators: How to Unlock the Secret Language of
    Connection by Charles Duhigg.
Creativity, Inc.: Overcoming the Unseen Forces That Stand in the
    Way of True Inspiration by Ed Catmull.
Yes, And: How Improvisation Reverses "No, But" Thinking and
    Improves Creativity and Collaboration; Lessons from the Second
    City by Kelly Leonard and Tom Yorton.
Play: How It Shapes the Brain, Opens the Imagination, and
    Invigorates the Soul by Stuart Brown, MD, with Christopher
    Vaughan.

Step 7 장난기: 유연함을 연습하라

Atomic Habits: An Easy and Proven Way to Build Good Habits and
    Break Bad Ones by James Clear.

The Body Keeps the Score: Brain, Mind, and Body in the Healing of
Trauma by Bessel van der Kolk, MD.

Emotional Agility: Get Unstuck, Embrace Change, and Thrive in
Work and Life by Susan David, PhD.

No Hard Feelings: The Secret Power of Embracing Emotions at Work
by Liz Fosslien and Mollie West Duffy.

Radical Candor: Be a Kick-Ass Boss without Losing Your Humanity,
fully revised and updated edition by Kim Scott.

Burnout: The Secret to Unlocking the Stress Cycle by Emily Nagoski,
PhD, and Amelia Nagoski, DMA.

The Myth of Normal: Trauma, Illness, and Healing in a Toxic Culture
by Gabor Maté, MD, with Daniel Maté.

감사의 말

내 인생에서 감정 건강은 언제나 인간관계와 깊이 맞닿아 있었다. 일상과 업무 영역에서 나를 더 나은 사람으로 이끌어 주고, 지지와 사랑을 아끼지 않은 이들에게 글로 마음을 다 전하기는 어렵다. 가족과 친구, 공동체, 파트너, 동료, 대리인, 편집자, 출판팀까지 함께한 모든 분의 노력과 존재 그 자체에 감사드린다.

1장. 감정 훈련은 선택이 아닌 필수

성공을 한 단계 끌어올리는 감정 기술

1. McKinsey Health Institute, "Addressing Employee Burnout: Are You Solving the Right Problem?", May 27, 2022, https://www.mckinsey.com/mhi/our-insights/addressing-employee-burnout-are-you-solving-the-right-problem.

2. National Center for Health Statistics, "Anxiety and Depression: Household Pulse Survey, 2020~2024", last reviewed August 21, 2024, https://www.cdc.gov/nchs/covid19/pulse/mental-health.htm.

3. Amy Novotney, "Why Mental Health Needs to Be a Top Priority in the Workplace", American Psychological Association, October 21, 2022, updated April 21, 2023, https://www.apa.org/news/apa/2022/surgeon-general-workplace-well-being.

4. "Black Mental Health: What You Need to Know", McLean Hospital, July 15, 2024, https://www.mclean hospital.org/essential/black-mental-health.

Step 1 마음챙김: 불편함과 함께 있으라

1. Lorne Michaels, "Lorne Michaels (Part 1)", interview by Dana Carvey and David Spade, *Fly on the Wall*, October 7, 2022, 48:20, https://youtu.be/5ny8Xf9O0RA.

2. Alison Wood Brooks, "Get Excited: Reappraising Pre-Performance Anxiety as Excitement", *Journal of Experimental Psychology*: General 143, no. 3 (2014): 1144~58, https://doi.org/10.1037/a0035325.

Step 2 호기심: 성장을 향해 나아가라

1. K. Huang et al., "It Doesn't Hurt to Ask: Question-asking Increases Liking", *Journal of Personality and Social Psychology* 113, no. 3 (September 2017): 430-52, https://www.hbs.edu/faculty/Pages/item.aspx?num=52115.

Step 3 자기인식: 나를 제대로 알라

1. Tasha Eurich, "What Self-Awareness Really Is (and How to Cultivate It)", *Harvard Business Review*, January 4, 2018, https://hbr.org/2018/01/what-self-awareness-really-is-and-how-to-cultivate-it.

2. Katherine Kam, "Self-Awareness Can Improve Relationships. Here Are Tips to Build It", *The Washington Post*, November 26, 2022, https://www.washingtonpost.com/wellness/2022/11/26/self-awareness-emotional-intelligence/.

3. Manuel London, Valerie I. Sessa, and Loren A. Shelley, "Developing Self-Awareness: Learning Processes for Self- and Interpersonal Growth", *Annual Review of Organizational Psychology and Organizational Behavior* 10 (January 2023): 261~88, https://doi.org/10.1146/annurev-orgpsych-120920-044531.

4. Paul J. Silvia and Maureen E. O'Brien, "Self-Awareness and Constructive Functioning: Revisiting 'the Human Dilemma'", *Journal of Social and Clinical Psychology* 23, no. 4 (August 2004): 475~89, https://doi.org/10.1521/jscp.23.4.475. 40307.

5. Anna Sutton, Helen M. Williams, and Christopher W. Allinson, "A Longitudinal, Mixed Method Evaluation of Self-Awareness Training in the Workplace", *European Journal of Training and Development* 39, no. 7 (August 2015): 610-27, https://doi.org/10.1108/EJTD-04-2015-0031.

6. Timothy D. Wilson et al., "Just Think: The Challenges of the Disengaged Mind", *Science* 345, no. 6192 (July 2014): 75~7, https://doi.org/10.1126/science.1250830.

Step 4 회복탄력성: 넘어져도 다시 일어서라

1. Amanda Reill, "A Simple Way to Make Better Decisions", *Harvard Business Review*, December 5, 2023, https://hbr.org/2023/12/a-simple-way-to-make-better-decisions.

2. KFF, "Latest Federal Data Show That Young People Are More Likely Than Older Adults to Be Experiencing Symptoms of Anxiety or Depression", news release, March 20, 2023, https://

www.kff.org/mental-health/press-release/latest-federal-data-show-that-young-people-are-more-likely-than-older-adults-to-be-experiencing-symptoms-of-anxiety-or-depression/.

3. "Yerkes-Dodson Law", *Oxford Reference*, accessed September 9, 2024, https://www.oxfordreference.com/display/10.1093/oi/authority.20110803125332105.

Step 5 공감: 타인의 감정을 이해하라

1. K. N. C., "How to Increase Empathy and Unite Society", *The Economist*, June 7, 2019, https://www.economist.com/open-future/2019/06/07/how-to-increase-empathy-and-unite-society.

2. Elizabeth A. Segal, "Five Ways Empathy Is Good for Your Health", *Psychology Today*, December 17, 2018, https://www.psychologytoday.com/us/blog/social-empathy/201812/five-ways-empathy-is-good-your-health.

3. Mark H. Davis and H. Alan Oathout, "Maintenance of Satisfaction in Romantic Relationships: Empathy and Relational Competence", *Journal of Personality and Social Psychology* 53, no. 2 (1987): 397~410, https://doi.org/10.1037/0022-3514.53.2.397.

4. Linda H. Jutten, Ruth E. Mark, and Margriet M. Sitskoorn, "Empathy in Informal Dementia Caregivers and Its Relationship with Depression, Anxiety, and Burden", *International Journal of Clinical and Health Psychology* 19, no. 1 (January 2019): 12~21, https://doi.org/10.1016/j.ijchp. 2018.07.004.

5. Jamil Zaki, "It's Cool to Be Kind: The Value of Empathy at Work", interview by Bryan Hancock and Brooke Weddle, *Mc-

Kinsey Talks Talent, podcast, February 28, 2024, 34:21, https://www.mckinsey.com/capabilities/people-and-organi zational-performance/our-insights/its-cool-to-be-kind-the-value-of-empathy-at-work.

6.   Francis X. Frei and Anne Morriss, "Begin with Trust", *Harvard Business Review*, May-June 2020, https://hbr.org/2020/05/begin-with-trust.

7.   Tracy Brower, "Empathy Is the Most Important Leadership Skill according to Research", *Forbes*, September 19, 2021, updated January 12, 2022, https://www.forbes.com/sites/tracybrower/2021/09/19/empathy-is-the-most-important-leadership-skill-according-to-research/.

8.   Arunas L. Radzvilavicius, Alexander J. Stewart, and Joshua B. Plotkin, "Evolution of Empathetic Moral Evaluation", ed. *eLife* 8 (April 2019): e44269, https://doi.org/10.7554/eLife.44269.

9.   Brower, "Empathy."

10.   University of Cambridge, "Genes Play a Role in Empathy", *ScienceDaily*, March 12, 2018, https://www.sciencedaily.com/releases/2018/03/180312085124.htm.

11.   A. M. Barchi-Ferreira and F. L. Osório, "Associations between Oxytocin and Empathy in Humans: A Systematic Literature Review", *Psychoneuroendocrinology* 129 (July 2021): 105268, https://doi.org/10.1016/j.psyneuen.2021.105268.

12.   Leonardo Christov-Moore et al., "Empathy: Gender Effects in Brain and Behavior", *Neuroscience & Biobehavioral Reviews* 46, no. 4 (October 2014): 604-27, https://doi.org/10.1016/j.neubiorev.

2014.09.001.

13. William W. Maddux, Hajo Adam, and Adam D. Galinsky, "When in Rome...... Learn Why the Romans Do What They Do: How Multicultural Learning Experiences Facilitate Creativity", *Personality and Social Psychology Bulletin* 36, no. 6 (June 2010): 731~41, https://doi.org/10.1177/0146167210367786; Brent Crane, "For a More Creative Brain, Travel", The Atlantic, March 31, 2015, https://www.theatlantic.com/health/archive/2015/ 03/for-a-more-creative-brain-travel/388135/.

14. Adam Waytz, "The Limits of Empathy", *Harvard Business Review*, January 1, 2016, https://hbr.org/2016/01/the-limits-of-empathy.

15. Debbie L. Stoewen, "Moving from Compassion Fatigue to Compassion Resilience Part 4: Signs and Consequences of Compassion Fatigue", *The Canadian Veterinary Journal* 61, no. 11 (November 2020): 1207~9, https://www.ncbi.nlm.nih.gov/pmc/articles/PMC7560777/.

16. J. Austin, C. H. C. Drossaert, and E. T. Bohlmeijer, "Self-Compassion as a Resource of Resilience", in *Handbook of Self-Compassion*, ed. Amy Finlay-Jones, Karen Bluth, and Kristin Neff, Mindfulness in Behavioral Health (Cham, Switzerland: Springer Nature, 2023), 165~82, https://doi.org/10.1007 /978-3-031-22348-8_10.

17. Jacob Israelashvili, Disa A. Sauter, and Agneta H. Fischer, "Different Faces of Empathy: Feelings of Similarity Disrupt Recognition of Negative Emotions", *Journal of Experimental*

Social Psychology 87 (March 2020): 103912, https://doi.org/10.
1016/j.jesp.2019.103912.

Step 6 의사소통: 진실을 말하라

1. Leeron Hoory and Kelly Main, "The State of Workplace Communication in 2024", *Forbes Advisor*, March 8, 2023, https://www.forbes.com/advisor/business/digital-communication-workplace/.

2. Nalini Ambady and Robert Rosenthal, "Half a Minute: Predicting Teacher Evaluations from Thin Slices of Nonverbal Behavior and Physical Attractiveness", *Journal of Personality and Social Psychology* 64, no. 3 (March 1993): 431~41, https://doi.org/10.1037/0022-3514.64.3.431.

3. Mark Abadi, "When CEO Satya Nadella Took Over Microsoft, He Started Defusing Its Toxic Culture by Handing Each of His Execs a 15-Year-Old Book by a Psychologist", *Business Insider*, October 7, 2018, https://www.businessinsider.com/microsoft-satya-nadella-nonviolent-communication-2018-10.

Step 7 장난기: 유연함을 연습하라

1. M. Parsons, "The Logic of Play in Psychoanalysis", *The International Journal of Psycho-Analysis* 80, no. 5 (October 1999): 871~84, https://pubmed.ncbi.nlm.nih.gov/ 10643568.

2. Parsons, "Logic of Play."

3. Samuel West, "Playing at Work: Organizational Play as a Facilitator of Creativity", PhD diss., Department of Psychology, Lund

University, 2015.

4. "Playing Up the Benefits of Play at Work", *Association for Psychological Science*, October 13, 2017, https://www.psychologicalscience.org/news/minds-business/playing-up-the-benefits-of-play-at-work.html.

5. Nicole LaPorte, "How Shondaland Built a Creative Work Culture with Play-Doh, Treadmills, and Bakeoffs", *Fast Company*, August 8, 2017, https://www.fastcompany.com/40438335/how-shondaland-built-a-creative-work-culture-with-play-doh-treadmills-and-bakeoffs.

6. Jennifer Wallace, "Why It's Good for Grown-Ups to Go Play", *The Washington Post*, May 20, 2017, https://www.washingtonpost.com/national/health-science/why-its-good-for-grown-ups-to-go-play/2017/05/19/99810292-fd1f-11e6-8ebe-6e0dbe4f2bca_story.html.

7. Peter K. Smith and Jaipaul L. Roopnarine, eds., "Editorial Introduction", in *The Cambridge Handbook of Play: Developmental and Disciplinary Perspectives* (Cambridge, UK: Cambridge University Press, 2018), i–ii.

8. Michael Yogman et al., Committee on Psychosocial Aspects of Child and Family Health, Council on Communications and Media, et al., "The Power of Play: A Pediatric Role in Enhancing Development in Young Children", *Pediatrics* 142, no. 3 (September 2018): e20182058, https://doi.org/10.1542/peds.2018-2058.

9. Nick Morrison, "Children Learn More through Play Than from Teacher-Led Instruction", *Forbes*, January 12, 2022, https://www.

forbes.com/sites/nickmorrison/2022/01/12/children-learn-more-through-play-than-from-teacher-led-instruction/.

10. "Learning through Play", Unicef, October 2018, https://www.unicef.org/sites/default/files/2018.12/UNICEF-Lego-Foundation-Learning-through-Play.pdf.

11. D. W. Winnicott, *Playing and Reality*, 2nd ed., Routledge Classics (Hoboken: Taylor and Francis, 2012).

12. Stuart Brown, "Play Deprivation Can Damage Early Child Development", *Child and Family Blog* (blog), October 2018, https://childandfamilyblog.com/play-deprivation-early-child-development/.

13. Brian Sutton-Smith, *The Ambiguity of Play* (Cambridge, MA: Harvard University Press, 2001).

14. Cale D. Magnuson and Lynn A. Barnett, "The Playful Advantage: How Playfulness Enhances Coping with Stress", *Leisure Sciences* 35, no. 2 (March 2013): 129~44, https://doi.org/10.1080/01490400.2013.761905.

15. Christopher Townsend et al., "The Effectiveness of Gaming Interventions for Depression and Anxiety in Young People: Systematic Review and Meta-Analysis", *BJPsych Open* 8, no. 1 (January 2022): e25, https://doi.org/10.1192/bjo.2021.1078.

16. Tamlin S. Conner, Colin G. DeYoung, and Paul J. Silvia, "Every-day Creative Activity as a Path to Flourishing", *The Journal of Positive Psychology* 13, no. 2 (March 4, 2018): 181~89, https://doi.org/10.1080/17439760.2016.1257049.

17. Kaori Sakurada et al., "Associations of Frequency of Laughter

with Risk of All-Cause Mortality and Cardiovascular Disease Incidence in a General Population: Findings from the Yamagata Study", *Journal of Epidemiology* 30, no. 4 (April 2020): 188~93, https://doi.org/10.2188/jea.JE20180249.

18. Solfrid Romundstad et al., "A 15-Year Follow-up Study of Sense of Humor and Causes of Mortality: The Nord-Trøndelag Health Study", *Psychosomatic Medicine* 78, no. 3 (April 2016): 345~53, https://doi.org/10.1097/PSY. 0000000000000275.

19. Charles Duhigg, "What Google Learned from Its Quest to Build the Perfect Team", *The New York Times Magazine*, February 25, 2016, https://www.nytimes.com/2016/02/28/magazine/what-google-learned-from-its-quest-to-build-the-perfect-team.html.

20. Amanda Goh, "David Beckham Is a Lego Geek and Says the Toys Help to Calm Him Down", *Business Insider*, October 8, 2023, https://www.businessin sider.com/david-beckham-loves-lego-helps-to-calm-him-down-2023-10.

21. Wallace, "Why It's Good."

3장. 감정 훈련의 마지막 과제

감정 건강 유지하고 퍼트리기

1. Alex Williams, "Why Is It Hard to Make Friends Over 30?" *The New York Times*, July 13, 2012, https://www.nytimes.com/2012/07/15/fashion/the-challenge-of-making-friends-as-an-adult.html.

2. Jane Hanson, "PepsiCo's Indra Nooyi, the Queen of Pop, Shares Her Tips for Bringing Compassionate Leadership to Work", *Forbes,* April 30, 2022, https://www.forbes.com/sites/janehanson/2022/04/30/pepsicos-indra-nooyi-the-queen-of-pop-shares-her-tips-for-bringing-compassionate-leadership-to-work/.

3. Peter Economy, "9 Really Bad Things That Happen to Your Health When You Avoid Feeling Your Emotions", *Inc.,* April 28, 2019, https://www.inc.com/peter-economy/9-really-bad-things-that-happen-to-your-health-when-you-avoid-feeling-your-emotions.html.

4. Felipe Barreto Schuch and Davy Vancampfort, "Physical Activity, Exercise, and Mental Disorders: It Is Time to Move On", *Trends in Psychiatry and Psychotherapy* 43, no. 3 (October 2021): 177~84, https://doi.org/10.47626/2237-6089-2021-0237.

5. "Caring for Your Mental Health", National Institute of Mental Health (NIMH), February 2024, https://www.nimh.nih.gov/health/topics/caring-for-your-mental-health.

6. "Hit the Emotional Gym—The Founder's Framework for Emotional Fitness", First Round Review, May 26, 2020, https://review.firstround.com/hit-the-emotional-gym-the-founders-framework-for-emotional-fitness/.

FLEX
YOUR
FEELINGS

감정 훈련

초판 1쇄 인쇄일 2026년 3월 9일
초판 1쇄 발행일 2026년 3월 23일

지은이 에밀리 안할트
옮긴이 이은경

발행인 조윤성

편집 유나영 **디자인** 김효정 **마케팅** 김진규
발행처 ㈜SIGONGSA **주소** 서울시 성동구 광나루로 172 린하우스 4층(우편번호 04791)
대표전화 02-3486-6877 **팩스(주문)** 02-598-4245
홈페이지 www.sigongsa.com / www.sigongjunior.com

글 ⓒ 에밀리 안할트, 2026

이 책의 출판권은 ㈜SIGONGSA에 있습니다. 저작권법에 의해
한국 내에서 보호받는 저작물이므로 무단 전재와 무단 복제를 금합니다.

ISBN 979-11-7125-907-6 (03190)

*SIGONGSA는 시공간을 넘는 무한한 콘텐츠 세상을 만듭니다.
*SIGONGSA는 더 나은 내일을 함께 만들 여러분의 소중한 의견을 기다립니다.
*잘못 만들어진 책은 구입하신 곳에서 바꾸어드립니다.

WEPUB 원스톱 출판 투고 플랫폼 '위펍' _wepub.kr
위펍은 다양한 콘텐츠 발굴과 확장의 기회를 높여주는
SIGONGSA의 출판IP 투고·매칭 플랫폼입니다.